师道撷英

丛书总主编 任志瑜 赵欣

我的教育启示

◎ 马成霞 主编

北京理工大学出版社
BEIJING INSTITUTE OF TECHNOLOGY PRESS

图书在版编目（CIP）数据

我的教育启示 / 马成霞主编. —北京：北京理工大学出版社，2018.8
ISBN 978-7-5682-5648-3

Ⅰ. ①我…　Ⅱ. ①马…　Ⅲ. ①中学教育–教育研究–文集　Ⅳ. ①G632.0–53

中国版本图书馆 CIP 数据核字（2018）第 104277 号

出版发行 / 北京理工大学出版社有限责任公司
社　　址 / 北京市海淀区中关村南大街 5 号
邮　　编 / 100081
电　　话 /（010）68914775（总编室）
（010）82562903（教材售后服务热线）
（010）68948351（其他图书服务热线）
网　　址 / http://www.bitpress.com.cn
经　　销 / 全国各地新华书店
印　　刷 / 三河市华骏印务包装有限公司
开　　本 / 787 毫米×1092 毫米　1/16
印　　张 / 11.25
字　　数 / 259 千字
版　　次 / 2018 年 8 月第 1 版　2018 年 8 月第 1 次印刷
定　　价 / 49.00 元

责任编辑 / 李慧智
文案编辑 / 李慧智
责任校对 / 周瑞红
责任印制 / 王美丽

《我的教育启示》编委会

主　　编　马成霞

副 主 编　高丽红　孙　蕾

参　　编　（以姓氏笔画为序）

刘凤兰　邹玉环　欧阳文

郑常艳　程　丹

参与学校　北京理工大学附属中学基地校

北京市海淀实验中学

北京育英学校

北京市第五十七中学

人大附中翠微学校

海淀教育人遵照“四有”好老师的要求，关爱学生，读懂学生，研究学生，在教育教学中落实立德树人根本任务，真正成为学生健康成长的引路人！

刘永胜

二〇一八年六月

海淀教育人遵照“四有”好老师的要求，关爱学生，读懂学生，研究学生，在教育教学中落实立德树人根本任务，真正成为学生健康成长的引路人！

刘永胜

二〇一八年六月

序　言

海淀区 2016 年启动“中国好老师”项目活动，本书是北京理工大学附属中学基地校在海淀区教科院“中国好老师”基地校和项目校活动中取得的一项重要的成果。希望本书的出版能够对老师们的教育理念、教学实施以及教育教学细节上有所启发。书中既有对教育主张、教学观点的阐述，又有对教育教学实施细致的、具有故事性的描述，从而使读者在教育教学整体理念上和教育教学细节上都会收获有益的启示。

本书主要包含三个内容，分别是教师教育主张、教师教学观点和教育教学故事。

本书的内容布局：第一章主要阐述了有关教育主张的理念，融汇了各校老师对教育主张的领悟和感想，目的是能给广大教师一些不同理念上的启示。第二章主要围绕教师教学观点进行阐述，从各个不同的角度对老师的教学观点进行分析和描写，旨在给老师在教学方法、方式上有新颖的启示。第三章描写了部分老师的教育教学故事，每一位老师在自己的教育教学生涯中都有动人的故事，一定会让您感动之余获得更多的教育启示。

本书的写作特点：前两章将教育领域和教学领域的主张、观点进行清晰的阐述，最后一章生动的教育教学故事则让读者身临其境体会到教师工作中的乐趣和艰辛。这样，读者可以了解到更多教育教学理念，也可以从教师的教育教学故事中体会到教师作为一个职业的高尚之所在。

本书是“中国好老师”基地联盟校一系列工作之后的总结和收获，精选了“中国好老师”基地联盟校各校教师的优秀教育教学感悟文章，期望为后续“中国好老师”基地联盟校进一步的工作做出良好的开端，为更多好老师教育智慧的展示搭建优秀的平台。

感谢“中国好老师”基地联盟校各位老师的积极撰稿，分享自己在教育教学上的智慧；感谢国家级、市级、区级“中国好老师”项目行动组领导和老师对北京理工大学附属中学基地校的大力支持！

由于时间限制，书中如有瑕疵，衷心希望专家、读者给予批评指正。

北京理工大学附属中学　马成霞

2017.9

目　　录

第一章　教师教育主张

第二章　教师教学观点

第三章 教育教学故事

第一章　教师教育主张

学校未来发展

北京理工大学附属中学　任志瑜

一、道路选择

（一）内涵发展

“内涵发展”要体现出 4 个“更”：北京理工大学附属中学教育更优质、教师队伍更优秀、学生在内涵和气质上更胜人一筹、教育品牌更有含金量。

1. 教育更优质

教育的最终自然生态应该体现在两个关键词上：选择、自主。选择体现在家长和学生对学校及老师的选择，自主表现在学生学习的自主。也就是说“我喜欢怎样的教育一定不是被别人安排的”。当下“不让跨区跨片”政策其实也是借助“期望教育均衡、公平的民愿”强力推进学校建设，特别是提升薄弱学校。

在 2015 届高一家长会上我向全体家长提出了一个问题：是什么让昔日的同学 3 年后有了“天壤之别”？就此，我引导家长：要实现孩子好的成长应有好的教育，好教育体现在“四好”——好学校、好老师、好伙伴、好家庭。

当前，为什么家长们竭尽全力去追求好学校呢？他们的一些做法似乎难以理解。但假设是我们自己的孩子要参加中、高考，家长们的做法就不难理解了。有两项政策直接引导着家长的选择。

第一，2014 年 12 月下旬，教育部公布 2015 年高校招生取消 7 类加分政策（拼裸分）。此时，离高考仅仅还有 5 个月时间。这沉重地打击了那些拼财力、让孩子很小就花时间训练一技之长的家庭，以及自初中起就牺牲几乎所有的假期到处参加竞赛训练，拼尽全力获取全国××竞赛一等奖的学生……这个苦果确实难咽，但在含泪吞下的同时，也承认：文化基础知识是第一位的。2015 年似乎一下子又走到“只看成绩”的极端，其实这也是当下社会形势所逼迫的。因为加分无路，唯有依赖成绩，所以追逐好学校。

第二，2016 年高考命题发出新信号——由之前的各省市单独命题改为全国除 5 个省市（北京、上海、天津、江苏、浙江）外其余全部采用国家统一试卷。在此情况下，学生们都站在了同一起跑线上，再加上人人都是新闻发言人的自媒体时代，关于“哪所学校教学成绩特别优秀，哪位老师的学生考试成绩怎样出彩”的消息很快就会疯传。家长、学生追求好学校的强烈愿望不言而喻。学校和老师因此而面临的激烈竞争也就无法回避了。

可能有人会问：追逐好学校，政策、形势允许吗？

回答应该是这样的：第一，高中教育非义务教育，不是免试就近入学，而是志愿在前，录取时按分数从高到低满足自愿。所以，让北京理工大学附属中学的优质教育去吸引学生和家长就成了当然的关键。这就是“质量是学校发展生命线”的道理。第二，在第十二届全国人大常委会第十次会议上，国务院第 77 次常务会已经讨论通过了《教育法律一揽子修正案》，并首次列入全国人大常委会会议议程。这些修正的法律主要包括《中华人民共和国教育法》《中华人民共和国高等教育法》和《中华人民共和国民办教育促进法》。

美国、英国等发达国家私立学校（哈佛、剑桥、伊顿）让全世界的学子趋之若鹜。因此，中国公立学校不可能永远是“皇帝的女儿不愁嫁”。举个例子：建华实验学校今年高中起分线 537，在海淀区排名第 9，超过了两所高中示范校和一大批区重点。对家长来说，孩子原本的考分很高，一分钱不缴就可以上人分、北航附、进修实验等很不错的学校，家长为什么还愿意每学期缴 2.4 万元学费，高中 3 年共 14.4 万元的学费，再加上住宿等其他杂费近 20 万元去上建华学校呢？这些家长真的钱多到无处花了吗？显然不是！理由只有一条：追求高质量的教育。

所以，我们能做的、应该做的就是在有利的当下站稳老百姓信任北京理工大学附属中学的制高点。在“加工能力”方面做优做强。特别是把我们的“理工实验班”“艺术素养班”做出特色、做出亮点。为此，明确我们的目标：高考及阶段重要统考，学科与总分在平均分和优秀率两个指标上保持海淀二类重点第二名或以上（文科）。会考 100%合格率，80%的优秀率。初中保持海淀公立学校前茅的位置。

2. 教师队伍更优秀

“更优秀”体现于教师在学生中、在业界更有影响力。北京理工大学附属中学“更优秀的教师”的标准可以概括为两句话：香在内，响在外。

“香在内”即香在校内，学生喜欢、业绩显著、家长拥戴、同行信服。我们要将“学生喜欢”作为北京理工大学附属中学每一位老师追求的重要目标。当前课改的大趋势是校内学生走班选课。学生、家长自然会奔着他们喜欢和信任的老师而去。所以，“香在内”就十分重要。当然，这里也要注意，不能为了学生一时的高兴而失去了师道。

“响在外”即在校外拥有令人敬慕的美名，体现在“业绩美传、专业引谈”。也就是说在专业上的观点，能引发、引导、引领学科教师探讨。在学科界、在市区内有一定的影响力。就未来发展形势来说，通过人力资源开发，教师将由单位人变成系统人，也就说优秀教师可以跨校兼课。如果你的影响力不够，当然也就没人邀请了。

学校当下的教师发展策略是，在市区骨干、学科带头人、特级教师、紫金杯班主任，以及岗位能手、三八红旗手等荣誉称号方面我们要努力争取，在市区教材分析、课堂展示、学科研讨等方面大力支持；积极鼓励老师在做好本职工作的前提下“走出去”开阔眼界，特别提倡老师结合自身工作，领衔市、区、校专题“项目研究”，成为推动北京理工大学附属中学发展或学科建设、班级建设上“有故事”的人。希望老师在为校争光、培养学生的同时成就自己。

具体来说，如在职称评审的条例中：做一次教材分析或上一次公开课，区级加 2 分，市级加 3 分，全国级加 4 分；区兼职教研员加 3 分；参加中考命题加 5 分；国家级以上（含国家级）裁判加 3 分；一级裁判加 2 分；等等。这些我们不但要做好，还要加强，因为，这些荣誉称号也正是职称评审时市、区评委专家特别关注的地方。此外，我们还要特别关注通过教材分析、专题讲座或参赛活动，促进老师对学科本质或学科的某一方面有自己深刻独到的见解。

在此，我想特别强调北京理工大学附属中学人的“品节”就是：敬业、友善。敬业：精益求精、至善至美。友善：就是以“我的存在让身边人愉快”为本，热情关怀、无私援助。期望我们北京理工大学附属中学的每一位老师都能秉持这样的与人相处原则：以自己的行动给别人这样的感觉——北京理工大学附属中学的老师更善于团队合作。

美国洛杉矶爱乐乐团指挥卡洛·玛利亚·朱利尼说过：“创作伟大音乐作品的奥妙在于

要求一同演奏的人们有真正的友谊，每个成员都从内心深处感到我在与他（她）共事。”这对我们很有启示。因为，默契配合的程度，决定演奏水平的高度。

今后，我们的中、高考评价更要看中两个指标：一个是以班为单位的同类班级分数段人数比较（校内按班比）；另一个是以整体学科平均分和优秀率与海淀同类学校比较（校外按学科比）。但同时强调，拖后腿者责任到个体。

3. 学生在内涵和气质上更胜人一筹

学校怎样，关键看从这里走出去的学生怎样。老师怎样，关键看被他教育出来的学生如何。

北京理工大学附属中学“人文奠基、理工见长”的办学特色培养出来的学生应该展现出特别不一样的内在气质与外在形象，这就是“男生英俊，女生淑雅”。结合北京理工大学附属中学的校训，我们认为“英俊”展现出的是大气、沉毅、担当的气质，杜甫、鲁迅总以“英俊”喻“国之才”；“淑雅”展现出的是内秀、和善、文雅的形象，北京理工大学附属中学校友杨澜就是“淑雅”的典范。“英俊”与“淑雅”彰显了北京理工大学附属中学“人文奠基、理工见长”的特色文化。这也是我们心目中理想学生形象的一个“具象”。

关于如何培养学生，北京教育科学院副院长褚宏启教授提出这样的观点：“老师，请把学生当成未来女婿和儿媳来培养吧！”网络显示，他的观点很受肯定与赞扬。因为它揭示了真理：如果是把学生当成自己的女儿或儿子，或多或少地会出现溺爱的情况，当成女婿、儿媳，就会自觉不自觉地追求完美甚至严苛。

为此，我校对“英俊男生，淑雅女生”的培育要从点滴做起：做人——从学会感恩开始；礼貌——从学会敲门开始；交流——从学会微笑开始；文雅——从学会走路开始；审美——从学会穿衣开始；生存——从学会自护开始；做事——从学会扫地开始；健身——从学会做操开始；自律——从学会守纪开始；学习——从学会阅读开始。

“守规矩、懂感恩、有教养，厚基础、重实践、会创造”既是每一位北京理工大学附属中学学子的标准，也是每一位北京理工大学附属中学学子的标志。无论学生是在公交车站，还是与其他学校学生同台活动，或是在校园的餐厅或操场，特别是走在上学路上，力求使学生特别守规矩、特别有教养的优雅品节让身边人投以敬佩的目光——这就是我们教育学生的标准。同时，希望我们每一位老师都要履行好自身的职责——对不守规矩的人和事，大胆管理、坚决制止。因为，我们大学毕业证书上的专业是写的“生物教育”“地理教育”，而不是“生物教学”“地理教学”。为此，我们约定师生共同创建北京理工大学附属中学的教育规则：任性，必须付出代价；犯错，必须承担后果。

4. 教育品牌更有含金量

2015 年中考，我们对北京理工大学附属中学初三学生中考成绩名列前茅者没有留在北京理工大学附属中学高中的结果并不是很满意。眼巴巴看着自己辛辛苦苦打磨的半成品落到了别人的手里，心中隐隐作痛、难以释怀。但痛定思痛：其根本原因还是北京理工大学附属中学这个品牌在家长和学生心目中的含金量不够，不足以让家长和学生坚定而不动摇地留在北京理工大学附属中学。因此，我们一定要避免因为一些与名校极不相称的细节问题而影响学校声誉。我到北京理工大学附属中学听到两个几乎一样的遗憾之声：一个是上学期期末来自上级主管部门领导的感叹：“北京理工大学附属中学怎么会犯这样低级的错误呢！”一个是暑假期间家长找到学校相关领导解决问题时不由自主的感叹：“北京理工大学附属中学的老师不应该出现这个问题啊！”

所以，我想由衷地说，北京理工大学附属中学这个名字在我们每一位北京理工大学附属中学人的生命里很重要，北京理工大学附属中学这个品牌是多少代北京理工大学附属中学人用心血、汗水，甚至泪水创造的，我们要像保护自己的眼睛一样去珍爱她。

那么，如何让北京理工大学附属中学这个品牌更有含金量呢？德国人给我们做出了榜样，8 000 万人口，创造了 2 300 个世界品牌。或许大家都听过这句广告词：真的很德国！德国人生产的一口锅可以用 100 年。要让北京理工大学附属中学的品牌更有含金量，就让我们每一个北京理工大学附属中学人从我做起，从细节做起吧！举两个小例子：考虑到我校位居深巷，我们努力在紫竹桥立起了指向北京理工大学附属中学的指路牌；以培养“公众人物”的思维来培养北京理工大学附属中学的学生干部，为此，学校特别赋予了校园大彩屏特殊的功能。

（二）科学发展

科学发展体现在老师层面可以归纳为两个“更”：方法更智慧，前景更生机。

1. 方法更智慧

更智慧的方法首先体现在由旧的“三中心”向新的“三中心”转变。旧的“三中心”是指教材中心、教师中心和课堂中心，而新的“三中心”是指学生中心、课程中心和活动中心。对此，我们已经开始做了一些转变，案例如下：

暑假期间，我们对学校设施进行了改建。借助学校大门正对面的大屏幕电视，我们要以“培养公众人物（形象大使）的思维方式”来培养北京理工大学附属中学的学生干部。

具体的做法是：将学生干部喜欢的个人形象照片（获奖的、主持活动的、生活照）放大，特别清晰醒目地呈现。如×××：第 18 届学生会主席，附上学生个人精神引领的座右铭。×××：第 18 届学生会体育部长，……每天早上 7:00—8:00，让学生一到学校就看到自己、看到自己的伙伴，心情肯定特别兴奋，其力量足以让人事事有干劲。下午放学 4:30—5:30 再重播，让学生带着喜悦回家，刻苦努力完成好当天作业。同时，这个画面还足以规范学生在公众场合的言与行——在食堂、在操场、在礼堂、在图书馆……大家一眼就认出：他不是学校团委宣传部长吗，怎么还在乱扔纸团？那不是×××吗，怎么还说脏话？这种方式既培养北京理工大学附属中学学生干部顶天立地的气概，还规范了同学们的日常优秀生活习惯。

实施过程中，学校将以课程建设的思路推进此项工作，使其系列化。各项展示分为：学生会干部篇、团委会干部篇、班长系列篇、学习委员系列篇、小组长篇、课代表篇……

学生照片、职务、座右铭合成 PPT 效果由学生发展部负责，按时播放由办公室负责。每星期两个篇章。从而让学校正对大门的大电视成为北京理工大学附属中学的“荣誉电视”，让争取上学校“荣誉电视”成为学生的一个追求。

方法更科学：我们还要给老师如何评价学生一个科学的工具，如每次期中、期末统考开家长会的时候，把学生自来到北京理工大学附属中学成长发展轨迹的折线图展示给家长（自己与自己比是前进了还是后退了），学科成绩用雷达图，一眼就看出孩子在班里哪个学科差，而不仅仅是一个分数。

对班级、老师、学科我们还期望用更科学的标准分来评价……

2. 前景更生机

有生机的学校前景一定是遵循教育规律开展教育教学，从而使学校发展充满了生命力。教师是教育教学的直接实施者，是学校活力发展的关键。在此，我想探讨这样一个话题：怎样做一个不落后于时代的教师？

当教师，要担当好两项职责：教授知识，培育心灵。但我们很多老师当下只在“教授知识”这件事情上拼尽全力，却忽视了“培育心灵”这件事情，以致出现一些负面效果——学生抵触，甚至反感。

关于教师的这两项职责真的要科学认识。随着数字化时代的到来，未来用技术完全能实现甚至替代“教授知识”这件事情。比如，慕课——学校或专业机构将优秀老师对某个知识点的授课放在一个网络系统里，学习者根据自己的时间和学习理解需要随时、多次自主点开，不需要再找教他的老师指导了（O2O 模式——线上线下学习）。

而培育心灵则非人不可。所以，善于走进学生的心灵是需要我们高度重视和认真对待的。老师们要加强学习、潜心研究、躬身探索。你与学生比，确实知识丰富、经验老到，对学生的问题分析透彻、讲解清晰，但一副冷面孔高高在上，学生会不屑一顾，避而远之。没有学生的老师还有意义和价值吗？所以，善于走进学生的心灵很重要。

最近，教育达人新东方总裁俞敏洪提出这样的观点：什么才是教育最重要的内容？——不仅是分数，更重要的是心情。很多专家也有这样的观点：心情才是人生真正的主人。我们要记住，正如不可能先让手臂长长了再去训练腿从而长高的道理一样，教育永远不是单项好就行的，必须是综合性的。面对纷争，生气不如争气，抱怨不如改变。教学生学会掌控自己的情绪，拥有自信，学生才能够成为真正的赢家。

要培育学生的心灵，你首先要能够进入孩子的心灵。随着时代的发展，如何抓住孩子的心、顺应孩子的喜好、让孩子主动爱上学习是一大挑战。怎么办呢？专家曾提出，“轻度游戏化是打开孩子之心的教育之钥”，是教育的技巧与艺术。因此，“游戏化思维”可能会给大家提供一种新思路。游戏化思维是一种以有计划、有方向的方式获取乐趣的思维。其特征是：赋予激情、乐此不疲、富有挑战、自由而非控制、情感联系。

二、学校发展的规模

根据学校发展道路的规划，未来我校的发展规模将是大初中、小高中、强小学。

北京理工大学附属中学是北京市二类重点中学。高中优秀生源只有依靠从自己的初中毕业生中获得。相对“就近免试入学”的强硬义务教育（小学初中）政策，高中具有很大的自主性。高中是在分数优先下按志愿录取，也就是说选报哪所高中，家长、学生具有绝对的自由权。因此，在这种“愿者鱼儿才上钩”的形势下，只有我们的高中办出水平、办出特色、办出品牌，才能真正吸引家长，留住优生。

一流的生源成就一流的学校。北京理工大学附属中学高中能够优质而且有特色，直升初中的小学、留住优秀生源的初中就是关键。所以，必须要将自己的小学做强，将初中做优。回顾学校历史，“初中好”早年就是我校的教育品牌。早年的京工附中、铁道附中，不仅在海淀响当当，在北京市也很有名，所以我校的初中是有传统“家底儿”的。高中生源要选优，要力求从多中选优，所以，扩大初中办学规模就成了必然的发展趋势。

三、学校发展的结构

在未来，我们学校发展要在两方面更努力：“多元”和“国际化”。

多元，就是要以“学校是一个大花园”的理念来办学，在这个花园里，既有牡丹，也有紫叶，既有大树，也有小草，竞相绽放、交相辉映。我们北京理工大学附属中学不是只要考高分的学生，动漫奇才也应该是北京理工大学附属中学校园的风云人物。创办“理工实验班”“艺术素养班”，科技教育的蓬勃开展，延续排球、棒球、垒球、金帆等传统项目优势以及运动员考级等使我校成为各类特长学生成长的多元平台。此外，学生发展部要设计“北京理工大学附属中学校园吉尼斯大舞台”，并定期开展活动。甚至邀请非我们招生片区的小学生来我们“北京理工大学附属中学校园吉尼斯大舞台”展示。

在教师发展方面，我们也要有“五湖四海”的胸怀。只要他有促进北京理工大学附属中学发展的过人高招，我们就给他舞台。特别是当下新一轮课改中“综合实践活动课程”的开展也为教师发展创造了更多的机会。海淀区教委陆云泉主任在 101 的全区中小学大会上宣布了：将要充分发挥优秀教师的作用——跨校兼课。

教育国际化以及学校办学国际化是当今教育发展的必然趋势。当前，随着中国的强大，国外学生来华读书者越来越多，我们也要抓住时机打造北京理工大学附属中学国际部品牌，加强教育的国际交流与合作。2015 年，国际部高考成绩显著：5 位同学考入北大、8 位考入清华、15 位考入人大。对此，我们还要加强宣传，吸引更多的外籍学生来校就读。我们外网国际部的宣传还要更加努力。

追求宁静中的交流与合作

北京理工大学附属中学　马成霞

一、宁静课堂，倾听促进思考

宁静课堂，即走向活动性的学习，转向探究、反思、表达的学习和触发、交流、分享的教学。在这里，借助有效的资料和多彩的活动追求高品质的学习，这是历史的必然性，是终生学习的必然趋势，是返璞归真的教学革命。我在大脑中大致将宁静课堂的实施归为这样一个脉络：倾听—思考（触发）—串联—反刍—合作课堂。

1. 师生双方都要学会在活动中倾听

教师的“倾听”是教学活动的核心。想要形成一种“宁静的课堂”，就要让孩子们首先学会倾听，这就要求我们教师尊重孩子，耐心地倾听每一名学生的发言。“倾听”意味着接纳，便于教师从学生的话语受到触发，便于同学间话语相互触发，更便于教师把握前后的发言有着怎样的关联和突破。

培养学生的“倾听”习惯，在课堂上形成一种自然的学习氛围很重要，“倾听”习惯是良好学习习惯养成的关键。所谓学习就是同教科书（客观世界）的相遇与对话，就是同教室里的伙伴们的相遇与对话，更是同自己的相遇与对话。学习是由 3 种对话实践——同客观世界的对话、同伙伴的对话、同自己的对话构成的。这就是“学习的三位一体论”。它是作为一种“活动”（activity）、“合作”（collaboration）、“反思”（reflection）所构成的“活动性、合作性、反思性实践”而实现的。由此可见，教师要诚实地面对每一位同学，诚实地面对教材。这两种诚实决定了教学的成功与否，这也正是新教师和资深教师能够实现合作的秘密之所在。

师生在课堂上善于倾听是非常重要的。教师要坚信“任何一位同学的发言都是精彩的”。学习活动化、合作化、反思化需要师生间、同学间的协调、配合。正如很多学生所向往的“阅读活动要静心，避免影响他人和自己专心阅读；听课活动要用心，无资料有责，有资料要记；作业活动要真心，认真做标疑，规范答标注；交往活动要细心，友谊促学习，真诚优环境”。为此，在阅读学习英语的课堂中我们提出开展小课题研究“零错误阅读，零错误猜词”及自我评价活动，先调查问卷再自定目标，把“互评—他评—自评”相结合，开展“阅读+倾听”良好习惯的培养。

2. 师生双方要学会在倾听中思考

在自然的学习状态下，要使学生将学习发展为深入的研究，老师就要认真细致地回应每名学生的课上发言，将这些发言联系起来的基础是教师对教材的理解，以及对以下问题的思考：如何引导学生发言？发言的主题是什么？主题的目标和长远意义又是什么？

随着 2014 年新的一轮高考改革，长期关注的选修课在师生的成长和发展中起着越来越重要的作用。3 年来本人尝试的演讲与写作课程已经使部分学生收获了很高成就感。其目的是为了满足不同学生的就业选择、升学深造以及个人的兴趣和发展的需要。开设演讲与写作课程是基于高中阶段学生发展的需要，基于高中阶段的英语课程标准的要求，呈阶梯型、发展式（Switch Step）设计校本课程内容，其目标是通过听、说、读、写 4 项语言基本能力促进提高学生学习英语演讲的兴趣和写作能力。以《演讲与写作——英语演讲大赛和创新作文大赛》教材为抓手，以选修课为突破口，开展听、说、读、写，旨在培养学生在高一和高二学段英语创新和中学生演讲能力，为学生参加高校自主招生创造有利条件，为自身未来的更好发展奠定基础。

此项演讲活动逐步形成了自我介绍类、团队互动类、规范话题类、即兴话题类、辩论型和接力型活动，这一切的演讲活动有助于促进学生在交流中使用恰当的语调、语气和节奏表达个人的意图和情感等，能经过准备就一般话题做 1～3 分钟演讲，能在日常人际交往中有效地使用语言进行表达。

二、师生合作，教学臻于完美

合作就是个人与个人、群体与群体之间为达到共同目的，彼此相互配合的一种联合行动、方式，是指两人或两人以上为了一个指定的目标而相互帮助达成目标的方式，是一种联合行动的方式。无论是一所学校还是一个年级，班级师生双方要学会在合作活动中串联、反刍，并追求合作的至善至美。

1. 师生双方要学会在活动中串联

串联（series connection）在物理上是连接电路元件的基本方式之一。将电路元件（如电阻、电容、电感、用电器等）逐个顺次首尾相连接，即电路中的元件或部件排列得使电流全部通过每一部件或元件而不分流的一种电路连接方式。由此概念可以得知在学习活动中学会串联是极为重要的一步。

教学活动中，串联就是把教材和学生串联起来，把不同时间学到的知识串联起来，把学生的现在与未来串联起来，把课堂所学内容与社会上的实践串联起来。为此，在团队活动中应建立共同的愿景，使每一个学生的学习动力得以发挥，潜力得以发掘。

佐藤学曾说："共同学习的关系通过教师的串联活动得以实现，如果说学习是与外物、与他人、与自己的对话，是构成意义和关系的活动的话，要触发和促进学习就需要教师将串联作为课堂的中心活动来展开。"更重要的是学生的学习不仅是通过与教师的交流，更多的是通过学生之间的相互交流展开的。例如，举行演讲活动，教师可以事先做好充足的准备，研究学生的优势和劣势，了解不同学生的基本情况，观察学生是否乐观、热情、上进、自信、灵活、善于提问题，了解他们的短时记忆力、专业知识程度，观察学生是否有耐性，是否有良好的语言组织能力，是否能从心理素质、表达能力、思维习惯等多角度陈列分析，等等。每次演讲结束后都应及时地分析、检核所选方法的可操作性和成效。

2. 师生双方要学会在串联中"反刍"

反刍（regurgitate，regurgitation，chew the cud），指牛、羊等反刍动物的特殊消化过程，包括已在瘤胃经过初步微生物消化后的食物逆呕回口中重新咀嚼这一反刍过程。而用在语言学中，意思为将学到的知识反复在头脑中思考，通过多次反复"咀嚼"，将知识更加充分地吸收利用。

"反刍"活动是一种返璞归真的教学方式，"反刍"收获的是"胸有成竹地应对、课堂教学的创造"。"串联"被切断时需要教师用"反刍"来保障学生的学习。比如，可以借用小组活动中的"反刍"，借助学生"我不懂""想听听其他同学的发言"的表达，提高每个学生的参与积极性，使沟通既有深度又有广度。

佐藤学还告诉我们："在教师创造教学的力量中，专业知识与教学经验不过是占了 3 成而已，剩下的 7 成就取决于教师能够在何等程度上尊重每个学生的思考和感情；能够在何等程度上引发每一个学生潜在的可能性。"这与我国早期教育思想"有教无类"有着异曲同工之妙。

3. 师生双方要学会在"反刍"中奏起"交响乐"

交响乐由大型的管弦乐队演奏，其音乐内涵深刻，具有戏剧性、史诗性、悲剧性、英雄性，音乐格调庄重，具有叙事性、描写性、抒情性、风俗性等，并且有较严谨的结构和丰富的表现手法。交响乐的表现手法是顿挫分明的，能将听众带入音乐意境和想象空间。

（1）创造和谐探究的教学

这是我某学期开学的第一节课。教的活动在于倾听，学的活动在于言说，形成自由交流的中心。课堂上学生在不同的活动中，依据任务的不同形成联系链。本节课的第一个任务就是用不同的语言明确自己和前面 1 到 5 位同学的姓名，同学们以小组的形式形成了介绍—倾听—铭记的流程；第二个任务是分享个人基本信息（basic information）—性格特征（characteristics）—日常爱好（daily hobbies）—我的不爱（my dislikes）。在老师的组织下，学生形成横线型 2 人小组，方块形 4 人小组，长条形 5 人小组，当有一名学生说出："I dislike learning English."的时候，同学和老师同样给了他期待的表情，他接着说出："But I'll like it right now."虽然他的第一句话并非老师所愿，但却表达了学生的真实意愿，令人感动的是老师和同学们尊重了每个人，安静倾听每个人的反应，真正使学生感到了他们才是课堂的主人公。互相倾听、合作学习是民主主义实践的出发点，这一理念在每位同学和老师身上得到了具体体现。

（2）创造实效探究的教学

这是我某学期开学的第二节课。教的活动在于目标，学的活动在于触发，形成学习交流的中心。课堂上学生有很多不同的学习目标，依据目标的不同形成联系链。本节课的第一个任务是分享学习英语的方法——每人将自己最有效的学习方法用一句话与大家交流，看谁积累的方法最多，按照小组的形式一个接一个地形成发言主线，不同的语言风格表达却形成了探讨如何把英语学好的积极氛围；第二个任务是结合第一课主题 Lifestyle（生活风格）针对两大生活风格进行交流。先是对 couch potato（沙发土豆）的生活风格进行理解交流，当对话展开时，学生们纷纷表现出不情愿的姿态，并说出了自己的理由和打算。接着开展了关于 workaholic（工作狂）的对话，部分同学赞成其做法，因为其目的是让家人幸福快乐，而更多的人是反对，并解释说这样做自己就很少有时间和家人在一起，享受不到家人相聚的快乐。课堂讨论最后达成共识，即努力工作就是为了幸福生活，为了未来人生的美好。互相分享、探究学习是理想主义实践的出发点，这一理念在每位同学和老师身上得到了具体升华。

唤醒 激发 实现

北京理工大学附属中学 刘润芳

还记得第一次登上讲台，面对台下 40 多双渴盼的眼睛，我告诉自己："你不能误人子弟！"凭借这份最朴实的情怀，我已经在三尺讲台上奋斗了十年多，由高一到高三有始有终地送走了三届学生。10 年，在一篇又一篇的论文中、在一次又一次的活动中，我曾经书写过、实践过我的教育主张，但都不成体系。寒假期间，按照任校长的要求，我认真研读了李政涛老师的《教育常识》一书，感触颇多。结合学习心得，我认真梳理了自己的教育心得，将自己的教育主张概括为：唤醒受教育者的自我认同，激发其内在生长的渴望，助其实现个体的生命价值。

一、教育的本质是唤醒受教育者的自我认同

来到北京理工大学附属中学后，第一次收作业，我发现班里有一些学生把《学练测》包上了书皮，并且用口取纸写上自己的姓名、班级、学号贴在了固定的位置。我很奇怪：来自不同学校的他们，怎么会在这个细节上如此一致？询问之后，我才知道，从小学开始，老师就是这么要求的。这件小事困扰了我很久：这样做，对还是不对？我们常常将未接受教育的儿童称为一张白纸，认为他可以被我们刻画、涂抹成我们想要的样子。于是，自小学开始，我们一点点教孩子们学习接受：接受一样的书皮、一样的粘贴方式、一样的坐立行走跑的要求……包书皮一事看似不大，但它反映出我们的一种教育主张——要一致。

由此，我又想起一位校长朋友的儿子曾经问过的一个问题："为什么不同年级、不同性别、不同身高的人要按照同样长度的步子齐步跑？课间操不应该是让我们锻炼身体的吗？这样跑步，能起到锻炼的效果吗？"从学校和老师的角度看，整齐的步伐、一致的口号声似乎体现了集体的凝聚力，但这个孩子的问题不也是大多数孩子想问而不敢或不能问的吗？要一致，从小到大老师都是这么要求的，好像也没有错。

在这样的教育中，孩子们长大了，问题在青春期集中爆发：原本听话乖巧的学生要求彰显自我、彰显个性，觉得跟别人不一样才是好的。这一方面是心理、生理成长的体现，另一方面也是长期生活在"一致"中的一种需要、一种觉醒——我就是我，我有我的特点。不妨细细考究问题学生之所以成为问题生的原因，多数是个性觉醒后得不到正确的引导和应有的认同，或遭到疾言厉色的批评，或承受冷嘲热讽的压抑，越走越偏。

《教育常识》中写道："'为灵魂唤醒的教育'，努力唤醒的是人丰富、不可测度的生命潜能，唤醒的是学生对真、善、美的渴慕；对知识、公正、自由、希望和爱的追求；唤醒的是丰富、改变和提升自我精神品质的需求、能力和习惯。"要唤醒灵魂，首先要唤醒的是人对自己的认知和认同，是"我就是我"的个体认同。就像我们小时候，物质条件欠佳，可我们每个人可以用不同颜色、不同硬度的纸包书皮一样，正因为人与人都不一样，所以，我会对你的书皮产生兴趣，你会对我的书皮爱不释手，而我们自己也会对自己的书皮视若珍宝，爱惜不已。教育者如果能够认识到受教育者的不同，允许受教育者在合理的范围内彰显"我就是我"的特色，那么，受教育者的自我认同度就会大幅提升，对真、善、美的渴慕，对知识、公正、自由、希望和爱的追求也会更加强烈。

二、教育的手段是激发受教育者内在生长的渴望

美国斯坦福大学心理学家菲利普·辛巴杜（Philip Zimbardo）于 1969 年进行了一项破窗实验，以这项实验为基础，政治学家威尔逊和犯罪学家凯琳提出了一个“破窗效应”理论，认为：一幢建筑，如果有人打坏窗户玻璃，而又得不到及时的维修，别人就可能去打烂更多的窗户。久而久之，这些破窗户就给人造成一种无序的感觉。结果在这种公众麻木不仁的氛围中，犯罪就会滋生、繁荣。如果我们把每个学生看作一扇窗户，那么，我们朝学生扔过去的每一个负面评价就是打碎玻璃的武器，负面评价多了，把玻璃打碎了，学生就会在心里把自己视作“破窗”，进而破罐子破摔，甚至彻底泯灭内在生长的渴望。

我曾经遇到过一个“人见人烦”的学生，据说初中时家长因为屡屡被老师请到学校，“都快把学校的门槛踏平了”。高三毕业时，所有认识她的人都说，她像变了一个人，温雅、乖巧、好学、上进。常常有人问我：“你使了什么招？”我总是笑而不语，因为并没有什么高深的理论，也没有什么高大上的做法——就是夸，想尽一切办法、抓住一切机会夸她。她曾经偷偷给我写过一封信，信里说，从小到大，经常被批评，被批得越多越逆反，心想：我就这样了，看你能把我怎么样？遇到我之后，第一感觉这老师并不严厉，慢慢地才发现，这个老师从不批评反而不敢犯错了，每一次受到表扬都害臊得厉害，比当众受批评还难堪，总觉得自己没那么好，对不起老师的表扬。从她身上，我深刻地认识到：过多的批评会打掉自信和磨蚀尊严，让学生失去生长的愿望。表扬比批评更有效，因为表扬会激发学生内在生长的渴望。

《教育常识》中写道：“教育实践的重要功能，就是为生命的成长与发展提供不同形式、不同层次的服务。”表扬是一种形式，比表扬更有效的是教育活动。我们常常发现，一次大型活动后，一个班级整体风貌的变化：得奖的班级受到鼓舞，精神为之一振，失利的班级遭到打击，连平时看起来不关心班级和他人的同学都有点萎靡。与此同理，个体也是如此。学校和班级的大型活动，往往喜欢用一些“老面孔”，一是因为他们确实优秀，二是因为用他们会让组织者不仅耗费的力气小而且更放心。然而，作为教育者，我们是否曾经想过那些从来没有站到舞台中央的同学呢？如果“教育，就是‘让生长’”，那么，倘若给这些默默无闻的同学一次机会，是不是也能激发他们内在生长的渴望呢？

三、教育的目的是帮助受教育者实现个体生命价值

可能有人会说，考大学并不是个体生命价值的全部。的确如此，考大学只是学生个体生命某个阶段的价值追求，并不能涵盖全部生命过程。我认为，高考既然是个体生命一个阶段的价值追求，就需要认真、理智地思考，并努力实现。于是，我做了一个课题，指导班里的学生做高中 3 年的发展规划，通过记录和分析个人不同阶段的学业表现，有针对性地确定学期目标、学年目标和高考目标，确立人生发展目标。最初，很多学生没有明确的目标，他们在意每一次考试的排名，“进则喜，退则忧”，考试两周之后又恢复到原来的状态，完全没有学习和生活规划。后来，在我们几位指导老师的引导下，他们慢慢树立了自己的目标。但是，他们往往实现了期待的考试名次就开心不已，没实现就备受打击。究其原因，还是教育者的眼光不够长远，导致他们的眼光也不够长远。认识到这一点，我们聘请了专业的生涯规划指导老师做了专题讲座，给学生打开了一扇门。此后，我们又安排学生开展了一系列职

业调查，进行了展示交流，让更多地同学看到了“未来的模样”，看到了“未来的自己”，逐步形成了对自己生命价值的期待。

《教育常识》中写道：“懂教育的人是有教育眼光的人。”这里的教育眼光，应该是一种不只顾当下、能够看到未来的眼光。这种眼光会投射到受教育者的心里，帮助他们看清未来，走好当下的路。换句话说，受教育者能走多宽、多远，主要看教育者能看多宽、多远。因此，作为老师，你推荐给学生的每一本书、每一部电影，甚至你说过的每一句话，都会对学生有影响，都会影响他生命价值的确立。

当我的孩子进入小学，当我成为一名家长后，我越发深刻地感受到一个教育者的重任：做一个有良知的教育者，唤醒每一个渴望生长的灵魂，激发每一个生命生长的渴望，帮助其实现个体生命独特的价值。我想说：我思故我在，我独特故我美丽！

快乐为师

北京市第五十七中学 胡晓燕

作为教师，尤其作为班主任，你的收入永远与你的付出不成正比，这也许会成为你不快乐的理由。但我快乐，因为，我有一颗快乐、善良、仁厚之心，我把爱心和快乐最大限度地传播给学生，因此我也获得了更多的快乐。我的快乐来源于我的微笑，来源于我的宽容、科学管理和博爱。

一、微笑让我赢得信任

微笑是一缕春风，它会吹散积郁在心头的阴霾；微笑是一缕阳光，它能温暖苦闷的心田；微笑是一剂良药，它能让学生充满自信。老师的微笑是极具亲和力的。当我想与学生进行情感交流时，轻轻一笑，胜过千言万语；当学生因犯了错误而深深自责时，老师的微笑，是对他最好的鼓励；当学生需要帮助时，老师的微笑会给他增添力量。为师几十年，我始终不忘时常把微笑挂在脸上，以此消除学生的紧张心理，让学生感受被赏识、被重视的温暖。

我班的马××来自一个不幸的家庭，学习成绩很差，她曾极度自卑，同学中也曾有过看不起她的苗头。这是一个需要老师去特别关心的孩子。因此，在她面前，我的笑容更温暖、更灿烂。我要让同学们知道，老师是多么喜欢她。我还在适当的场合，多次表扬她善良的品行、默默无闻热心为班级服务的好品质。老师的言行是无声的榜样，是孩子们判断是非的标准。不长的时间，马××重又找回了自信，她有了被老师、同学尊重的幸福感。

“教师是面带微笑的知识”，我正是用微笑架起了一座师生沟通的桥梁，它为我赢得了学生的信任与爱戴。给我带来了好心情，使我的生活充满阳光。

二、宽容让我赢得尊重

宽容是教师博大胸怀的体现，要做到宽容，首先必须关心爱护学生。只有这样，才能在情感上宽恕，方法上宽大，处理上宽厚。对于孩子们来说，错误与挫折可以使他们更坚强地成长，我们没有权利要求他们完美，不能剥夺他们犯错误的机会。

作文讲评课上，我朗读学生的优秀习作，没想到讲台下一片喧闹。有人高声叫道：“抄的，抄优秀作文选上的。”再看那名同学，脸涨得通红。我拿过作文选一看，果然不差。怎么办？我灵机一动说：“这篇文章的确是一篇好文章，足见这位同学高超的鉴赏力，我相信，将来，她也会写出这么优秀的作文来。老师坚信这一点。”课堂安静了，大家继续听课。课后，这位同学主动找我，羞愧地说：“老师，我一定要写出漂亮的文章给您看。”这件事让我意识到：教师在处理学生问题时，要多给学生宽容，给他们自省的机会，不能一味斥责学生，那样只会给他们造成心理创伤。要给学生改正缺点的机会，用一颗爱心引导学生走上正轨，这是教师义不容辞的责任。只有这样的教师，才会懂得尊重学生，也才会赢得学生的尊重。

三、科学管理让我赢得清闲

科学管理、大胆放手是减轻班主任负担、提高学生能力、营造优良班风的有效途径。初一新生刚入学时，我就规定了严格的班务工作细则，班里的大事小情都责任到人，做值日有组长，管植物角有花长，遇到收费这样的事有财务长，等等，不一而足。各位班委更是分工明确，职责分明。哪个环节出了问题，我都可以找到责任人，也避免了学生钻空子。

最牵扯老师精力的是学生之间的矛盾，无休止的告状我不用管，因为，我班有同学选出来的协调小组，由他们处理，我在关键时刻把把关就行了。老师的大胆放手，会促使孩子们早早长大。感谢这些懂事的孩子给了我一份清闲，让我有更多的精力投入教学。

四、博爱让我赢得乐趣

用爱心来教育孩子是一项艰巨而伟大的工程。教育工作者能用一颗博爱之心善待学生，就更加难能可贵。这要求教师把关爱无条件地撒向每一个孩子，以使他们健康、快乐地成长。由于我在班主任及教学工作中，自始至终渗透着关爱、尊重、理解，才营造了正直、正派、团结互助的班风，创下了多年来学生违纪记录为零的历史。我也因而赢得了学生们的尊重和喜爱，更使我的教学工作充满了乐趣。我每天带着笑容和亲切的问候走进教室："你们来得真早！……你们的值日真干净！"学生听了也会露出友善的微笑，在师生融洽的气氛中，新的一天开始了。每个平凡的日子，我都把热情、关心、接纳、赞扬和尊重毫无保留地献给了学生，使他们改掉了以往的顽劣，变得通情达理，善解人意。

吴××是个脾气暴躁的孩子，一天，同学正在写作业，忽然传来他暴怒的声音："把你的破球拿走！"一边喊一边把他脚下的球一脚踢飞了。原来，是小明的篮球不小心滚到了他的脚下。见此情景，我连忙走过去，捡起球放到讲桌上，说："今天下午有体育课，小明带了篮球要打比赛，准备邀请你参加，还没说话，球自己请你去了，真是不谋而合呀！"听到这话，吴××不好意思地低下了头，一场干戈化解了。课下，我又找他谈心，告诉他要懂得尊重理解同学，不要激化矛盾，那样既影响情绪，又毫无必要。老师站在学生的立场上，设身处地为学生着想，而不是对他发脾气，教育效果是大不相同的。现在，吴××不仅改了火暴脾气，还成了老师的小帮手，他的进步是显而易见的。

五、融入让我赢得爱戴

班级活动是增强班级凝聚力的黏合剂，为了增强凝聚力，我经常利用周会、课余时间开展一些生动活泼、富有感召力的活动。如在班上开展"我为有班级而自豪、班级为有我而骄傲"的主题班会，学生们争先恐后、积极发言，让每一个学生感到我既然是班上的一分子，就不能因为我的不足而为班级抹黑。相反，正因为是班上的一分子，就应该时时刻刻想着为班集体争光，为班集体赢得荣誉，每个同学的闪光点都在不同程度上发光发热。时间久了，班级的凝聚力便得到加强，但凡学校大的活动，我们的宗旨是，一个都不能少。同学们群策群力，各显其能，班级的凝聚力、老师的号召力、同学的向心力，在这样的活动中得到升华。当然，作为活动"主谋"的班主任，其辛苦是可以想象的，但正是这样的点滴付出，真情融入，才会换来同学的爱戴。

一个凝聚力强的班级与其良好的精神面貌和氛围是分不开的，所以在做好班级的常规工作之余，还要做好教室的美化工作，使之有浓郁的奋发向上的学习气氛，让学生感到自己生活在一个既温馨又和睦的大家庭里，突出大家在一起是一个相互依存、不可分割的整体，从中去感受集体力量的伟大。

教育事业是一项充满爱心的事业，具有博爱之心的教师，在教育活动中能用从容平静的心态来面对一切挑战，真正体会职业的自由，而职业的自由感，正是教师获得职业乐趣的来源。

让爱铸就师魂

北京理工大学附属中学　郭晓雪

“作为创造者的老师，是直面生命生长、迷恋生命生长、研究生命生长和促进生命生长的人，是赋予并创造学生精神生命价值的人。”

——摘自《教育常识》之“教师是创造者”

作为一名高中的班主任，有许多工作要做，也有许多机会可以创造、创新。随着学生考试的频繁，下发成绩单成了一个经常性的工作，但在这小小的成绩单中却有着让我发挥创造力的广阔天地。

一般所说的成绩单其实就是一张成绩告知的小纸条，其中包括的信息并不多。可能就是这并不丰富的信息，带给孩子和家长的可能却是快乐、伤心或是困惑。通过成绩单，很多家长只能看到那几个数字，并没有办法了解更多的信息。因此，家长可能忽视了孩子的进步或是错过了他的退步。

通过多次家长会和学生成绩分析班会后的反思，我认识到成绩单应该承载更多的信息。班主任可以利用成绩单建立与家长更深层次的沟通，同时表达更多的想法。成绩单不仅能告知学生的成绩，还要告诉他们自己的优势与不足。学生通过一张成绩单能受到鼓励，同时还能提醒自己的问题。那么，这应该是什么样的成绩单呢？

一、成绩单的告知作用

出现在成绩单的数据应该包括：学生各学科的卷面成绩、各学科成绩在班级或年级的排名、年级名次的变化、班级的平均分、年级的平均分和年级各科最高分。

各学科的卷面成绩：在这些数据中，家长可能最关注的是“各学科的卷面成绩”。但这个数据能说明的问题并不多，它只能说明该学生目前的一个暂时状态。学生的卷面成绩可能因为试卷的难度不同而发生大范围变化，因此，家长和学生很难从卷面成绩看出问题。

“年级名次”和“名次变化”：在数据中“年级名次”和“名次变化”两组数据更有意义。家长或学生可以通过年级名次了解自己所处的位置，这样就可以忽略试题难点不同对分数的直接影响。更为重要的是，年级名次具有可比较性，学生可以用它来关注自己的变化。“名次变化”正是动态地表达学生变化的数据，所以该数据应该是家长最为关注的。通过“名次变化”，家长可以了解学生一段时间内的学习效果，并有目标地分析变化的原因。一个优秀的家长看重的不是孩子的成绩，而是孩子的进步。在展示变化的过程中，还可以引进变化曲线图，这样能更加明显地看出变化趋势。

“班级平均分、年级平均分和年级各科最高分”：这些数据可以帮助学生分析自己在班级所处的大概位置，使学生建立关注班级站位的想法。同时，也让学生有集体意识，除了各项活动可以为班级争光以外，学习成绩也可以为集体争得荣誉。而“各科最高分”则是给那些好孩子一个更高的目标，让他们的学习更有动力，争取做某一学科的“状元”。

二、成绩单的表扬作用

其实，成绩单上的数据再丰富，也只是一个告知作用，这与一张印着成绩的小纸条差距并没有多大差异。但考虑到成绩单是学生人手一份，而且是一定会让家长看到的信息载体，那么就需要利用这个特点。我在成绩单上开辟了一个区域用于对学生的表彰。

成绩单中表彰的内容分为 3 个部分：

第一部分——各科年级优秀表彰：该部分表彰是在各科年级前 50 名（或前 100 名）和总分前 50 名（或前 100 名）。表彰时不仅有该学生的名字，名字后面还有他的年级名次。这是对成绩优异学生的一种肯定与激励。相信家长看到成绩单中有自己的孩子时会和学生一样受到激励。即使本部分表彰里没有自己孩子的名字，家长也能了解哪些学生在某些学科上更优秀，从而指导自己的孩子多向这些优异的学生学习。

第二部分——进步表彰：毕竟一个班里成绩好的学生占少数，而那些还在努力却没出成绩的学生也需要肯定和激励。在“进步表彰”中，每次考试与上一次比较，只要学生的年级名次有进步（一般进步 20 名以上）就可以登上“进步奖”名单。“进步表彰”是学生最希望看到的部分，因为这里有他们的“希望”“梦想”和“自信”。同时，老师也要引导家长和学生关注这里的名字，也许孩子还处在年级的后半部分，但他只要在进步，就有希望站在别人的面前。

第三部分——特殊贡献表彰：在这里表彰的都是有特殊贡献的同学。例如，单科和第一名“状元”。除了表彰“状元”外，那些态度转变明显、成绩突飞猛进的同学也是重点表彰的对象。我还在一次成绩单中表彰了一个学习小组。该组同学通过互助互管的方式，使小组成员都出现了大幅进步，小组的组长和组员获得了“特殊贡献”表彰。

在这 3 部分里面，大部分学生都能找到自己的名字，这也正是老师希望看到的。当家长每次拿到成绩单时，他们也同样希望在表彰的名单里看到自己孩子的名字。正是这样的激励作用，让很多学生产生“努力学习，就为留下自己的名字”的想法。

三、成绩单的分析与目标作用

无论成绩的好与差，无论是否被表扬，学生都需要明白一个道理：考试是一次评价，评价他们的学习效果。因此，考试后的分析更为重要。要想让自己不断进步，学生必须从每次考试中吸取教训，不断提升自己。

在成绩单中，我设计了学科分析与考试目标两个内容。对于学科的分析，是希望学生能够找到问题的所在，改进自己的学习方法，以便更快地起步。这种分析需要对学生进行引导。在成绩单上明确要求学生只分析两个学科：选择的学科如果是进步比较大的则分析进步的原因，找到成功的关键并改进这些做法，以求不断进步；选择的学科如果是退步比较大的则要分析自己在该学科上的问题，重点分析学习态度和学习习惯。

在学生的学科分析后面存在着一个选项“我希望看到分析的老师”。如果学生对自己的分析不满意或不会分析，可以标记“希望看到分析的老师”。老师把学生的分析反馈收上来后会转交给相应的老师，并安排相关老师与该生进行面对面的交流。

成绩单中“学科分析”的下面紧接着就是“目标设定”。“目标设定”包括各学科本次考试的年级名次和下次考试的“目标”名次。通过“目标设定”让学生建立短小而可执行的计划，一步一步地走好学习之路。

四、成绩单的沟通作用

成绩单的最后一个部分是“家长反馈”。在这里，家长将自己的想法与老师进行沟通。每次下发成绩单后，次日学生都要将“成绩分析与目标”部分和“家长反馈”上交到老师处。在“家长反馈”部分同样安排了“希望看到反馈的老师”和“预约面谈”两个部分。家长可以在“预约面谈”部分写上自己希望与老师面对面交流的时间，以方便家长到校交流。

通过以上 4 个部分，成绩单变得不简单了。在成绩单里，学生和家长可以看到现在、希望与未来；在成绩单里，学生能找到自信和目标，家长可以表达自己的心声；在成绩单里，老师可以亲切地和每一个人交流，并鼓励他们；在成绩单里，可以看到一名普通的教育者对孩子的那份真挚情感。

教学五“活”

北京理工大学附属中学　王小辉

“教育方法，不是一个可以随意套用的模子，不是能够信手拈来的已成之物。适合于每个学生的教育方法都是未成的，是在教师和学生交往的过程中创造生成的。适合每个孩子的方法都是量身定做的。”

——摘自《教育常识》之“为每个孩子创造适合的教育”

通过《教育常识》一书，使我对教育的本质有了更深刻的理解，也在不断地反问自己，在教育学生的过程中，我做了什么？我该做好什么？

通过不断地反思，我认识到：该让我的教学、我的课堂、我的学生“活”起来！“活”乃变通、灵活之意。

作为一名“老教师”，丰富的经验是我最大的收获，但也会成为我进步的阻力。随着时代的变化，现在的学生具有属于这个时代的特点：知识丰富、想法多样、性格明显、思想独立。换句话说现在的学生“不听话”了！老师如何将自己的丰富经验加上时代的包装，让学生更易接受？这需要“变通”，将各种教学方式“灵活”转变，以多样的形式来吸引学生的注意。同时，转变的目标不仅仅是吸引学生，更多的是尊重学生。

一、“活”在课堂

课堂是教学的主战场，也是我发挥自己“活”思想的主要场所。针对以往的教学手段，学生更需要新颖、高效的教学方式。化学学科有着天生的优势——实验。利用好实验可以将化学教学的过程变得丰富多彩，富有“魔力”。每次实验时，我都邀请学生参与其中，共同完成实验内容。学生在参与实验时表现出了极大的热情与专注，获得了良好的效果。学生对“自己”的实验非常关注，这既满足了学生的“虚荣心”，也会让参与的学生印象深刻，并且还可以让更多的人加深对实验的印象，可谓是“一箭三雕”。

如果仅仅是让学生能参与到实验中来，这还并没有“活”出特点。我提出了“感知”化学活动。所谓“感知”化学就是让学生在老师的指导与监督下与化学实验或药品来一次“亲密接触”。例如，讲到有机物苯酚时，苯酚是有微弱毒性的物质，可以用来制造生活中常用的“药皂”，用来杀菌消毒。而学生一听到有毒物质都躲得远远的，对化学产生莫名的恐惧感。如果我们的学生远远地看着实验室，就别指望他们能成为“化学大师”了。所以，我鼓励每个学生都来近距离观察苯酚，并一定要闻一闻它的味道。当学生们闻到苯酚的味道后，大多数人都立即想到了医院的味道。这是因为医院使用了与苯酚十分接近的消毒剂。学生也就对苯酚的性质有了深刻印象。

除此之外，只要不是那些极其危险的药品，我都会鼓励学生来“接触”一下，消除他们对化学的恐惧感，让他们有信心、有胆量来学习化学、发展化学。

二、“活”在德育

现在的学生与以前的学生有着明显区别，其中比较明显的是他们更不爱听“说教”。如果老师将道理直接讲给他们听，他们对此并不在意，甚至会产生抵触情绪。这就需要更“活”的教育方式。

我在进行实验演示——银镜实验时，将实验过程进行了巧妙的设计，得到了出奇的效果。下面的内容是学生在上完化学课后于当晚写的：

银镜反应，其中有一步是配制银氨溶液：向硝酸银溶液中不断滴加氨水到沉淀完全消失。王老师当时只滴加了几滴就停下来跟我们说：‘可能失败了，要不别做了。’随着大家的呼声，老师继续开始滴加，一滴一滴……在沉淀没有完全消失的过程中，浊液只发生了肉眼很难看出的变化，直到一滴滴进去时，沉淀消失了，银氨溶液配成了，成为无色透明的液体，随着大家的惊呼声，老师把试管放进了装有开水的烧杯里……慢慢地，当再次拿出试管时，亮眼的银镜呈现在我们眼前。大家的呼声再次响起……然而今天最震撼我的是王老师的这番话：“我们的学习就像这银镜反应，付出的努力就像这一滴滴的氨水，虽然短时间内不会有明显效果，但是，只要坚持下去，不放弃，就一定会出成果，就像课上呈现在我们眼前的银镜；但是如果不坚持下去，就永远只是那堆沉淀，永远不会改变。”今天王老师的实验教给我的不只是那简简单单的反应和配制氢氧化二氨合银的方法，还教给了我要坚持，永远不放弃，而且我真的很服王老师，能用自己的方法教给学生最直接、最明确的东西，我也很庆幸能跟着王老师。以上完全是今天上完化学课的感受。真的，这课我上得爽，上得服气。

通过学生的感慨，我能感觉到我对实验的设计达到了我的目的。我认为，优秀的教育要做到“润物细无声”，将学科思想或人生哲理融入精心设计的教学过程中，既完成了教学任务，又在不知不觉中将道理渗透进去，让学生自己发现其中的哲理，而不是我们刻意强加给学生。

三、“活”在作业

作业在教学工作中的重要性是不容置疑的，但也正是作业这项活动最易引起学生的抵触。每天早上恐怕最常见的场景就是课代表不停地催交作业和学生不断地寻找借口拖延。作为老师，大家心里都能明白作业的意义不在多而在质，但真正做起来就不一样了，往往会以量取胜。毫无意义地增加作业量或许短期内会使学生在该学科有起色，但长远看来，这样做牺牲的是其他学科的学习时间和学生的学习兴趣，得不偿失！

对于作业问题，我的做法是“砍价”。每次留作业时，我会给出我要求的作业量，接下来由学生们提建议，看看大家对作业量是否接受。如果学生认为作业过多，或者是其他学科当天的作业过多，可以“砍价”——我与学生重新商量作业的量，直到学生对作业满意为止。通过这个砍价活动，学生体会到了自己做主的快乐，很多学生长这么大是第一次知道作业还可以“砍价”，感到既新鲜又兴奋。但这样做会不会失控或者成为一个只为“讨好”学生的不负责任的老师呢？当然不会，原因是：作业由老师的被动强制安排变成了学生的自主确定。简单来说，本来作业是老师强加的，学生不服气，加上现在的学生个性强，他以不做作业来消极“反抗”。但是，当作业是由学生与老师来商定的时候，无论多少，作业成了学生自己的任务，不是老师强加的，而是自己给自己的作业。自己的事当然就没有了反抗的对象，也就自然能踏踏实实地完成了。我还给学生提了个建议，不管作业多少，只要商定好了，就要认真去做。更重要的是，在“砍价”过程中学生认识到了学习是自己的事，不是老师的事。同时，学生也感受到了老师对他们的尊重。老师从心里尊重学生，学生就从心里爱老师！学生对老师的爱表达得更加直白：好好学习你这一科！

自从开始“砍价”之后，每次作业基本都是全齐，没交的一定有特殊原因。而且，学生也没有出现“胡闹”的现象，他们对作业的要求还是很客观的，这说明孩子也是很爱学习的。也是从“砍价”过程中，我看到了学生对自己的负责，也让我对学生产生了深深的信任。

四、“活”在测试

如果你的课正好排在体育课之后，你该怎么办？这是很多老师不愿面对但又必须经常面对的难题。尤其是夏天，体育课后，学生又疲劳又浮躁，还有一身“臭汗”，接下来的课对任何人来说都是挑战。面对这样的难题，我有妙招：灵活的测试！

体育课、活动课、集会之后，学生很难快速地进入学习状态，上来就讲知识也只能是老师对自己的安慰，学生是听不进去的。有没有让学生快速进入学习状态的方法呢？——考试。在学生的神经系统中，考试是当前最敏感的词，这是长期的教育评价培养出来的。不管学生处于何种状态，只要一提考试立即像打了鸡血一样精神起来。但考试的方式和内容必须灵活，不然会影响正常的教学活动。结合本学科的特点，我采取的是“3 分钟方程式测试”。顾名思义，上课前的 3 分钟，测试内容为化学方程式，数量为 3 个。这种测试时间不长，内容不多，既不增加老师的判卷负担，也不影响正常的教学，何乐而不为？对于测试结果的反馈，也要有“策略”：每个错的方程式要“罚”写 5 遍。学生听到这个惩罚结果都笑了出来，因为太轻了！当然，这不是全部，因为每节课都会有 3 分钟测试，所以我制定的规则是：同一个方程式每错一次写 5 遍，第二次还错就写 10 遍，第三次再错就写 20 遍，以此类推，逐次翻倍。这样一来，“罚”的目的不是让学生多写了几遍，而是让他记住方程式。一旦学生重复相关的错误，代价还会几何级别地增加！

通过这种 3 分钟快速测试，学生的基本功越来越好！同时，学生也意识到重复犯错的严重性，用学生的话说：“老师，你的方法看起来很轻松，可要是一不小心就麻烦大了！被老师‘算计’了！”快速测试不仅让学生快速地进入学习状态，巩固了基本功，还多出来一个现象：每节化学课前学生都不离开教室，而是在认真地准备着方程式。

五、“活”在答疑

“我们家孩子不爱答疑怎么办？”“老师，我想答疑，但不知道问什么。”“老师，我的问题太多、太简单，不知从何问起！”以上 3 个问题恐怕是每个老师都曾经被问到的，也是很难回答的问题。

面对这些问题，我是这么做的：

首先，我建议学生听答疑。经过我多年的经验发现，不同的学生在答疑时向老师问的问题大部分都一样。既然是这样，就可以让那些不会答疑、不知道如何答疑的学生来听别的同学答疑。我在办公室座位的右侧安排了一把椅子，一般学生答疑时都在左侧，右侧的椅子就是给听答疑的同学准备的。自从有了这把椅子，很多同学中午一下课连饭都不吃或带着饭就来占地儿了。在我给其他同学答疑时，听答疑的同学非常认真地倾听，遇到没有听懂的还插空提问，效果很好。甚至有学生建议老师给他们发答疑 VIP 卡，想长期来听答疑。在没有学生答疑时，听答疑的同学也不闲着，而是跟我聊天。他们跟我说他们的烦恼、笑话、同学趣闻等，我们的关系一下子就亲近了许多。

以上的教学感受与想法是我多年经验的总结，其核心就是一个“活”字。现在的教育环境有了太大变化，老师不能再以老样子从事教育工作了。有句话说“穷则思变”，但我们是“进则思变”。通过教育思想和教育行为的改变，以适应日新月异的教育环境变化。“活”的思想与“活”的策略保证了教育的活力，而“活”的核心则是对被教育者的尊重、理解和爱！

做一名学生赏识的好老师

北京市第五十七中学　秦颖超

教育先驱蔡元培先生说过："教育者，非为以往，非为现在，专为将来。"由此可见，时代呼唤新教育，新教育呼唤新型教师，呼唤勇于创新的弄潮儿，在教育改革不断深化的今天，教师必须与时俱进，开拓进取，力争做一名新时期学生赏识的好老师。那么，在实际的教育教学工作中，怎样做才能成为倍受学生赏识的好老师呢？

1. 要善待学生的天性

"一切为了学生，为了一切学生，为了学生的一切"。这个教育理念应该成为一切教育工作者的基本信念。教师要把这种信念贯穿于教育教学工作的始终，使每个学生的个性都得到自由和谐的发展。这就要求教师要善待学生的天性。

我在教学实践中常常发现这样一个现象，有的学生喜欢给课文的插图进行"加工"。例如，给马克思和恩格斯戴上帽子，给诸葛亮佩上把长剑，让李白穿上西装等。学生的杰作"可谓"是千奇百怪，妙趣横生。

或许有些教师对学生的这种"游戏"的举动会压抑甚至会批评，并把这些与学生的调皮、不认真等量齐观，被斥责不尊重历史人物。对于学生的这些"杰作"，我经过与学生深入交流探讨之后，惊奇地发现：他们这么做是想让诸葛亮文武双全，让马克思和恩格斯在实践中解放全人类……这些"杰作"是学生独特思想的表达，是他们创新意识的萌芽，有着对同一事物的不同看法、对人物的多角度理解。

2. 要善于走进学生的心灵

冰心说过："教育永远不要说放弃。"作为教师，我们的教育与教学不应该只是知识和方法的传授，而是要常常提醒自己：教师与学生之间首先是平等的，我们时刻都在与学生进行着心灵的接触。只有全身心地关注学生的精神生活，关注他们的内心世界，给予他们最平等而又博大无私的爱，才能真正地走进学生的心灵，赢得强有力的教育力量。基于此，作为教师，任何时候都不能忘记，不同学生性格不同，对于一些内向、敏感的学生，我们要注意自己的言行。或许老师的一个不经意的关切眼神、一个会心的微笑、一句简单的问候都可以影响他的一生。

3. 善于用深情的作业评语感染学生

"感人心者，莫先乎情"。教师在评语中倾注真情，用热诚的话语春风般抚慰学生，用关爱的话语细雨般滋润学生，用知心的话语阳光般温暖学生，学生定会倍感亲切，深受感染，愿意在生活中和学习上接受你的引导与建议。

在给一个常在考试中因心理紧张而考得不理想的学生的作业评语里，我写道：放松，踏实，考试并不是越不过去的难关。记住：守住从容，你就守住了人生的自信与真情；守住从容，你就守住了内心的镇定与踏实；守住从容，你就守住了对梦想的执着与专注。

向学生敞开心扉，与学生进行真诚的交流，通过深刻的感悟、透彻的见解，引导学生去正确认识社会、人生和自身。

4. 善于反省自己的言行

"师者，人之模范也。"在学生的眼里，教师是"智慧的化身""行动的榜样"。因此，教师对自己的一言、一行、一举、一动都要做到不愧为人师表，才能成为学生学习的楷模，成为学生效仿的榜样。然而，人无完人，教师也是人，也会有犯错误的时候，所以，作为教师善于反省自己的言行，对于自己塑造完美的人格尤为重要。

刚工作时，我时常会指责学生做不好一些小事，比如值日拖拉，收作业慢，课后忘关电脑。我想不通：为什么学生们总是屡教不改呢？直到有一天，我看到了一篇某特级教师写的文章，终于明白了我对学生的批评总是白费心机的原因——我只注重言教不注重身教。文章中的特级教师进班上课时，讲桌上散落着一些粉笔头，他用目光巡视一周后，迅速收拾好桌上散乱的粉笔头，然后走下讲台，转过身去，面对着黑板，轻轻擦去了桌上的粉笔灰。看完了文章，我受益匪浅。后来，我再碰到类似情况时，也采用文章里特级教师的办法。嘿！还真灵。

从上面提到的例子来看，当教师很负责任地去教育某个学生，而效果总是不佳时，是不是应该反省一下自己的言行：我这么做，学生能接受吗？

做学生赏识的好老师还有许多可行的方式方法，这就要求我们要做教学上的有心人。时不待我，作为新世纪的新型教师，我们应该以高度的历史责任感和极大的热情投身到新课改的洪流中，感受新课改，并勇于实践新策略，为做学生赏识的好老师而不懈努力。

第二章　教师教学观点

小学语文课堂教学中“朗读”指导的有效性研究

——开展构筑理想课堂的教育行动研究之一

北京理工大学附属中学 梁红彬

一、研究的问题与意义

1. 研究的问题

“开展构筑理想课堂的教育行动研究”是我校教育群体课题，小学语文课堂教学中“朗读”指导的有效性研究是“开展构筑理想课堂的教育行动研究”下的子课题之一，它贯穿于语文教育教学当中。

2. 研究的重要意义

在课堂教学中有效引导学生朗读，能够教给学生更好的读书方法；朗读有助于提高课堂教学的实效性，使学生提高说普通话的能力。学生在读中理解，在读中品悟，在读中体验情感，在读中掌握技巧。朗读是语文教学永恒的主题，新课程标准指出，要让学生充分地读，在读中整体感知，在读中有所感悟，在读中培养语感，体验品味。可见在新的语文标准下，朗读已定位成阅读教学的“热点”。新课程标准还指出：“语文教师应高度重视课程资源的开发与利用，创造性地开展各类活动……多方面提高学生的语文能力。”苏轼曾说：“三分诗，七分读。”本课题的研究以新的《语文课程标准》为指针，以全面提高学生的语文素养为出发点，目的在于张扬学生个性，有效提高朗读课的效率，增加学生的语文积累，进而培养学生的道德情感，陶冶心灵，使语文教学变得生机勃勃，增加阅读教学的乐趣。现在语文教学中流行一个词——“语文味”，但是这种“味”具体指什么，未见有个定论。而有一点却是众口一致的，那就是朗读是体味语文“味”之佳法。因此，面对新的形势，作为一名语文教师要把“朗读”这把剑舞得游刃有余，就不得不对“朗读”这个众人关注的语文改革的焦点做一番深入的思考了。

（1）朗读有助于提高学生的理解能力，学生对课文每读一遍，都是一个感知的过程，书读百遍，其义自见。这话一点不假，它揭示了学习语文的一条重要规律。

（2）朗读有助于提高学生的表达能力，朗读可以使学生积累大量的妙词、佳句、名篇，他们的材料库会在朗读中不断地被充实，在朗读中能够学习一些表达方法。在说话和作文中，材料库中的材料就会根据需要自然地流露出来。

3. 研究问题——小学语文课堂教学中“朗读”指导的有效性研究

朗读是小学语文教学中一项重要任务，有感情地朗读课文有助于加深学生对课文的理解，使其受到情感的熏陶，从而达到美感、乐感、语感、情感的和谐统一。朗读是沟通读者与文本互动的桥梁，是读者和作者思想情感交流的通道；朗读是我国语文学习的传统方法，是现代语文学习的一个关键环节。但在日常的小学语文教学中，朗读往往成为课堂的匆匆过客，学生的朗读准确率低、流利程度差、缺乏感情等情况普遍存在。

《语文课程标准》指出：“语文课程具有丰富的人文内涵，语文课要充分重视学生的朗读，让学生在反复的朗读中体会语言所蕴含的丰富情感，并与自己的情感相通，加深理解与体验。”“阅读是小学语文教学的基本环节。”在这个环节中“朗读是最重要、最经常的训练”，“要让学生充分地读，在读中感知，在读中感悟，在读中培养语感，在读中受到情感熏陶”。语文作品中饱含着作者强烈的情感，或直抒胸臆，或内敛含蓄，或慷慨激昂。在教学中，教师应该注重朗读教学的策略，引导学生领会文本的内涵，感受文章的韵味，体会文中的情感，增强语言的敏锐性。同时，朗读对于锻炼学生口才，促进学生记忆，丰富和提高语言表达能力，培养形象思维和灵感思维，增强对语言艺术的欣赏能力等方面具有重要意义。鉴于上述思考，我们提出了“小学语文课堂教学中‘朗读’指导的有效性研究”这一课题。

二、文献综述

1. 概念界定

“朗读”是书面语言的有声化，是化无声的文字为有声语言的阅读方法。“朗读教学”作为阅读教学的组成部分，是通过朗读的方式启发、引导学生感知、体验作品的语言形式。朗读是语文教学的一种传统方法，关于它的研究从未间断过，收录在中国期刊数据库中的各种各类相关文章有数百篇之多。本文选取近 5 年有关“小学语文阅读教学中的朗读教学”的论文 46 篇，深入细读、归纳综合。研究者们对朗读教学相关问题的思考是多方面、多角度的，概括起来，主要集中在朗读教学的作用、意义，朗读教学中朗读训练和指导的方法、技巧，朗读教学现状、问题及对策、建议等，这反映出教育者们对朗读教学的关注度越来越高，同时在朗读教学中也存在一些问题。

2. 朗读教学训练方法及作用的研究

（1）对朗读训练、技巧指导的研究

有近一半的论文是研究小学语文阅读教学中朗读的训练、指导和朗读能力的培养等。总体上看，小学语文阅读教学中朗读的训练方法或朗读技巧指导的探讨主要涉及：激发学生兴趣，营造良好氛围，采用多种朗读形式，让学生投入感情并掌握一定的朗读技巧。朗读训练要有原则，要循序渐进，根据不同学段学生的不同情况，逐步提高；要授之以渔，给予方法指导，使学生达到举一反三的境界。朗读不是没有主次之分，不是没有详略之分，而是要重点段落重点朗读。其中，比较深入的研究集中在学生兴趣的激发、朗读技巧的指导、组织形式等方面。多篇文章都重视教师的范读。如《大阅读，小细节》中指出：“示范朗读是朗读指导的一个法宝。好的范读不仅能以真挚的情感、优美的语言、动人的形象感染学生，更能使学生真切感受语言的音乐美、节奏美、情感美，能潜移默化地进行朗读方法的指导。”教师范读的重要性不言而喻，要求教师要研究朗读的技巧，并且自己也要多读、多练。同时，教师范读不可以也无法取代学生自己的朗读实践。在课堂上，朗读的主角还是学生，教师应“该出声时就出声”，更多时候还是要倾听、欣赏学生的朗读。《让阅读教学中的朗读指导扎实而灵动》一文中指出，朗读要适时导悟，要彰显个性。“导悟”区别于一般的朗读技巧指导，它主要是“在教师的引导下，在一次次的点拨中，使学生的思维、想象、情感等心智活动积极地参与到阅读实践活动中去”，从而“对阅读材料的内涵及语言组织形式等方面有深层把握和领会”，最终投入适合的感情，轻松自然地掌握正确的朗读方法，于无痕之中教会学生朗读。“彰显个性”是反驳“整齐划一、不达标准死不休”的。不同的理解，读出的味儿自然不同，这一观点传达出了作者对每个学生的尊重。《浅谈小学语文教学中的朗读教学》一文指出：“教师在指导朗读时要根据学生朗读能力的形成规律，找准学生的‘最近发展区’，考虑到学生在各个年龄层上表达能力的差别给予适当的指导。”这意味着从一年级到六年级，指导原则和要求不能一成不变，这不仅适用于朗读指导和训练，对于朗读评价也同样具有借鉴意义。而针对老师的具体指导，文中还提出：“选取指导的训练点要精；训练要求细致、精要；训练的过程都需精心设计。”一个“精”字，反映了教师对学生朗读指导的精心、细心和责任心。

（2）对朗读教学作用的研究

教育部颁布的《义务教育语文课程标准》中明确指出：“小学各个年级的阅读教学都要重视朗读。中、高年级要重视默读，要让学生充分地读，在读中整体感知，在读中有所感悟，在读中培养语感，在读中受到情感的熏陶。”由此可见，“读”在小学语文教学中的重要性。朗读教学作为一种语文教学方法，独具魅力，在小学生语文学习中具有多方面的作用。综合这些论文，有的是从语言学习的角度来谈朗读教学的作用，有的是从整体的角度来看朗读教学的作用，有的是从重要性的角度来看朗读教学的作用等。研究者总体认为，朗读教学具有以下作用：① 有助于正确识字。② 有助于发展学生的语言能力，是学习语言、培养语感的重要途径之一。③ 有助于发展学生的思维能力。④ 有助于学生感悟课文，深入理解课文。⑤ 可以增强学生热爱大自然、热爱祖国的情感。⑥ 有助于学生获得审美感受、提高审美情趣。总的来说研究者对于朗读教学作用的总结是比较全面的，他们也提出了支撑这些观点的例证，即关于这些作用、效果的具体展示，这些基于结果层面的论述，更多的还呈现为一种经验性的概括和总结，而对于其背后的理论依据并没有做深入的探讨和说明。

3. 朗读教学现状、问题和对策的研究

新课程改革后，小学语文阅读教学掀起了一场轰轰烈烈的朗读教学高潮，但在实施过程中，出现了这样或那样的问题。对此研究者们给予了关注，积极探讨了朗读教学的现状、问题，并对其进行了反思，提出了一些对策、解决措施和建议。

（1）朗读教学的现状与问题

对于朗读教学的现状及其存在的问题，研究者总结认为：① 朗读时间充足，但是缺乏指导，没有落到实处。“请同学们用你们自己喜欢的方式读课文，想怎么读就怎么读。”这样的话在小学语文教学的课堂上时常听到，这样放任自流、漫无目的的朗读，学生的朗读水平真的会提高吗？当然不能。② 朗读情境设计华美但缺少参与。随着多媒体走进课堂，语文课堂也变得“花枝招展”了，音乐、图画等多种手段的应用在一定程度上能够激发学生的学习兴趣，但是，如果在课堂上，教师手不离鼠标，学生眼不离屏幕，多媒体课件成为语文课堂上的主角，教师和学生都成了观众，很容易使学生慢慢地失去自读的兴趣。③ 朗读形式花哨。多种多样的朗读形式，这边读来那边接，你读，他读，大家读，表演读……丰富的形式原本是为了激发朗读兴趣，但弄得不好却也会走向预设结果的反面。④ 朗读评价很及时，但针对性不够：“你读得真棒！”“你真了不起！”这样的朗读评价太笼统、不真实，没有针对性，学生听多了，一方面会不珍惜这种“好评”，另一方面也可能会使学生洋洋自得，不知自己的“真面目”。⑤ 朗读目的不明确，只重视朗读课文的重复次数，随意性大，有为了读而读的嫌疑。⑥ 教师好高骛远，认为学生朗读效率不高，期望短时间内提升学生的朗读水平等。以上是目前朗读教学存在的主要问题。

（2）朗读教学的对策与措施

针对以上问题，研究者们也提出了相应的对策和措施：①“读”和“导”相结合，充分地朗读。教师的指导、引导，既有技巧的指导也有情感的引导。与学生读的实践结合起来，才能取得良好的效果。② 教学生养成良好的朗读习惯。怎么坐、书怎么拿、书该怎么读等，都要养成良好习惯。③“读”和“思”相结合，丰富、深化朗读。“任何一篇课文都融入了作者真挚的感情，要想真正朗读好一篇课文，必须深入地理解课文，掌握整篇课文的感情基调，而不要流于形式，一味地追求课堂上的热闹。”可见理解是朗读的基础，更是有感情朗读的前提。④ 激发学生的朗读兴趣，实行多样化的朗读，让学生享受朗读的乐趣。⑤ 将“读”和“评”结合起来，提升朗读水平。学生读，学生评；学生读，老师评；老师读，学生评；评价多元、多维，“读”“评”结合，知道哪里好，哪里需要改进，从而提升学生的朗读水平。⑥ 接受学生的个性化朗读，发掘学生的朗读潜能等。这些对策的提出，对改进朗读教学十分有益。

4. 评述

在小学语文阅读教学中，朗读教学的研究取得了丰硕的成果，但这些众多的研究中也存在一些不足。

（1）对朗读与朗读教学的界定不够清楚

在多数论述中，题目虽是朗读教学，实际上内容则只是谈朗读的训练、指导，不是完整意义上的朗读教学，显得逻辑不够严谨，从某种程度上暴露了认识上的不足：① 对朗读与朗读教学的区别认识不足。② 对朗读学中的朗读和语文教学中的朗读的区别认识不足。朗读学中的朗读，书面语言只是信息的载体、认识的工具，而语文教学中的朗读，书面语言既是信息的载体、认识的工具，同时又是认识和学习的对象。这是两类朗读的本质区别。朗读教学的最终目的不是为了提高朗读水平，而是通过朗读去感受、体验课文的语言形式，以提高语言能力。

（2）研究内容分布不均匀

相关研究多集中在朗读教学的作用、重要性以及朗读训练的指导上，而对于朗读教学的真正目的和实施，还存在认识上的偏颇和不足，朗读教学中的朗读不乏走过场、走形式的嫌疑，或只是对朗读技巧的生硬灌输，而没有帮助学生理解文本思想，从而将自己的感情融入朗读中去。朗读教学虽然需要指导学生朗读，更重要的是要通过朗读的方式或手段来更好地进行阅读教学。

总之，朗读教学需进一步深入研究其本质、目的、特点与规律。对于现存的问题，应切实找准症结所在，对症下药。同时，这些问题也可形成一些新的研究课题，比如，从阅读教学的本质看朗读，朗读就具有了目的性，指导就有了针对性；“读”放异彩，可探讨阅读教学中不同的读的不同作用；“读多读少，谁决定”，可从不同课型对读的不同要求，来探讨不同的课的不同读法，何时朗读、何时默读、何时诵读等。这些关于朗读教学的问题，笔者认为是当前语文阅读教学中值得研究的问题。

三、研究策略与方法

1. 研究原则

① 树立以人为本的观念。② 体现朗读和朗读教学的时代特点。③ 突出朗读教学过程的连贯性。④ 尊重朗读的个体性和差异性。⑤ 突出朗读的主体性。

课堂教学模式的内容要点是：

① 主导思想：指导学习方法，自主强化训练；提高朗读能力，朗读陶冶情操。② 目标

要求：朗读发展学生的语言，朗读推动审美教育，朗读发展学生的思维。③ 重点：在读中整体感知，在读中培养语感，在读中受到情感的熏陶。(《新课程标准》)

主要的方法：访谈法、观察法、纸笔测验、小论文、个人档案跟踪、问卷法。

2. 研究进程（时间表）

本课题的研究时间为 1 年。

（1）准备阶段（2015 年 6—8 月）

① 对于朗读教学，提高学生朗读兴趣与能力的有效性教学调查、研究、论证，制定实验方案。② 做好宣传工作，统一思想认识，积极学习阅读教学和指导朗读的理论，明确实验的意义、方法、步骤，宣讲实验方案，做好耐心细致的释疑解惑工作。③ 安排教研课题教学班级，合理地确定实验班级与学生名单。(实验教师认真填写实验报告，收集实验原始材料。)

（2）实验阶段（2015 年 9 月—2016 年 7 月）

① 在明确教学思想的基础上，不断优化课堂教学环节，充分发挥朗读在语文教学中的作用；积极探索在备课、上课、练习辅导、评价考核、课外拓展等方面的教育，加强交流，及时总结，提高教师的教学质量。② 修订完善实验方案，重点研究阅读教学中如何开展个性化朗读教育、创新朗读教育，提高学生的朗读能力和阅读理解能力，培养学生的审美能力，并提高不同层次学生的潜能。收集整理，分析教学过程中的教育得失，做好阶段性总结。

(阶段成果呈现形式：征集优秀课例、教学案例、观摩课、阶段性总结、师生朗读成果展示等。)

（3）实验总结阶段（2016 年 9—11 月）

① 整理、分析各种实验原始资料，写出实验总结报告。② 摸索出一套指导朗读教学的具体实施操作方法。③ 实验成果展示：实验报告、论文、著作、朗诵展示、实验材料等。

3. 具体实施步骤

（1）引发学生朗读的兴趣，营造良好的朗读氛围

① 创设一个自由、轻松、能够展现自我、能够与同伴们交流的空间。

让孩子们有兴趣地去学习，要比他们被动地接受知识重要得多。朗读也是这样，应充分利用课内的文章，抓住点滴的时间让学生自由地大声地读，读完了再找自己的好朋友去读。学生能很主动地找学习伙伴读书了，孩子们的兴趣浓厚起来，读书时才会想把文章读得更生动些。

《语文课程标准》指出："培养学生广泛的阅读兴趣，扩大阅读面，增加阅读量。"课内接触到的阅读材料是有限的，课外阅读是小学生学习语文的有效途径。朗读作为阅读的一部分，教师可以一些活动为载体，鼓励学生课外朗读、诵读，提高朗读水平，积累语言。可举行朗读比赛、课本剧展示会、演讲赛等活动，让学生朗读由课内向课外延伸，低年级学生对阅读材料的甄别能力有限，起始阶段可由教师向学生推荐朗读篇目，可联系家长辅助学生朗读。

② 把握利用教材，在朗读中感受语言的音乐美。

小学语文教材中，诗歌、童话等体裁的课文有着准确的用词、生动的造句、回环的音

韵、错落的节奏，它们都是培养儿童语感的极好材料。教师不仅要留意发现其中的音乐性，而且要善于引导学生通过朗读来感受、欣赏、认识语言的音乐美。在朗读中，富有音乐性的语言变成了语言性的“音乐”，学生聆听着自己朗读的声音，真切地感受到了语言的美。如此不但锻炼了学生的朗读能力，而且培养了学生对语言的敏锐感受，像苏霍姆林斯基说的，学生成了“词的音乐家”。

（2）恰当发挥范读的作用

叶圣陶指出，语言文字的训练最要紧的是训练语感。吕叔湘先生也认为语文教学的主要任务是培养学生的语感。学习语言的方法不是靠理性分析，而是靠对语言的直接感受积累。朗读就是对语言的直接感受，读得多了，文章的语言、节奏、句式、格调等自然而然地浸润到学生的内心深处，不知不觉中就会提高学生对语言的感受力，转化成学生自己的语言。作为小学生，他们不会创造性地读，但他们的模仿力很强，他们的朗读大部分都是模仿老师的，因此，教师的范读对于提高学生的朗读水平十分有效。

范读时机的选择也要恰当，不是学生初次接触文本就范读，我们要充分相信学生对文本的感知能力，在什么时候范读依具体情况而定，可在学生遇到困难不能解决时范读，在学生要求范读时再范读，教师要做到语言准确，富有激情，表情到位，感情到位，真正为学生起到示范作用。

范读的内容依具体情况而定，为了让学生进一步体会文章内容可范读全文，为解决难点可范读一些重点句段，范读那些与中心思想关系密切、语言鲜明生动的段落。范读时可以由教师范读，也可以找领悟快、朗读能力强的学生范读。

（3）采取多种形式，引导学生多读

为了让学生把课文读熟读透，达到朗读要求和“以读代讲、以读促解”的目的，在指导朗读的时候，就要让学生多读课文，但不能很枯燥地让学生一遍一遍地读。可采用多种形式激发学生的朗读兴趣。

① 集体读。这是一种全员参与的朗读形式，要防止有的学生“充数”，次数不能过多，过多会降低学生的朗读兴趣。

② 分小组读。小组全体成员参与，可分段接读，也可由小组内自行组织朗读，教师做好“服务性”指导调控工作。

③ 领读。教师或学生均可领着学生朗读，也可由小组内小组长领读，这种朗读方法不利于学生自己感悟课文、自己朗读表达。

④ 分角色读文。在孩子的眼中，一切都是有生命的，他们特别愿意走进课文中的世界。让孩子扮演课文中的角色读文是他们很喜欢的一种朗读形式，教师可制作一些简单的道具，激发学生兴趣。

⑤ 表演朗读。即让学生在分角色朗读的基础上，加上自编动作，把课文“演读”成小小课本剧，也可以让学生边读边演，这种朗读形式学生很喜欢，几遍“演读”，学生几乎可以背诵文章的某些段落。

⑥ 比赛朗读。采取打擂台的形式，让学生分组进行比赛，轮流上台赛读，赛读之前可由小组长组织小组内全体同学给予指导，达到全员参与的目的，学生的积极性很高。

⑦ 配乐朗读。教师根据课文内容选取恰当的音乐给学生创设情境，让学生受到感染，在情境中朗读。

⑧ 想象朗读。让学生闭上眼睛，对已熟读的文章内容边想象边听课文，既可丰富学生的想象力，又可加深学生对课文的理解。

⑨ 展示朗读。借助“展示台”，让学生展示自己喜欢读的段、篇，组织其他学生评价，教师注意要引导学生进行鼓励式评价。

（4）注重朗读教学的过程性评价，关注每个学生

① 以学生为主体，注重每个孩子的发展。有的孩子能够读得有声有色，有的孩子却读得干干巴巴。怎么能让他们的朗读能力得到发展呢？只要从这些孩子的角度出发，哪怕是小小的一点进步，就是成功。所以，在朗读能力的培养方面，要以学生为主体，注重每个孩子的发展。

② 评价一定要注重内涵。在朗读教学中，教师要结合文本内容，对学生的朗读做出有针对性的评价。结合语境对学生的朗读做出反馈，既不打击学生的朗读积极性，又能使学生明确朗读的方向，升华朗读的情感。

③ 朗读评价采用多种方式和手段，也可引导学生角色移情。根据情况，使学生在不知不觉中将自己当成课文中的主人公或课文所描述的对象去参与朗读。角色移情后的朗读更具真情，更有情趣。

（5）展示交流

通过灵活多样的形式，调动教师和学生的积极性，提高课堂的有效性，展现语文独有的魅力，提高学生的语文素养。

4. 概念框架图

（1）引发学生朗读的兴趣，营造良好的朗读氛围

① 创设一个自由、轻松、能够展现自我、能够与同伴们交流的空间。

② 把握利用教材，在朗读中感受语言的音乐美。

（2）恰当发挥范读的作用

（3）采取多种形式，引导学生多读

① 集体读。② 分小组读。③ 领读。④ 分角色读文。⑤ 表演朗读。⑥ 比赛朗读。⑦ 配乐朗读。⑧ 想象朗读。⑨ 展示朗读。

（4）注重朗读教学的过程性评价，关注每个学生

① 以学生为主体，注重每个孩子的发展。

② 评价一定要注重内涵。

5. 综述结论

（1）研究朗读教学中的问题

一是角色错位。教师仅仅是学生朗读召集人、旁听者、捧场人，学生的个体学习缺乏指导。

二是学而不思。学生在朗读中自读自悟，缺乏学习交流、情感体验。

三是思而不学。学生在朗读过程中虽有交流，但仅是泛泛而谈，语言表达苍白空洞，缺乏个性。

（2）增强学生朗读意识的研究

一是节奏意识。了解和逐步掌握朗读情感激越时节奏的加快、声调的昂扬，情感悲戚时节奏的舒缓、声调的压抑等，把握适当的停顿在朗读节奏中的重要意义。

二是角色意识。启发学生去揣摩体悟角色的思想和情感，扮演不同的角色进行朗读，在具有角色意味的绘声绘色的朗读中心领神会，表达出深刻含义和丰富感情。

三是问题意识。通过多读多诵，在提高学生的口头表达能力的同时，发展学生的质疑问难的思维能力，用自己的语言提出问题、回答问题。

（3）指导学生朗读的方法

主要包括诵读、吟读、咏读、讲读等，让学生走进文本，靠近作者，在朗读中理解主题，感受内蕴美；展开想象，激发情感美；辨析语言，体悟艺术美。

（4）形成朗读教学策略

一是语言表达的形象化。促使学生将抽象的语言文字具体化、形象化，增强对语言文字的感悟能力。

二是语言表达的准确化。学生通过反复阅读、揣摩、品味，对语言文字的把握更为准确，追求一种独到的顿悟。

三是语言表达的整体化。指导学生在依托具体的语境的基础上，整体着眼，上下联系，融会贯通。

四是语言表达的想象化。指导学生调动生活积累和生活经验，重组记忆表象，再造相关形象，并逐渐进入作者所描绘的世界，去感受鲜活的人物、动人的场面、秀丽的景色，去体味作者所表达的喜怒哀乐。

6. 研究方法

（1）文献研究法

对小学朗读教学的资料和研究的成果进行收集、整理、比较和归纳，在文献研究的基础上筛选有效经验，运用于本课题研究。

（2）问卷调查法

在学生、家长中开展关于朗读兴趣、朗读习惯、朗读方法的调查问卷，分析朗读教学的现状以及学生的学情、心理品质和学习习惯，为针对性地开展朗读教学策略研究打好基础。

（3）行动研究

课题研究期间，将在本校三年级各班之间开展为期一学年（2015 年 9 月—2016 年 7 月）的行动研究，探讨实施策略并制定具体步骤，最后进行科学的经验总结，以便推广研究成果。

（4）个案研究

选择一些典型学生，对个体进行跟踪分析，建立个人档案，定期、不定期地进行分析，跟踪观察学生个体变化。

四、研究成果提纲

① 课题研究报告（含调查报告）、论文等。

② 课题研究实施过程中的系列案例、光盘、图片等。

③ 课题研究成果集。

④ 具可操作性的典型案例集。

⑤ 真实有效的记录学生发展过程的资料。

五、研究重点和难点

修订完善实验方案，重点研究阅读教学中如何开展个性化朗读教育、创新朗读教育，提高学生的朗读能力和阅读理解能力，培养学生的审美能力，并提高不同层次学生的潜能。收集整理相关研究资料，分析教学过程中的教育得失，做好阶段性总结。

“六策略”提高高三政治教学的质量和效益

北京理工大学附属中学 侯家锋

北京市普通高考政治学科考试说明中明确指出：“政治学科考试体现对考生的情感、态度和价值观的关注，强调对政治学科知识整体、综合的把握，注重多层次、多角度分析、解决问题的能力，即考生对所学相关课程基础知识、基本技能的掌握程度和综合运用所学知识分析、解决问题的能力和一定的探究能力。”高中思想政治教学内容涵盖社会生活的经济、政治、文化 3 个领域，是一个具有内在逻辑结构的整体，而自然、社会、人的思维的一般规律又由哲学来揭示，内容包罗万象，且经常随时政热点和国家政策的变化而调整。纵观近几年北京市高考文综政治测试试题：试题背景千变万化，知识的综合性和关联性更强，思维能力、分析问题能力和解决问题能力的要求更高。如何将政治学科教好，如何帮助学生提高成绩，战胜高考，是作为一名高三政治教师必需思考和研究的问题。在高三政治课堂教学中，提高教学的质量和效益是重中之重。那如何提高教学的质量和效益呢？笔者经过多年的教学实践认为，提高教学质量和效益的重要路径是优化教学策略、形成自己的教学主张。下面笔者结合自己的教学实践来具体谈一下自己的教学策略和教学主张。

一、构建知识网络，理清知识内在联系

即务必要夯实基础，构建知识网络，熟记知识点，熟悉教材。从高三第一轮复习开始，我们就注重夯实基础和构建知识网络。在这一过程中要充分发挥学生的主体作用，让学生自主探究课与课、框与框、目与目之间的知识结构和逻辑联系，以及知识点与知识点之间的内在联系，将点连成线，由线结成面，进而在脑海里形成各模块微观层面上的系统的知识网络。在教师的指导点拨下，学生自主归纳概括，自主构建知识网络，加深对模块知识的整体感知，掌握层层递进的知识体系，有助于形成具有政治学科特色的学科思想，掌握学科思维方法和学习方法，为高考打下坚实基础。比如，2014 年北京卷 35 题：某小组进行主题为“学习《经济学常识》，把握经济思想脉络”的课程讨论时，绘制了一张图表，并要求对图做出判断。

该试题引导学生把握知识的来龙去脉，梳理知识之间的内在联系。所以高三复习时必须引导学生把握知识点与知识点之间的内在联系，将点连成线，由线结成面，进而形成各模块微观层面上的系统的知识网络。

二、立足基础，突出知识网络中的主干知识

透视近几年来北京高考政治试卷，考查基础知识试题的分值在试卷中占了较大比例。有些试题中直接引用教材中的基本概念、基本观点，有些是要求学生对基础知识进行整合、运用和变通，灵活地创造性地运用理论知识进行分析和解答。更多的基础知识是通过理解分析问题来体现的，强调对基础知识的迁移和综合运用，突出知识间的内在联系。试题中对考生分析解决问题各种能力的考核，也都是建立在相关基础知识之上的。比如，2014 年北京卷 38 题：以北京地铁为话题，从文化、政治、经济 3 个角度进行考查，分别考查了文化的继承与创新、价格变动的原因及影响、市场调节与宏观调控、公民的政治参与等主干知识，让

学生可以从不同的视角来分析问题和解决问题。学生的基本概念不清楚，弄不清楚知识之间的内在联系，就不可能灵活、创造性地运用理论知识进行分析和解决问题，这启示我们在模块复习中要立足基础，重视基础知识教学，讲清基本概念和基本原理及其内在联系。同时，突出主干知识的教学，重视主干知识的灵活运用，突出思维过程与方法，以确保复习效率和效益的提高。

三、彰显生活主题，紧扣时代脉搏，理论联系实际

从学生已有的生活经验出发，围绕生活主题，选取鲜活的生活案例，创设真实的生活情境，围绕生活情境精心设计具有思考性、启发性、探究性的问题，引导学生针对设计的问题，联系背景素材主动地多层次、多角度探究。在探究过程中，进一步引导学生结合生活主题，对知识内涵重新发现与拓展深化，对重点知识进行梳理整合、转换和生成，引导学生既重视对知识的深刻理解记忆，更重视对解读信息、提取信息的能力和运用所学知识解决实际问题能力的培养，在运用知识解决实际问题中体验知识的形成过程，以便在考场的有限时间内以不变应万变，迅速提取知识，灵活运用知识，从而取得理想成绩。紧扣时代脉搏，体现时代性是新课改的重要特征，以社会热点问题为依托体现时代性也是新高考命题所坚持的原则。比如，2015 年北京卷试题将学科知识蕴含在鲜活的生活场景之中，较好地实现了学科观点与生活实际、理论逻辑与生活逻辑的统一，知识的活力和价值在生活中得以彰显。立足生活选取素材，设置试题情境，面向社会生活，关注社会热点问题。试题紧密依托并生动反映社会生活，一些被党和政府以及广大人民高度关注的社会热点问题跃然纸上。如第 38 题以互联网时代对人们的经济、政治、社会生活的影响创设情境，第 40 题以“一带一路”战略为背景，让学生为企业如何抓住机遇促进发展，从哲学方法论角度提出建议。这充分体现了思想政治学科关注社会的本质，对引导师生在教学中关注社会、思考现实发挥了积极作用。理论观点融入生活，突出知识应用，更加突出学科知识在生活中的应用价值，巧妙整合教材资源和生活资源，将理论观点融入生活实际，较好地考查了学生运用学科理论知识和思想方法分析解决实际问题的能力。因此，在模块复习中，要以激发学生学习兴趣为出发点，以问题为导向，以即时热点为切入点，从整体上把握热点之间、主干知识之间的联系，把考点与社会热点有机结合起来，把以知识复习带动社会热点复习和以分析社会热点带动知识复习结合起来，引导学生关注社会生活，关心时政，关注国家大事。围绕社会热点设置问题，引导学生对即时热点和长效热点的深入探讨，用教材的理论知识分析鲜活的热点材料，“活化”知识，并深化对理论知识的理解，培养理论联系实际、分析解决问题的能力，提高复习的针对性和有效性。

四、研磨高考真题，并进行分类研究体验

通过对近几年北京市高考真题的研究，我们从中发现了高考命题的规律和要求，从而对症下药，提高了复习的针对性和有效性。通过研究我们发现北京卷有以下共同的特点：

1. 凸显开放性、选择性

北京卷试题凸显开放性，试题答案不唯一，角度自选、开放阐述，可以仁者见仁、智者见智，这是北京卷近两年最显著的特点。例如，2015 年北京卷第 38（1）题，要求考生回答是否赞同在互联网时代“我们通过连接把自己变成了一种新的更强大的物种”这一观点，并

用所学哲学原理说明理由。第 38（2）题，要求考生分析试题提供的一些建议的合理性，并补充一条建议。第 38（3）题，要求结合材料，运用《政治生活》相关知识，以“互联网时代的公民与政府”为题，写一篇短评。要求观点明确，逻辑清晰，论述合理，200 字左右。第 39 题，围绕“灿烂文化”“红色记忆”“魅力创新”3 大主题向同学们征集活动意向。要求结合个人体验和《文化生活》知识，阐述推荐地点的文化价值，100 字左右。第 40（3）题，要求考生回答某茶业集团如何抓住“一带一路”战略带来的机遇并提出两条方法论建议。

开放性试题给考生的发散性思维、创新精神提出了一些新要求，为学生展示自己的创新能力搭建了平台，提供了舞台，给考生的发挥留下了创造空间。

2. 贴近生活，突出实际应用

2015 年北京卷试题将学科知识蕴含在鲜活的生活场景之中，较好地实现了学科观点与生活实际、理论逻辑与生活逻辑的统一，知识的活力和价值在生活中得以彰显。

3. 体现北京特色

开发北京资源，贴近学生日常生活。第 39 题以北京丰富的文化资源作为关注点，以设计“漫游北京”文化实践活动方案为要求，引导学生思考并宣传家乡悠久灿烂的文化。

4. 鼓励创新，注重实践性

2015 年试题强调学以致用，增强了对学生创新精神和实践能力的考查要求，强调理论联系生活实际。

例如，第 39 题：某校开展“漫游北京”文化实践活动，围绕“灿烂文化”“红色记忆”“魅力创新”3 大主题向同学们征集活动意向，要求结合个人体验和《文化生活》知识，阐述推荐地点的文化价值。本题既有实践，也有创新。实践性表现在要求学生结合个人体验，自己实践的感受撰写推荐词。创新性表现在这种试题形式是以前没有考过的，也给学生创新提供了机会。

5. 正确价值观导向，体现政治学科的特有功能

2015 年政治非选择题突出价值立意，坚持立德树人，通过试题弘扬社会主义核心价值观，传递社会正能量。第 38 题以互联网时代借助“众”的力量分享知识和智慧、传递友善与爱心、创新商业模式、参与社会治理等充满温暖和正气的素材创设试题情境，引导学生思考如何发挥互联网的积极作用，更好地融入社会，积极有序地参与经济和政治生活；第 39 题以某校开展“文化漫游”文化实践活动为背景，通过围绕“灿烂文化、红色记忆、魅力创新”的主题提供活动意向的要求，将传承优秀传统文化、弘扬中华民族精神和时代精神相结合，凸显爱国这一永恒的主题。

通过研究高考真题，从中发现高考命题的思路和规律，从而指导我们日常的复习备考，起到了事半功倍的效果，提高了教学的质量和效益。

五、重视运用学案导学，提高学生能力

学案是学法指导，提高学习效率的重要载体。发挥学案导学功能，关键是要编写高质量的学案。针对不同学习对象存在的差异和复习的不同阶段，编写不同层次的学案，在复习过程中，通过学案这一载体引导学生自主学习，不断培养学生的学习兴趣，养成自学习惯，逐步提升自学能力，旨在高效复习。一般来说，学案的种类有 3 种：一是凸显基础知识和主干知识的基础学案，二是彰显知识体系重构、知识版块分类重组、知识专题和热点专题相互融

合的专题学案，三是与基础学案和专题学案相配套的知识运用与能力提升学案（包括与学案同步的高考真题回放与点评、基础训练、专题训练、综合模拟训练、命题趋势与预测、解题指导等）。这样做，既克服了教师满堂灌的弊端，又拓展了学生自学的时间和空间，让学生依托学案又不拘泥于学案去独立思考，分析研究，理解消化所学内容，并在老师的启发引导下解决依靠自己能力仍不易解决的问题。这样，学生的学习目标会更明确，思路更清晰，理解更深刻更透彻，知识记忆更牢固，学得更扎实。同时，他们的自主学习能力、综合思维能力、解决实际问题的能力和综合运用能力也会不断提高。

六、培养学生的答题习惯和技巧

要想在高考中取得真正的胜利，各方面能力的培养也不可缺少。在整个高考复习中，我们要潜移默化地去纠正和培养学生的各种答题习惯和技巧。

1. 答题时注意时间分配要合理，要把握好答题节奏

答题时要尽量避免出现前松后紧的现象。做选择题时要尽可能为后面做非选择题争取时间。这几乎是每一个考生都要面对的棘手问题，这涉及考生自我的心理调整，非常敏感，更是非常关键。当然，这一点，也并非一天两天就能够做到，因此，需要我们持之以恒，正所谓坚持就是胜利。对此，我们整个高三的复习备考的每一个环节都至关重要，都不敢忽视，也不能忽视。无论是平时的月考练习，还是期中、期末练习，我们在试题设计这方面都没少下功夫，有时候，我们会出一套容量比较大的试题，让学生去训练，自己把握时间；有时候是在选择题方面做文章，把选择题的难度适当提高，重点考查学生在考试过程中的这种应变能力。与此同时，也会在非选择题方面下功夫，会尽量考虑到热点问题，题型训练也非常重视，尤其是不同的设问方式都尽可能地让学生接触一下，包括比较简单的、比较直接的设问（有点类似会考程度的设问）也会考虑让学生接触，并加强训练。主要目的是为了让学生能够适应各种类型题目的解题方法，从而达到培养学生解题和临场应变能力的目的。

2. 答题时不仅要重视学科知识，同样，也要重视材料和问题

尽量避免出现两个极端，如一味地分析材料，而忽视理论知识；或“目中无题”“目中无材料”，给人感觉就是你问你的，我答我的。这些都是答题大忌，这也是我们平时训练过程中时有发生的事情，必须引起我们的重视。

在高三政治复习课课堂教学中，提高复习质量和效益的重要路径是优化教学策略：构建知识网络，理清知识内在联系是关键；立足基础，突出知识网络中的主干知识是重点；彰显生活主题，紧扣时代脉搏是灵魂；研磨高考真题，发现高考命题的规律和要求是导向；注重多层次、多角度分析、解决问题的思维能力是根本；培养学生优秀的答题习惯和技巧是保证。这 6 种复习教学策略贯穿的一条主线是以学生为本，以教师为主导的理念。这 6 种复习策略密不可分，灵活地、创造性地综合运用这 6 种复习策略，是提高高三政治复习课教学质量和效益的策略。

社会科课程教学理念在历史教学中的尝试与思考

北京理工大学附属中学 李 静

教学任务对每位教师来说都是必须完成的，但是如何艺术地完成教学任务，实则关系到教师教学发展、学生学科素质的养成和未来成长等一系列的问题。因此，如何把任务做好，也是在考验教师的自身反思践行的能力。我认为，教学除了要有高站位，还要有脚踏实地的实践。所谓高站位，就是要有意识地将一些较为先进的教学思想应用在自己的实践中。用曾经在区里的一次培训时学习到的一句话概括就是“要用理论指导实践，用实践盘活理论”。因此，在本文中我尝试解读自己如何将社会科课程教学理念在历史教学中加以应用以及相应的思考。

一、提出问题：历史教育结合社会科课程教学培养具有“创意”的学生

随着社会改革浪潮的发展，我们的教育不仅应培养具有基础知识的学生，还要参与到学生的整体学习中培养孩子们的“创意”。

那么什么是“创意”呢？仔细翻阅《辞海》，发现竟没有这个词语！再细看出版时间：1989 年版。明白了：至少在 1989 年之前中国社会可能还没有认为教育上的“创新”是一个应该为大家广泛认可的词语、人们可能还不太赞许学生的独树一帜，“创新”“创意”“创造”之类的词汇对于改革开放初期的人们确实是新鲜的。

上网查了查，据“百度词典”解释：创意是传统的叛逆；是打破常规的哲学；是一种智能拓展；是跳出庐山之外的思路，超越自我，超越常规的导引；简而言之，创意就是具有新颖性和创造性的想法，是一种让受众产生共鸣的差异。

随着北京市中小学课程改革的推进，社会科课程以一个陌生的字眼开始走进我的视野，通过翻阅一些资料，逐渐让我对它有了一些了解和认识，并且从中学历史教学的角度去逐渐发掘它自身的价值和社会意义以及它对学生“创意”的影响。

二、社会科课程的定义、特点和课程目标

1. 定义

我们通常所说的“社会科课程”，与历史、地理、政治这类课程似无区别，即一个课程名称而已。不同的是历史、地理和政治是单科课程，社会则是综合课程。

2. 特点

社会科教学提倡致力于培养学生丰富的人类情感、积极的人生态度和亲近社会的态度以及正确的价值观，并促进情感、态度和价值观三者有机地渗透到教学内容的每个环节，贯穿于整个教学过程之中。其中，情感不仅指学习兴趣、学习热情、学习动机，更突出学生内心体验和心灵世界的丰富性；态度不仅指学习态度、学习责任等，更突出乐观的生活态度、求实的科学态度和宽容的人生态度；价值观不仅要从个人的价值立场出发，更强调个人价值和社会价值的统一，不仅从知识世界出发，更强调生活世界的价值，并将知识世界与生活世界、科学世界和人文世界统一起来，同时，还力图把人类价值和自然价值统一起来。

3. 课程目标

促进公民的社会性发展是社会科课程的首要任务。社会性发展是个教育用语，是从教育的角度，强调学生实现社会化的行为过程。从课程论方面说，社会性发展旨在通过个体获得社会经验的过程，形成一定社会所认可的心理及行为模式，实现由自然人向社会人的转变。社会科课程认为，个体的社会化需要借助有效的社会参与来实现。或是说，个体只有在与社会相互作用的过程中，才能形成他们的社会意识，建立他们的价值观念，养成他们的行为习惯，掌握必要的适应社会生活的技能和能力，从而逐渐发展社会性，实现个体社会化。而在教育没有充分关注学生个体发展的时候，当掌握知识（实际上仅为课本知识）凌驾于所有教育目标成为最高的教育目的，并损害到教育本质的时候，上述的“社会化”观念很难实现。

三、社会科课程的学习方式

20 世纪 90 年代开始，我国的社会课程实践集中倡导体验学习、探究学习和问题解决学习，并形成了一些有代表性的学习方式。如在《历史与社会课程标准》（7～9 年级）中，被概括为以下几种：

第一，主题学习方式。第二，小组学习方式。第三，问题解决学习方式。第四，体验学习方式。

针对社会科课程的特点，其教学途径主要体现在体验、学习指导和社会参与 3 个方面。学习方式主要有主题学习、小组学习、社会体验学习和问题解决学习等。至于采用哪种方式学习，则要根据教学目的、学习内容和环境，以及学生的经验与能力而定。

四、社会科课程的教学策略

根据社会科课程的特点、教学途径和学习方式以及社会发展对学生的整体素质尤其是“创意”的要求，我曾在本校初一年级进行了教学体验：随着历史专门学习的时间越来越长，我发现初一的学生虽然年龄尚小，但课堂气氛较活跃，他们的求知欲一点也不少，尤其是大部分学生已不仅仅满足于教师课堂上的传授。他们不但渴望获得书本以外的知识，而且更倾向于发出“为什么？”“是这样的吗？”“这个人物（事件或物品）到底是怎么回事？”等类似的疑问。

一节历史课上，我告诉学生们：“大家学习历史的兴趣很高，也善于提问；现在，我不但提倡你们继续思考、提问，更提倡你们在课堂上用自己的知识去解决自己的疑问。”从这以后，我同意他们将各类有关历史方面的书籍、报纸、杂志等都可以带到课堂中来，当课堂上再有学生举手发问时，我就会问：“哪位同学能用手中的资料来解答这位同学的问题？”于是，马上会听到一片哗啦、哗啦的翻书声，随即一位或几位学生就会给予相应的答案（当然答案可能会比较简单）。当提问者说道“明白了，谢谢”时，我每次都发现赋予答案的那位学生脸上有掩饰不住的笑，再夸张些的甚至手舞足蹈。我想：这笑里除了高兴以外，可能更多的还是一种成就感吧。

如果课堂上的提问超出课本或相对较难时，我就会将疑问作为习题留给学生，并鼓励他们回到家中后可以用任何方式寻求答案，如上网、图书馆查阅资料、看电视、实地考察、亲手制作等，看谁用的方法多，在课堂上还要相互介绍，取长补短。初一的学生本来就比较活泼，对历史教学的参与性也比较高，这样一来，他们在历史课堂上的学习热情就更高了，有时还带有竞赛的性质。这样长久下去，就形成了一个良性循环。

在初一历史第一册有关西汉王朝的历史讲解中，有一个人物即西汉武帝刘彻。汉武帝在西汉历史发展过程中功不可没，发展经济、稳定政治，使社会生产继续向前发展。当我讲到这个人物时，突然有学生举手示意，表示他并不认为武帝是一个明君，而恰恰相反是个不"明"之君，并举起手中的《上下五千年》向我证明。我当即表扬了他的敢于思考，并问其他同学对此有什么看法。大家马上议论纷纷，并且开始翻阅手中的资料。一会儿，查到的七嘴八舌，没查到的强烈要求回家接着查。由于时间的关系，我把它留作了家庭作业。

第二节历史课，我先将同学们查到的资料及观点大致看了一下，不看则已，一看非常吃惊：学生们不但查得细致、全面，甚至连所查资料的出处、由自己的观点衍生出的人物形象等全部清清楚楚。当然，由于所持资料的不同以及年龄、学识的限制，学生的观点就有可能幼稚甚至各不相同。对此，我鼓励学生们在全面评价一个历史人物的同时，容许保留自己的观点，但必须"有理有据"。

事实上，没有人能教学生如何去思考，因为每一个个体都有自己独特的思考方式。然而，我们能创造培养学生批判性思维的环境和经历。学生通过内部思维系统的筛选，重新组织和设计发生在社会上的事。社会科课程能使学生在能提供帮助的教师的指导下，检测他们的批判性思维能力。

从这几节历史课后，学生们基本上养成了一个学习习惯，那就是——让事实说话。先"研究"后"发现"，在掌握史实的基础上，对相同的人物或历史事件可以有不同的意见或看法，甚至是对前人或专家学者的质疑。

五、结束语

社会科课程的教育价值，亦在帮助学生实现自我价值。社会科课程公民教育目标中，有关于承担责任的公民目标：自己能够确定目标，能够做出明智的选择，能够支配自我行为并使之能够促进自身及社会的发展。社会科课程学习方案中学生永远是"自主的人"，是教学的主体，学习的主人。

正如本文前面所言，我们现在已经处在了一个必须有"创意"的生活时代，这需要我们不停地改进我们的教学，同时，借鉴先进的教育理念和思想也可以增强我们中学历史教学的活力与魅力。

科学设问，打造思想政治课对话课堂

——高考改革背景下的教学探索

北京理工大学附属中学 侯 锐

2018 年北京中考改革方案已经尘埃落定，《思想品德》课程重新纳入中考。两年后，高考改革也将如期而至。“十三五”时期首都教育改革发展的主要目标是到 2020 年，形成公平普惠、优质均衡、特色创新、开放协同的首都教育体系和学习型城市。作为一名坚守一线的教育工作者，我们要做的首先就是形成教学特色，开设适合学生的特色课程，更新教育理念，创新教学模式，推进北京市教育教学改革。

本轮高考改革，承接 2007 年开始的教学改革，要立足于学生现实的生活经验，着眼于学生的发展需求，把理论观点的阐述寓于社会生活的主题之中，构建学科知识与生活现象、理论逻辑与生活逻辑有机结合的课程模块。可以看出，政治学科教学理论观点的呈现方式及解读方式是本轮教学改革的发力点。

而科学设问则能基于学生认知能力合理串连理论观点并引导学生准确理解学科理论，加强学生的基础性学习能力，提高学生的发展性学习能力和创造性学习能力，从而培养学生终身学习的愿望和能力，并能引领科学思维。因此，要借助科学的设问打造对话课堂，提升政治课课堂教学效果。

一、当前有效课堂提问研究的特殊意义

与高考改革方向相对应，新课程倡导“以学促教”，教师的任务不仅是制定教学目标、选择教学内容、调控教学过程、组织教学活动，而且教师的施教也是学生学习的“催化剂”。作为课堂教学中的“助产士”，教师要帮助学生学会主动思考，学会学习，不仅授人以“鱼”，更要授人以“渔”——“捕鱼”的本领。在教师的帮助下，学生学习的核心目标在于“学会做人、学会生存、学会求知、学会发展”。这就要求学生的学习不能只想着如何把知识塞进头脑中，更重要的是，要对问题进行分析和思考，从而建构自己的知识、经验，把外在的知识内化为自己的思想，以便在新的情境下能实现知识的迁移，在生活和未来的工作中，能够运用所学知识提出新问题并加以分析和解决。在新课程中，课堂教学的传统模式——教师教和学生学，将不断让位于师生互教互学，真正实现教学相长，形成“学习共同体”。

因而，在现代教育理念下，如何切实落实素质教育进课堂，如何通过变革课堂提问、课堂练习等课堂教学的基本环节，改善课堂文化和课堂环境，使得学生既获得人类已有的知识，也在学习中获得全面、健康、和谐与可持续的发展，实现自己交往的需要、成长的需要，进而逐步实现素质教育的最终目标，这已经成为深化课程改革、促进教育发展的关键环节。

二、科学设问的含义及其实施策略

科学设问指在课堂教学中为了实现特定的目的，而选择恰当的方式、时机、技巧进行发问，同时注意设问的深度、广度和循序渐进，并采用科学的评价机制鼓励学生思考并引领学生进行深度思考。

在课堂教学中，所谓“科学”的设问，是指能够引发学生主动思考、踊跃交流，积极参与教学活动的提问。这里的“科学”体现在通过教师在课堂中的提问使学生思维的含量足、个体获得的发展效果明显。在这里，学生有无进步、有无发展就成为鉴别教学有没有成效的核心指标，具体体现在，学生个体获益的深刻性、明显性以及获益学生的普遍性、广泛性。

科学的课堂设问能够给学生创设特定的问题情境，让学生学会发现问题、探索问题，培养良好的问题意识。科学的课堂设问应该成为师生交流、对话，共同发现、理解知识的重要途径和必备手段。在科学设问中，学生能与教师共同探讨新知，教师通过设问使课程内容持续地生成和转换，而不仅仅传递特定的课程内容。也就是说，有效的设问是教师引领学生发现新问题、分析解决新问题，实现学生自我建构不可缺少的重要环节，这种辅助作用紧紧围绕促进学生自主建构而展开。这与以往灌输和强制式的“提问”有质的区别。

1. 科学设问的课堂策略之一：创设恰当的教学情境

著名教育家陶行知说过：生活即教育。政治课教学应努力将课本知识和社会生活中的热点问题、焦点问题或学生普遍关注的社会问题结合起来，把教学中抽象概念、观点和原理还原于具体生动的社会生活，使理论知识形象化，以此激发学生的学习兴趣。我们平时的教学，以广阔的社会生活为背景，将学生应当关注又能够理解的社会热点和实际问题视作教学最重要的资源。采用情境教学和科学设问相结合，引导学生关注社会生活。同时，对一些时事热点要选好设问切入点，引导学生发散思维，从不同的角度全方位思考，不能拘泥于一点；要深入本质，不能只看表面；设问更要有启发性，不断启发学生发现新问题、解决新问题。

创设恰当的教学情境也会使我们的设问更为灵活，课堂效果也更为生动活泼。如我们哲学课，在学习到意识的本质时会谈到不同人有不同的意识，这个时候我会结合创设的情境印度象神迦尼萨小时候的形象自然地问同学们：你们觉得小象神好看吗？同学们答案会各有不同，这时候我会自然地总结一句：看来每个人对小象神的印象都不同。这就让同学们了解到对同一事物，每个人会形成不同的认识。在这种结合教学情境的对话氛围中学生自然接受了新知识。

2. 科学设问的课堂策略之二：明确设问的目标是什么

培根说过：求知的目的不是为了吹嘘炫耀，而应该是为了寻找真理，启迪智慧。为了启发求知的设问当然应引人注意，启发思考。提问要解决什么问题，教师应做到心中有数，有的放矢。切忌盲目随意、信口开河，无意识地随意提问，否则一节课上下来，提问了什么问题连自己也不知道。因此，教师必须对教学内容所要达到的教学目标有明确的了解，善于把教学目标通过一个个具体问题体现出来，将教学内容转化为学生感兴趣的情境，通过学生自己的智力活动达到教学目标。避免缺乏明确目的的随便设问，才能达到训练学生思维的效果。

同时，教师在课堂上恰当的设问除了将理解知识、启发思考作为设问的目标外，恰当的设问还要考虑以下的目标：

（1）引起学习动机

设问不仅是课堂教学的一种智力调控行为，而且是启动非智力因素的一个重要手段，如通过设问能激发学生的探究兴趣，等等。

（2）帮助学生学习

设问不能当作教师对学生的考问，而应该能帮助学生学习。如通过设问可以给学生提示重点内容，哪些知识是重要的，怎样掌握知识等；还可以通过设问促进学生记忆品质的增长，同时，通过提问还可以诊断学生学习的障碍以及帮助教师及时了解学生对知识的掌握情况，以便及时调整教学。

（3）设问能提供给学生参与的机会，锻炼学生敢于在众人面前表现自己的能力及品质

设问应能唤起每个学生的潜能，给每个学生提供愿意表现自己的机会，为学生发表自己的观点和意见创造良好的机会。

（4）设问有组织管理功能

通过设问可以组织课堂教学的秩序，使教学顺利进行。如教师在学生注意力分散时往往通过设问使学生的注意力集中到课堂上来。

3. 科学设问的课堂策略之三：选择恰当的时机发问

设问时机是有效提问的保证，拥有良好的设问设计，有优质的问题，如果不抓住设问时机，没有很好地启发学生，没有在最需要的时候设问，那么一切都白搭。教学过程是一个动态生成的过程。在教师的引导和调控下，学生的思维兴奋状态和注意力会不断地发生变化。教学的时机与学生的兴奋点非常宝贵，稍纵即逝，这就需要教师要善于捕捉和把握设问的时机。超前的设问，会使学生茫然不知所措，思维混乱，因无法作答而失去思考的兴趣，无法调动学生的积极性；而滞后的提问，会使学生不用深入思考，就能毫不费力地找到问题的答案，这样的设问因为缺乏思维深度而简单乏味，失去了提问的意义，达不到设问的预期效果。恰到好处的设问，能激发学生强烈的求知欲望。有效的课堂教学是要帮助学生建立完善的认知结构。在学生对概念的本质尚未充分认识时，教师应适时抓住学生的认知矛盾，精心设问，这样的教学，往往会产生出人意料的效果。因此，教师应把握时机，根据学生的认知规律来展开提问。在课堂教学中我们除了常规的在导入新课时、重点难点处、建立新旧知识的联系时提升设问质量，还应特别注意在以下时机把握设问的艺术：

（1）在学生发生思维障碍时设问

心理学家皮亚杰认为不同的学生所处的思维发展阶段不一样。高中生理论思维的发展，有力地促进着辩证思维的发展，从而形成了抽象思维和辩证思维协调发展、相互促进的新局面。高中生基本上能理解一般与特殊、演绎与归纳、理论与实践等的辩证关系，能用全面、发展、联系的观点去分析和解决问题。同时，学生由于受所处阶段的自身思维的局限性，对于教师提出的问题，出现一些理解不清楚、理解错误、理解片面、理解表面等都是正常的。因此，教师此时要起到纠正和引导的作用，促进学生思维的正确性，完成学生的发展。教师可以在学生思维出现片面时、思维出现误解时、思维误入歧途时、思维缺乏深度时抓紧设问。尤其在学生无思维活动的时候更要设问，正确恰当的思维是创新的基础。

（2）在学生无疑处设问

学起于思，思源于疑。有疑问，人才能去追求真理、获取知识、增长才干；有疑问学生自己才会去求解，发奋，要求上进；有疑问，学生就会产生求知欲望，就非要弄个水落石出不可。因此，教师在组织教学时，要善于根据教材内容，或课前设疑、引人入胜，或课中置疑、波澜跌宕，或课后留疑、回味无穷，使学生在课堂上始终处于一种积极的探求状态。疑问是促进学生自己探究、求知的重要方法。教师若能在其似懂非懂、似通非通处，及时提出问题，然后与学生共同释疑，一定会收到事半功倍的效果。

（3）在知识需要迁移时提问

知识的学习不是为考试用的，而是为了生活，为了迁移，为了解决实际问题。所以，教师必须让学生明白问题的提出不仅仅是为了解决课本上的问题，更是要在发生迁移时用的。学是为了生活世界，每个学生的成长都是一种社会化，但更是一种生活化，教学是为使学生将课堂上的知识指导到生活中去的。

设问的时机是个比较抽象的问题，教师的确需要依据自己的教学经验，做出一个比较恰当的选择，抓住时机，充分挖掘课堂的潜力，利用有效设问，提升教学效果。

4. 科学设问的课堂策略之四：设问的方式

《思想政治》学科要让学生学会解决 3 个层次的问题：是什么、为什么、怎么做。但这 3 个层次的问题，设问的方式却很多。如直接式设问：是什么？为什么？怎么样？怎么办？材料说明、反映了什么（体现了哪些观点）？有哪些启示（体现了哪些观点）、警示？结合材料谈理解、认识、感悟、感想、体会，谈作用、影响、意义；简要说明……这样做的道理（为什么要样做）；“建议型”，怎样解决……问题、避免……现象或提出……对策、为……提议；行为评析，说服、教育、出谋划策或帮助；举例或举措，实践与探究等。因此，务必要根据教学内容及教学目标做出恰当的选择，并要注意在课堂教学中选择不同的设问方式，以避免学生出现思维疲劳。

5. 科学设问的课堂策略之五：从设问的技巧来说要恰当配搭封闭性与开放性问题

在有效的课堂提问中，所提问题的开放程度是影响提问有效性的重要因素。

一般来说，封闭性问题是将回答限定在一个或少数几个答案之内的问题，而开放性问题是指问题没有固定的唯一答案。封闭性问题是为了让学生获得既定的、有确切答案的知识，而设置开放性的问题，其目的是为了培养学生的发散性思维。设置封闭性问题和开放性问题的主要依据是课堂教学内容的复杂程度。有关调查表明，当课堂教学内容的复杂性较低时，封闭性问题和开放性问题的最佳比例是 7:3；而当课堂教学内容的复杂程度较高时，二者的最佳比例以 6:4 为宜。

6. 科学设问的课堂策略之六：调控课堂提问的难度

维果茨基关于认知心理学的观点认为，人的认知水平可划分为 3 个层次：“已知区”“最近发展区”和“未知区”。其关系是：已知区—最近发展区—未知区。

人的认知水平就是在这 3 个层次之间循环往复，不断转化，螺旋式上升。课堂提问不宜停留在“已知区”与“未知区”，即不能太易或太难。问题太易，则不能激起学生的学习兴趣，浪费有限的课堂时间；问题太难则会使学生丧失信心，不仅使学生无法保持探索心理，反而使提问失去价值。因而，经验丰富教师的提问总能在不知不觉中唤起学生学习的热情，而后再逐渐提高问题的难度。这些教师常常善于寻找学生的“已知区”与“最近发展区”的结合点，即在知识的“增长点”上布设悬念，在学生可能形成数学思想、价值观念、良好的生活方式等原始生长点处设置问题。这样才能促进学生认知结构的形成、巩固和发展，使学生的认知能力得到迅速提高，并最终使认知结构的“最近发展区”化归为“已知区”。

7. 科学设问的课堂策略之七：调控课堂提问的频率

显而易见，“填鸭式”教学是不足取的。而频繁地提问往往被人们理解为是讨论式的课堂，可以加强师生之间的对话和交流。事实上，成功的教学经验表明，提问过多不仅烦琐费时，而且会导致学生“随大流”，增加回答问题的盲目性，使课堂教学重点不突出，难点得不到化解，从而制约教学目标的实现。因而，课堂提问的次数应当适量。

对于如何控制课堂提问的频率问题，我认为，教师要根据教学内容的重点，抓住知识的重点、难点，设计思考量大的问题，注重提问的质量和效率，避免问题过于烦琐、直白。这样的提问才能够培养学生独立解决问题、探索新知的能力，培养学生的问题意识，才可能成为有效的课堂提问。

8. 科学设问的课堂策略之八：适时调控提问的等候时间

长期以来，课堂教学存在的一个普遍问题，即教师在提出问题后只停留 1～2 秒就开始点名。从实际效果看，学生由于思考时间不充分、精神紧张、准备不足等原因，通常无法回答或者仓促回答导致错误，进而，教师必须花费更多的时间给学生提示或者纠正学生的错误，既不经济又容易招致学生的反感。这样的课堂提问往往是无效的或者是低效的。

因而，有效的课堂提问，一方面要根据问题的难度适当控制提问的等候时间，也就是说，教师在提出问题后应该给学生留有一定的思考时间，以提高学生回答的准确性，提高课堂教学效率。当然，对于等候多长时间为宜，我认为，自提出问题到指定学生回答，至少应该等待 3～5 秒钟为宜。如果教师所提的问题是开放性的，那么留给学生的等待时间以 10 秒左右为宜。

另一方面，课堂提问的有效性还体现在受益学生的普遍性。有效的课堂提问必须面向全体同学，而不是“一对一”式的问答。理想的课堂提问应该使全班同学都能受益。这是中国大班额教学的必然，更是保障课堂教学效率的重要手段。

9. 科学设问的课堂策略之九：恰当控制课堂设问的沉默率

衡量课堂设问有效性最简单的办法之一就是通过课堂设问的沉默率做出判断。这也是教师实施课堂教学调控的重要“抓手”之一。

所谓课堂提问的沉默率，是指课堂提问后学生沉默的次数与提问的总次数之间的比率，其中，沉默是指教师在课堂上发出问题信息以后，学生由于信息接收不畅、信息理解出现困难、偏差或者根据现有信息无法做出判断等而出现长时间的“无语状态”。这不同于教师提出问题引发学生积极回答的人数占全班总人数的比率，或前文所说的“提问的问题难度”。

例如，在一节 40 分钟的政治课上，某教师提问 20 次，而学生沉默了 15 次，课堂提问引起的沉默率达到了 75%，每个问题占有的平均时间仅仅 2 分钟，多数问题的思维含量普遍低下（多是“是不是”“对不对”之类的“假问题”），问题缺乏启发性，无法真正启发学生的思维；或者是提问引起长时间的沉默，或者回应人数寥寥，或答非所问，不知所云，让听者云里雾里。实际教学表明，这种提问几乎都是无效的（至少是低效的）。

特别指出的是，“无语状态”不同于启发式的“愤悱”状态，这里特指所提问题未能达到激发学生开展积极思维、并用适当语言予以表达的目的。一般来说，课堂设问的沉默率不宜超过 20%。这取决于学生的年龄特征以及课堂教学的风格。相比之下，高年级的课堂有些问题的提出只是引发学生深思而不是直接回答，就不宜判为沉默；沉思型（内向型）的课堂教学风格相比活泼型（外向型），其课堂提问的沉默率要高一些。其实，沉默率只是一种模糊的刻画方法（而不是数学上的精确度量）。

为此，在设计问题之前，教师应该充分考虑学生的思维水平、认知结构特点。提出问题后如果学生沉默不语，教师可以考虑转换自己提问的角度，从另一个方向来发问；或者转换问题的种类、改变问题的开放程度、改变问题的层次（如将综合性的问题降低为应用性的问题、理解性的问题甚至事实性的问题）；或者用更清晰、简练、明确的语言重新表述自己的问题，进而提高提问的效度。

当前，适当减少课堂提问的沉默率、注重提问的有效性，已经成为提高课堂教学效率的成功做法，这也是提高课堂教学质量的重要策略之一。

三、形成对学生参与课堂设问效果的科学性评价

影响课堂设问科学性的因素既包括教师，也包括学生。因而要关注教师设问所启发的学生在知识与技能、过程与方法、情意等方面的发展实效，关注学生在课堂上的参与程度、思维状况。

学生的学习状态可以从参与程度、交往环境、思维状态、情绪反应与生成状态 5 个方面进行评价。其中，参与程度包括学生是否全员参与问题的思考、学生是否参与问题的提出、是否把问与答的角色集中于一身。交往环境包括课堂上是否有多变、丰富多样的信息联系与反馈，课堂上的思维碰撞是否激烈。思维状态包括学生是否敢于提出问题、发表见解，问题与见解是否有挑战性与独创性。情绪反应包括学生是否有适度的紧张感与愉悦感，学生能否自我控制与调节。生成状态包括学生是否都各自尽其所能，学生是否对后续问题的思考更有信心。对教师提问技能的使用水平的评价，可以从问题的质量、反控能力、能力培养、关注学生以及组织能力等方面加以进行。

当然，学生参与课堂设问效果的科学性评价不能是终结性的，而应该采用发展式的。科学的课堂设问应该培养学生的问题意识，使学生将学习到的知识迁移到真实的生活情境中去，解决生活中的实际问题，培养学生做事的能力，更进一步说，培养学生适应未来社会生活的能力，使学生学会生存。

同时，科学的课堂设问可以把问题看作是一种潜在的奖励方式。亦即，对于学生来讲，通过回答问题，能够有机会在同学和教师面前展示自己习得的知识、获得的能力，进而博得一种认同，获得成功的体验。因而，科学的课堂设问已经成为课堂教学效果评价的一种重要而有效的方式。

最后，学生参与课堂设问效果的科学性评价，还应该注重教师在设问过程中是否能够根据学生在课堂中的具体表现、学生的思维状况，动态地生成新的问题，而不仅仅是使用在备课中业已预设好的现成问题。当然，这对教师随机应变本领、教学机智的要求更高。

坚持基于科学设问提高高中思想政治课堂教学效率，就是在教学中通过设问把情境材料、教学内容、学生、老师有机结合起来，构建学生感兴趣的课堂，让学生在思考的过程中掌握知识、发展能力。因此，科学设问，提高高中思想政治课堂效率，是顺应新调整的考试要求，发挥学生主体作用的学习方式，是让政治课堂回归生活、绽放思想魅力的必然要求。所以，政治教师要善于科学设问。让思想政治课迸发生机和活力，洋溢着思维气息的思想政治课堂才是高效的课堂。

手指尖上的智慧

——初中劳技课教学中学生创新思维和创造能力的培养

北京理工大学附属中学 金 萍

爱因斯坦曾说过："所谓教育，是一个人把在学校所学全部忘光后剩下的东西。"目前，如火如荼的学科核心素养，就是在挖掘特定学科中必备的品格和关键能力。核心素养既是知识、技能和态度等的综合表现，也是知识、能力、态度或价值观等方面的融合。它既包括问题解决能力、探究能力、批判性思维等"认知性素养"，又包括自我管理能力、组织能力、人际交往能力等"非认知性素养"。

初中劳技教学中，一般以"单纯进行作品制作"为主要教学模式，教师"讲解示范"，学生"模仿操作"，教学重点主要放在教会学生"动手"上。由于作品千篇一律，缺乏个性与创新，这样的教学模式限制了青少年的兴趣和特长的发挥，阻碍了学生发散性思维的延伸，扼制了学生个性的发展、能力的提高，存在种种弊端。

劳动与技术教育课程，目的是培养学生具有劳动观念和技术素养，使学生成为"会动手、能设计、爱劳动"且具有创新思维和创造能力的人才。技术创新意识和创造能力的培养是劳动与技术教育最本质的内涵。作为劳技教育工作者，越来越体会到劳技教育应以先进的教育理念，与时俱进地对劳技教学的目标、内容、教学方式及评价方式等进行系列化改革，特别要注重让学生"动手又动脑"，促使学生手脑互动，激励其善于思考、勤于动手、勇于探索、敢于创新，从而培养学生的创新意识与创造性实践能力，促进学生全面发展。

本人在日常劳技教学中，对部分模块内容进行了创新思维和创造能力培养的尝试和探索，积累了部分教学案例，特总结如下：

1. 自主创意"神奇小木盒"

美国心理学家罗杰说过："人的先天潜能是无比优秀的，后天的教育就是要创造这种适宜的环境和条件，使之得以实现。"劳技教学中教师要为学生创造这样的环境和条件，使他们在轻松愉悦的氛围中创作实践，激发他们"我能行"的信心，只有这样学生才能创作出满意的作品。

"神奇小木盒"是木工模块中的一个案例，学生在学习木工的基础知识后，能对木材进行简单的锯割和黏合，通过制作小木盒，不单是让学生进一步熟练使用工具，完成木料加工（锯割、打磨、黏结、组装等）的各项木工操作技能，更是为了使学生通过这一载体，体会一个完整作品的制作所经历的各个流程。

本项目考虑初中学生实际情况以及课堂时间因素，为学生购买了套材。学生的一般制作步骤为：清点材料及编号；打磨、拼插、黏结小盒子；锯割拉手、黏结大盒子；打磨、调试、黏结拉手。为了给予学生充分发挥想象的空间，自主创意设计与制作能够体现出个性与能力的作品，教师需要给予必要的指导和评价。

在教学策略上，教师引导学生探究不同的打开方式，小把手不同的放置位置，如何能够更好地隐藏把手，不断启发学生新的思想火花和新的设计思路。

在评价环节中，教师把作品的创新性，也就是不易被人打开，作为重要的评价指标，充分调动学生自主创意的积极性。作品完成之后，班级内展开了打开神奇小木盒闯关游戏，每班选出前三甲再进行年级其他班循环赛，学生的热情被点燃，创意不断升级。同学们在原有“机关”的基础上，还增加了插销设计。

2. 寓教于乐“华容道”

华容道是古老的中国民间益智游戏，以其变化多端、百玩不厌的特点与魔方、独立钻石棋一起被国外智力专家并称为“智力游戏界的 3 个不可思议”。它与七巧板、九连环等传统益智玩具被称为“中国的难题”。将此内容引入初中劳技教学内容，既是想让学生了解中国古代传统文化，也是想让学生通过制作玩具、玩转玩具，能对问题解决有新的思考。

华容道原是中国古代的一个地名，相传当年曹操曾经败走此地。由于当时的华容道是一片沼泽，所以曹操大军要割草填地，不少士兵被活埋，非常惨烈。这个木制玩具通过移动各个棋子，帮助曹操从初始位置移到棋盘最下方中部，从出口逃走。其中不允许跨越棋子，还要设法用最少的步数把曹操移到出口。

学生在掌握了木工直线锯割方法之后，个个跃跃欲试，想要自己设计并完成一个作品。可是如何排料？如何从一块木板，加工成自己喜欢的玩具？学生在“华容道”这个项目的学习中有了各自的体会。

在完成作品之后，老师继续带领同学们研究华容道游戏：有多少种开局；如何判断有解；如何给出最优解；能否用计算机求解。班里展开了比赛，看谁能在最短时间内让“曹操”走出“华容道”。学生从自己研究、与人交流、学习经典走法等一步一步掌握了“华容道”的玩法，也深刻认识到解决问题可以有多种方法。

“华容道”既可以锻炼人的思维，让人的思维更活跃，同时也能促进学生发散思维能力的培养。

3. 把握技术要素“七巧板”

七巧板学生都玩过，也用它摆过创意的图案，但很少有学生研究过这几块图形之间的位置、数量和长度关系，更别说利用一块木板把各部分图形精确制作出来了。“七巧板的设计与制作”让学生经历图样绘制、木工直线锯割、黏合、作品美化等完整的过程。教师在教学中循序渐进，以实践、体验、探究学习为基点，引导学生经历技术活动的全过程。在木工的实践活动中，学生需要仔细计算、精确测量、认真锯割，一个环节的失误都会“差之毫厘，谬以千里”。当学生最后只能用打磨的方法处理之前的误差时，才深刻体会到技术人员精益求精的态度和严谨的做事习惯。

通过教师的启发，结合技术的设计→操作→评价，引导学生主动发现可迁移的劳动技术要素，培养学生用劳动技术要素去把握技术活动的全过程，使学生从“学做”变为“会做”，提高创新精神和实践能力。

4. 应用技术“电子篇”

技术是为生活服务的，技术的创新也是源于生活实际的需要。初中劳动技术电子模块中，教师让学生了解常用电子元器件基础知识，学习简单的串、并联电路之后，就选取生活中常见的红绿闪烁灯、声控灯作为教学内容，让学生学会看懂电路图，会进行实际电路的搭建。

学生有了课堂上学来的电子技术方面的知识之后，可以再去发现更多的生活需求。例如，照明神器之延时灯、自行车感光智能灯、电子门铃、抽屉报警器、抢答器，等等。他们有的找来电路图，尝试搭建实物电路；有的研究能否用几个电路做些简单组合；还有的因对同一问题感兴趣，会结成小组共同研究……

课堂的学习为学生搭建了自主学习的基础，好奇心驱使下的创新思维和创造能力给学生打开了一扇窗。作为教师，尤其是技术教师，我们不可能把学生求知的“篮子”装满，不可能教给孩子所有的一切，但是我们可以成为他们求知路上的一盏明灯。

教育是农业，需要精耕细作；教育是腌萝卜，需要由表及里的渗透；教育是唤醒、点燃、激发；教育是恒久的爱。我们能做的不是建设流水线，不是高高举起狼牙棒。我们需要付出人本的爱，我们需要陪伴成长的情怀。

烹小鲜的启示

——基于数学技能的思考

北京理工大学附属中学 何拓程

厨师将小鱼做成一道美味的小鲜，需要几个程序呢？首先必须要有鱼以及作料、用具等，其次就是有具体的做法以及实际的操作本领，最后就是能够恰当地使用工具，采用合理的做法，这样才能够真正做成美味佳肴。在这个过程中，小鱼以及作料、用具相当于数学的基础知识，而具体的做法则是数学技能，恰当地使用工具和高超手艺，那就是数学能力。可见，数学技能在数学学习中扮演着一个重要的角色，然而长期以来，人们对数学技能有着种种误解和偏见，出现了诸如“题海战术”“熟能生巧”等做法，增加了学生的负担，也影响了他们的身心健康。那么，数学技能是什么？怎样有效地提高数学技能？本文对此做出了一点思考，供大家参考。

1. 什么是数学技能

数学技能是指通过练习而形成的顺利完成数学活动的一种动作方式，往往表现为完成数学任务所需要的思考与运算。数学技能与数学知识和数学能力既有密切的联系，又有本质上的区别。它们的区别主要表现为：数学技能要求的是运用数学知识的熟练程度；数学知识是对数学内容的认识和感知；数学能力则是对数学内容做出一种迅速的综合判断。对面临高考的中学生来说，显然，数学技能的培养有着决定性的意义。

2. 数学技能的现状

从平时的作业统计来看，多数学生在技能的操作上普遍存在着推理不严密、计算不准确、表述不清楚、作图不规范的现象。这里相当普遍的问题是出在数学技能上。究其原因，主要是学生普遍轻视数学技能的培养，技能操作的规范化程度不高，教师、家长和社会对其意义也缺乏必要的认识，普遍认为只要会做就行，然而，会做不等于做对，这样的现状不能不让人深思。

3. 对数学技能的再认识

数学技能不仅仅是动作技能，更是体现智慧的过程。虽然就数学技能的形成而言，它是在练习中、无意识状态中完成的，但就其最初的心理过程来说，肯定是充满智慧的，绝对不是纯粹的机械练习的过程。换而言之，数学技能是基于数学知识的掌握而表现出来的智慧的技能。

4. 提高数学技能的几种方法

用知识解决实际问题，就是技能训练，由于数学技能的训练更多的是“示范和模仿”，学生常常会感到“单调和乏味”。因此，在理念上，一定要使学生理解，数学技能就是动作技能，适当的练习是必需的，怕苦畏难是不可能提高数学技能的。其次，提高数学技能，有效地去化解思维障碍，迅速地找到延续解题过程的出路，创造出柳暗花明的奇迹，这也是大家所必须追求的。实践表明，“陌生问题熟悉化、一般问题特殊化、复杂问题简单化、抽象问题具体化”的策略对提高数学技能，常常是十分奏效的。

（1）陌生问题熟悉化

解题是什么？苏联著名数学家 C·A·雅诺夫斯卡娅认为：“解题就是把习题归结为已

经解过的问题。”因此，遇到情景陌生的新问题，当你感到一筹莫展时，不妨选择一个与之类似的熟悉的问题，将它与新问题相比较，设法寻找出两者之间的联系和相似之处，从熟悉问题的方法和结论，去探求解决新问题的思路。

例 1：已知 $y=(\log_2x-1)\log_a^2b-6\log_2x\log_ab+\log_2x+1$（$a>0$ 且 $a\neq1$ 为常数），当 x 在区间［1，2］内任意取值时，y 的值恒为正，求 b 的取值范围。

分析：本题的情景陌生，变元繁多，条件与结论间的关系错综复杂，乍一看，很难下手，许多同学只能望题兴叹。如果令 $\log_2x=t$，当 $x\in[1,2]$ 时，有 $t\in[0,1]$，则原函数式即为 $y=(\log_a^2b-6\log_ab+1)t+1-\log_a^2b$，$t\in[0,1]$。

问题转化为“关于 t 的一次函数或常函数 $f(t)=(\log_a^2b-6\log_ab+1)t+1-\log_a^2b$ 在区间［0，1］上的值恒正，求 b 的范围”。这是我们十分熟悉的基本题型，由函数 $f(t)$的图像，得其充要条件为 $\begin{cases}f(0)=1-\log_a^2b>0\\f(1)=\log_a^2b-6\log_ab+1+1-\log_a^2b>0\end{cases}$ $\begin{cases}\log_a^2b<1\\\log_ab<\dfrac{1}{3}\end{cases}$ 即 $-1<\log_ab<\dfrac{1}{3}$。

所以，（1）$a>1$ 时，$\dfrac{1}{a}<b<\sqrt[3]{a}$；（2）$0<a<1$ 时，$\sqrt[3]{a}<b<\dfrac{1}{\mathrm{a}}$。

这里，“变换主元”是一个重要的数学技能。

（2）复杂问题简单化

根据认识论原理，人们认识问题总是从简单到复杂、从个别到一般的，所以，当我们面对一个复杂的问题感到束手无策时，不妨采用退的策略，将复杂的问题退到最原始、最简单（但不失去重要性的地方）的问题，对它做一些探索，借以触发解题的灵感，畅通解题的思路；或者通过对原问题进行分解转化，将其变为若干个比较简单的问题，然后各个击破，分而治之，逐步达到求解原问题的目的。

例 2：设 $a>b>c>0$，求证：$a^{2a}b^{2b}c^{2c}>a^{b+c}b^{c+a}c^{a+b}$

分析：直接论证原不等式，难以入手，思路受阻，如果从待证结论的结构特征出发，把它分解为 $a^ab^b>a^bb^a$，$b^bc^c>b^cc^b$，$c^ca^a>c^aa^c$ 3 个不等式来推证，可收到出奇制胜的效果。

证明：$\because a>b>0$，$\therefore \dfrac{a}{b}>1$，$a-b>0$。从而得 $\left(\dfrac{a}{b}\right)^{a-b}>1$，即 $a^ab^b>a^bb^a$，同理 $b^bc^c>b^cc^b$，$c^ca^a>c^aa^c$。

3 个算式相乘即得 $a^{2a}b^{2b}c^{2c}>a^{b+c}b^{c+a}c^{a+b}$。

例 3：已知数列$\{a_n\}$（$n\in\mathbf{N}^+$，$n\geqslant3$），而数列$\{b_n\}$的各项由如下关系确定：$b_k=\dfrac{1}{k}(a_1+a_2+\cdots+a_k)$（$k=1,2,3,\cdots,n$）。若 $a_1\neq a_2$，且 $b_k=pa_k$（$k\in\mathbf{N}^+$，p 为常数），求 p 的值并证明数列$\{a_n\}$是等差数列。

分析：要证明$\{a_n\}$是等差数列，可以先退到特殊情况（例如 a_1、a_2、a_3 去考察），求出公差，再由特殊归纳出一般情况。

由 $$b_k=\frac{1}{k}(a_1+a_2+\cdots+a_k) \qquad (1)$$

和 $$b_k=pa_k \qquad (2)$$

令 $k=1$，有 $b_1=a_1$ 和 $b_1=pa_1$，故 $(p-1)a_1=0$。

所以 $p=1$ 或 $a_1=0$

当 $p=1$ 时，由（1）得 $b_2=\frac{1}{2}$（a_1+a_2），由（2）得 $b_2=a_2$。

所以$\frac{1}{2}$（a_1+a_2）$=a_2$，即 $a_1=a_2$，这与假设矛盾，故 $p\neq1$。因此，只能 $a_1=0$，此时，由（1）得 $b_2=\frac{1}{2}a_2$，所以 $p=\frac{1}{2}$。再由（1）得 $b_3=\frac{1}{3}$（$a_1+a_2+a_3$），又由（2）得 $b_3=\frac{1}{2}a_3$，

所以$\frac{1}{3}$（$a_1+a_2+a_3$），又由（2）得 $b_3=\frac{1}{2}a_3$。

所以$\frac{1}{3}$（$a_1+a_2+a_3$）$=\frac{1}{2}a_2$。所以 $a_3=2a_2$。

故$\{a_n\}$若成等差数列，因其前 3 项依次为 0，a_2，$2a_2$，所以它的首项为 0，公差为 a_2，余下的问题是用数学归纳法实现“$a_k=$（$k-1$）$a_2\Rightarrow a_{k+1}=ka_2$（$k\in\mathbf{N}^+$，$k\geqslant3$）”的证明。这留给读者去完成。

这里，“执果索因、以退为进”是常用的数学技能。

（3）一般问题特殊化

因为普遍成立的结论在特殊情况下也成立，所以，当解决一个一般性的问题感到困难时，可先去研究包含在一般问题中的一个特殊的问题，通过对这个特殊问题的透彻研究，去探明原问题的正确结论或摸索出解决原问题的正确途径。

例 4：已知：a 为常数，$x\in\mathbf{R}$，且 $f(x+a)=\frac{f(x)-1}{f(x)+1}$。求证：$f(x)$是周期函数。

分析：此题难在不知道 $f(x)$的周期是什么。如果能探明 $f(x)$的一个周期，则问题可迎刃而解。观察已知等式的特点，联想 $\tan\left(x-\frac{\pi}{4}\right)=\frac{\tan x-1}{\tan x+1}$，发现 $\tan x$ 是满足已知等式的一个特殊函数。

由于 $\tan x$ 的周期为 $\pi=4\cdot\frac{\pi}{4}$，故可猜测在一般情况下，应有 4a 为 f（x）的一个周期，因而需证 $f(x+4a)=f(x)$。

再回到特例 $\tan x$，联想到 $\tan x=-\cot\left(x+\frac{\pi}{2}\right)=-\frac{1}{\tan\left(x+\frac{\pi}{2}\right)}$，由此启发我们先推得 $f(x+2a)=-\frac{1}{f(x)}$，再得 $f(x+4a)=f[(x+2a)+2a]=-\frac{1}{f(x+2a)}=f(x)$，从而使原问题获解。

例 5：在△ABC 中，a、b、c 成等差数列，求证：$\cos A+\cos C-\cos A\cos C+\frac{1}{3}\sin A\sin C$ 为定值。

分析：本题的“定值”没有给出，如果直接证明，由于目标不明确就有可能得到一个错误的值，也可能因运算失误而得不到定值，因而怀疑命题是否为真命题（实践证明，有不少同学常出现这两种情况）。事实上，取 $a=b=c$，研究满足题设条件的一个特殊三角形——正三角形，易得定值为 1，从而为证明指明了方向。

证明：因为 a、b、c 成等差数列，

所以 $2b=a+c$，由正弦定理得 $2\cdot 2R\sin B=2R\sin A+2R\sin C$，

即 $2\sin B=\sin A+\sin C\Rightarrow 2\cdot 2\sin\frac{B}{2}\cos\frac{B}{2}=2\sin\frac{A+C}{2}\cos\frac{A-C}{2}$。

因为△ABC 中，$\cos\frac{B}{2}=\sin\frac{A+C}{2}$，$\sin\frac{B}{2}=\cos\frac{A+C}{2}$，

所以 $2\cos\frac{A+C}{2}=\cos\frac{A-C}{2}$。

$$\begin{aligned}\text{从而原式}&=2\cos\frac{A+C}{2}\cos\frac{A-C}{2}-\frac{1}{2}[\cos(A+C)+\cos(A-C)]-\frac{1}{6}[\cos(A+C)-\cos(A-C)]\\&=4\cos^2\frac{A+C}{2}-\frac{2}{3}\cos(A+C)-\frac{1}{3}\cos(A-C)\\&=2\cdot[1+\cos(A+C)]-\frac{2}{3}\cos(A+C)-\frac{1}{3}\cos(A-C)\\&=2+\frac{4}{3}\cos(A+C)-\frac{1}{3}\cos(A-C)\\&=2+\frac{8}{3}\cos^2\frac{A+C}{2}-\frac{4}{3}-\frac{2}{3}\left(2\cos\frac{A+C}{2}\right)^2+\frac{1}{3}\\&=1+\frac{8}{3}\cos^2\frac{A+C}{2}-\frac{8}{3}\cos^2\frac{A+C}{2}=1\end{aligned}$$

为定值，证毕。

这里，“特值探路、小心求证”也是重要的数学技能。

（4）抽象问题直观化

著名数学家华罗庚说过：“数缺形时少直观，形少数时难入微。”数和形是一对孪生兄弟，许多问题直接从“数”（符号或关系）本身去求解，往往难以抓住问题的本质，但若能从形的角度入手，挖掘问题的几何特征，构造一个几何图形，借助于图形的性质将抽象的概念和复杂的数学关系直观化、形象化，可以使得隐含条件清晰可辨，解题思路茅塞顿开。

例 6：设 $f(x)$是定义在区间（$-\infty$，$+\infty$）上以 2 为周期的函数，对 $k\in\mathbf{Z}$，用 I_k 表示区间（$2k-1$，$2k+1$]，已知 $x\in I_k$时，$f(x)=x^2$。

（1）求 $f(x)$在 I_k 上的解析表达式。

（2）对自然数 k，求集合 $M_k=\{a|$使方程 $f(x)=ax$ 在 I_k 上有两个不相等的实根$\}$。

分析：将问题转换成图形语言。

第（1）问就是：已知函数 $f(x)$在［-1，1］内的图像是抛物线弧 AB：$f(x)=x^2$（如图），根据 $f(x)$是以 2 为周期的函数，求 $f(x)$在（$2k-1$，$2k+1$］内的图像，并写出其解析式。从图像上不难看出在（$2k-1$，$2k+1$］内的抛物线弧 PQL，可以看成是由抛物线弧 AB 向右平移 $2k$ 个单位得到的，故有 $f(x)=(x-2k)^2$（$k\in\mathbf{Z}$，$x\in I_k$）。

第（2）问可转换为求实数 a，使直线 $y=ax$ 与抛物线弧 PQL（除点 P 外）有两个不同交点，由图形可知，问题 $\Leftrightarrow\begin{cases}\text{和曲线弧}PQ\text{有一个交点（}P\text{、}Q\text{除外）}\\\text{和曲线弧}QL\text{有一个交点（}Q\text{除外）}\end{cases}\Leftrightarrow\begin{cases}0<a<k_{OP}\\0<a\leqslant k_{OL}\end{cases}$

$$\Leftrightarrow\begin{cases}0<a<\dfrac{1}{2k-1}\\0<a\leqslant\dfrac{1}{2k+1}\end{cases}\Leftrightarrow 0<a\leqslant\frac{1}{2k+1}(k\in\mathbf{Z})$$，即得 $M_k=\left\{a\,|\,0<a\leqslant\dfrac{1}{2k+1}\ (k\in\mathbf{Z})\right\}$。

这里，数形结合是必备的数学技能。

5. 烹小鲜的启示

数学知识不仅仅是数学推理的基础，也是数学技能生长的沃土。如果人为割裂了数学技能和数学知识之间的内在联系，数学技能的形成就只能演变为简单的模仿、机械的训练。因此，只要充分发挥数学知识的作用，数学技能的培养就能减少不必要的重复讲解和机械的训练。与此同时，对数学知识，我们还要细心地品味其本质。正如烹小鲜，既要有小鱼，也要有高超的操作技能，更要有慢慢烹调的耐心和决心。

高中数学有效教学之我见

北京理工大学附属中学 刘 柱

高中数学在多数学生看来是一门很难熟练掌握的学科。事实上高中数学的规律性很强，只要通过有效教学策略的运用，让学生的思维能力达到一定的水平，就会让学生学得轻松。有效教学主要是指通过教师在一段时间的教学活动之后，学生获得具体的进步或发展。即学生有无进步或发展是教学有没有效益的唯一指标。不论教师教学任务是否完成，教得是否认真，学生学得是否辛苦，如果学生没有学到什么或学生学得不好，没有得到应有的发展，就是低效或无效的教学。

一、因材施教，激发学生学习兴趣

“教以生为本”尊重学生的个体差异主要表现在：首先，教师头脑中始终有个体差异意识，这样备课时才会有所体现，上课时有所落实。其次，教学时必须心中装着每一个学生，尤其是学困生，不能忽视他们的存在，要时刻想到他们。学生的个体差异是不可回避的现实问题。应分别对待不同层次的学生。如课堂提问时，对知识基础或能力基础暂时还相对薄弱的学生，提的问题要基础，尽可能显浅，并一点一滴地启发。通过提问，这样的学生也能体验到成功的喜悦，被激发出学习的兴趣和信心。对中等学生，要在教材的基础上略加提高，提一些经过思考和比较就能回答的问题。对于能力较强的学生，提的问题要在中等基础上深化、拓宽。这就要求教师在备课时，要依据教学对象的整体情况选择教学内容的难易程度，确定具体教学方法。在备课中，只有重视学生的个体差异，充分发挥学生的潜能，让所有的学生都积极主动参与到学习活动中，各尽所能，各有所得，不同程度地激发他们的学习兴趣，这才是落实新课程理念。教师只有在每一个环节中密切关注学生的个体差异并采取相应的策略，教学才有针对性，课堂才有效。

二、转变教学观念，提高教学效率

“教是为了不教，学是为了活学。”传统的教学总是要求学生配合和适应教师的教。教师大多采用单一的注入式教学，学生只能处于被动地接受学习状态。一堂课基本上是教师讲到底，缺乏师生交流，学生几乎没有动手动脑练习的机会。结果是学生在课堂上似乎听懂了，但课后自己却不会做。因此，要提高教学效率，必须转变教学方式。

1. 由“重教”向“重学”转变

过去的教学是以教定学：教师讲，学生被动地听，完全忽视学生的主体地位。尽管我国已提出课堂教学改革很多年，但由于种种原因的影响，原来的问题依旧存在。课堂的时间都被教师占用了，学生缺少练习、体验的时间。而学习是一个需要内化的过程，我们不能指望学生课后花多长的时间来自觉学习数学这一门课。从课堂上学生被动地“接受”，直接到学生完成作业的独立“操作”，中间跨度太大，缺少了一个过渡的训练过程。对有的学生来说，完成作业和练习就有了一定的困难。这种情况下，教师内容讲得再好，语言再流畅，例题再多，其课堂教学也是低效的。所以，教师在教学中要重视学生的主体地位，加强师生之间、生生之间的交流互动，充分发挥学生的能动性，给学生留有内化时间，要敢于精简

“讲”的内容，放手给学生多“练”的机会，注意学和教的最佳结合。甚至可以将课堂还给学生，使之成为学生主动学习，研究探讨的平台。

2. 重视数学“再创造”过程

荷兰数学教育家弗赖登塔尔提出再创造教学理论：反对把事先创造好的完整的体系硬塞给学生，反对纯粹以教学内容为中心，强调要使学生体验到数学再创造的过程。他认为数学是最古老的科学，同时也是最容易“再创造”的科学。数学本质是人们常识的系统化，数学的建立从观察到猜想，再到证明或反驳，最后得到真理。数学不需要像物理、化学那样搞实验，且它的结论可以由不同的人在不同的场所独立获得。至于符号、定义则是为了将发现的真理系统化或方便相互交流才引进的，它们并非数学的精髓。

利用“再创造”教学这一原则，教师必须把学生看作学习的主体，把数学作为一种活动来教，就像音乐、艺术老师指导学生进行艺术创作学习一样。教学中让学生有自由活动的机会，使他们处于积极的活跃状态，有进行创造的欲望。课堂一开始教师提出一些实例或具体的“数学现实”作为起点，让学生像数学家经历创造的过程一样，观察、实验、用直觉或推理（如合情推理）提出猜想（性质、法则、公式）再加以证实，然后建立这些发现的结论之间的联系并形成体系，得到类似于教科书的知识。

“再创造”教学除了在性质、规则等利于创造的内容方面可大显身手以外，也可用于比较抽象的概念教学。以棱柱概念的教学为例，新的教材在编写时就为我们的教学给出了导引和示范。老教材对棱柱的概念处理顺序是：先讲多面体的概念，作为特殊情况引出棱柱的定义，再讲性质和判定。而新教材的处理则体现“再创造”的原则。通过事先给出一系列棱柱或实例（包括说明已知条件），告诉学生这就叫棱柱；接下去让学生自己去进行比较、分析、研究、讨论；学生经历上述过程以后会发现棱柱的许多共同性质；鼓励学生探究这些性质之间的关系。比如，由一个性质推出另一个性质，且不同的学生会选择不同的出发点去推其他的性质。通过这样一个过程，学生不仅掌握了棱柱的概念，而且通过自己的再发现活动学会了怎样定义一个数学概念，对学生提高学习能力、实践研究能力及对数学学习的兴趣都起到了很好的作用。

3. 渗透数学的应用性，让学生感受“有用的”数学

有的学生不喜欢数学，其中一个原因是觉得：学习这些东西有什么用？因此，作为数学教师，有必要也有义务让学生知道数学知识是有用的。教师不仅要提供现实生活中的高中阶段数学材料及内容，创设接近学生学习及生活的问题情境，还要引导培养学生从现实生活中收集相关数学内容，提高高中阶段学习数学知识的能力。教师要引导广大高中学生将现实生活的背景与所学的数学知识联系在一起。让高中学生学会在现实生活中发现、体会、实践、应用数学知识。教师要引导广大学生认识到现实生活中蕴含着大量的数学内容及信息，数学知识在现实生活中有着广泛的应用及推广。高中阶段的学生在面对现实生活中的数学问题时，应能主动尝试着从数学的角度运用所学方法、方式和知识解决问题。教师应引导学生学习新知识，学生应主动地发现实际生活大背景，并发现数学在生活实践中的应用价值。教师在实际生活中有很多问题都可以用来启发学生，让学生寻找解决问题的办法。

三、培育学生良好的学习习惯

从一般的角度来看现在的学生，智力水平一般差距不大，影响学生学习质量的关键因素

是学生学习习惯上的差别。

1. 培养学生认真听课的习惯

培养学生良好的听课习惯，除了要让学生想听之外，还要教会学生怎样去听。高中数学重、难点数量增加，难免使一部分学生对听课感觉厌烦。这就要求教师适时地对学生进行诱导点拨，教给学生听课的方法。同学之间的思维能力和解题技巧水平相差无几，所以要教育学生注意倾听同学的发言，留意同学解题的思路并及时加以思考。在课堂上，教师要注意做到：

（1）改进自己的教学方式

学生的听讲能力很大程度上取决于教师的教授方式，那么，教师更应努力去寻找一种适合自己、适合学生的教学方式。在此，我建议教师多以探究式教学为模式。探究式教学是指教师引导学生对问题进行研究。在数学教学中，使学生带着问题探究式地思考，令学生的思维活跃、积极，想象力更加丰富，并使学生更加善于听讲。

（2）鼓励学生积极交流

在课堂上和平时的学习生活中，其实学生自身就有着对某一问题的独特思考，但大多学生由于性格等原因没有表达出来，从而使自己的问题堆积，思维不能得到解放，即便是好的方法也没有得到鼓励与发扬。教师应该重视这些问题，鼓励学生积极地表达自己的想法，激发学生听课的主动性和积极性。

2. 培养学生反思的习惯

著名教育家弗赖登塔尔曾指出："没有反思，学生的理解就不可能从一个水平升华到更高的水平。"李政道教授也说过："我们学习知识，目的是要做'学问'，学问就是学习怎样问问题。"学生通过对知识的反思，可以突破原有的思维模式，反思问题的其他侧面。学习高中数学也是如此，教师要教育学生及时对自己的习题等做出评价以及对今后的学习方法进行思考和修改，以此提高学生的思维能力。

数学学习最为核心的问题就是解题，成绩较差的学生最突出的问题就是不会仔细审题和解题后不会反思。在数学解题教学中，应从以下几个方面入手引导学生进行反思性学习：每一步都有据可依，结论是否合理；本题涉及了哪些基础知识，关键在哪里；基本方法的应用是否正确和合理，方法是否还能优化等。学生按照这种思路去思维，并不断反思，这样对思维就会产生浓厚的兴趣。

总之，在数学课堂教学中，要提高学生在课堂 40 分钟内的学习效率，要提高教学质量，我们就应该多思考，多准备。认真研究学生特点，根据学生的年龄特点和个性需求，不断调整教学策略。对学生有引导，有鼓励，但绝对不能丢弃教师对学生的严格要求与规范，既要激发学生的学习兴趣和热情，又要严格培养学生形成良好的学习习惯。只有这样，才能实现课堂教学的有效性。

高中英语写作教学中学生批判性思维能力的培养

北京理工大学附属中学 刘 梅

近些年来，批判性思维能力的培养已越来越受到高中英语教师的重视，但是实际教学中，还是有些问题需要解决。本文阐述了在高中英语及高中英语写作教学中培养学生批判性思维的几个亟待解决的问题，解释了批判性思维的概念及培养的重要性，介绍了在高中阶段如何在英语写作教学中培养学生批判性思维的能力，并用实例阐述了培养学生批判性思维的方法。

在高中阶段，学生英语基础已经有了一定的积淀，运用英语的能力即写作能力在高中阶段是重要的培养方向。但是长期以来，高中英语对于学生写作的培养主要还是停留在仿写和按要求完成简单的教学任务的阶段，大部分学生的写作中存在着中文式表达、大段背诵内容的抄写、简单汉译英等问题。而作为教学主导者的教师不仅不重视在高中英语写作教学中对学生进行批判性思维的培养，而且对这样的理念根本不清楚，甚至不知道。本文就是希望通过在英语写作教学中出现的问题，从教与学的角度来分析在高中英语写作教学中加强批判性思维培养的重要性，同时厘清目前的问题，为今后高中英语写作教学的方向把握做一种尝试性的努力。

一、批判性思维的含义及在高中英语写作中培养的必要性

2011 年颁布的新的国家高中课程标准中在培养目标上强调：对学生进行创造力与批判性思维、国际视野等方面的培养。然而，当前的实际情况是，教师们在教学中仅仅关注了学生是否完成了教学任务，写作中是否使用了背诵的句式或文段，是不是将高考题或与高考题相近的写作任务完成。由于过度地关注了考试，所以学生出现的问题是，写出来的英文作文基本都是以翻译和仿写为主，写作水平不高，根本谈不上批判性思维能力的培养。基于此，可以看出只有在日常的教学中提高教师自身的认识，才能在培养学生的批判性思维能力方面有所建树。

美国学者文森特·鲁吉罗在《批判性思考指南》一书中指出：“可以把批判性思考界定为我们用以检验各种主张和论据，并判定哪些具有优点、哪些不具有优点的过程。换言之，批判性思考就是寻找答案，是一种探究。也就是说，在信息面前很好地运用相关知识以及相应的策略，对其进行批判性的审视，做出自己的判断评价的思维过程及能力就是批判性思维。”但是需要重点强调的是，批判性思维并不是简单地否定一切，它是一种带着“扬弃”的思维。吴军在《在英语教学中渗透批判性思维的培养》一文中指出：“批判性的审视问题最终不一定是否定，并且可能带有两种结果：一是在深刻理解的基础上，对信息做出符合逻辑的思考之后肯定它；二是通过批判性的审视，发现并否定消极的因素，吸收积极的因素，并在此基础上有所创新。”

在传统的高中英语写作教学中，教师关注的仅仅是学生是不是完成了教学任务即规定任务的英文描述，对学生写作的标准和要求也都是简单的仿写和翻译（有的是中译英，有的是将图片译成中文后再译成英文），或者是在背诵了大量范文之后的原句原意的仿写。这样的写作任务要求所有学生达到同样要求，根本不能满足学生多样化发展的需要，同时，对于具

有不同潜质的学生，更没办法实现学生个性化的发展。教师的教学也仅是简单地完成教学任务。但是，这样的教学方式并没有让学生的英文写作能力得到提升，并由此产生了许多学生厌学的问题。

1. 从高中学生自身的心理发展来看，高中学生普遍喜欢讨论交流、实验探究、创新实践等学习方式，而我们现在课堂上的写作教学情境很大程度上抑制了学生的问题意识和批判性思维的培养。

2. 经过了长达 9 年的英文学习，高中生的英语基础知识和基本技能掌握得较扎实，但是学校和老师们的关注点却在追求升学率、考试成绩上，从而忽略了对学生批判性思维能力和创新能力的发展，而正是这些教学观念上的陈旧，很有可能会导致对学生未来的个性化发展产生很大的制约。

3. 在具体的教学中，单纯地按照考试要求的教学助长了知识脱离实际、远离实际的倾向性，而正是这一点导致了学生思维丧失活力。当教师把整理好的、现成的正确的经验直接传授给学生时，教师们努力引导学生绕开思维过程中可能遇到的问题时，他们并没有意识到这会剥夺学生神圣的失败和犯错误的可能。同时，也使得学生在失败中、在错误中的批判性思维丧失了锻炼的机会。

4. 高中学生学习外语，一方面可以促进心智、情感、态度、价值观的发展，另一方面，掌握一门重要的国际通用语种可以为学习国外先进的文化科学知识和进行国际交往创造条件。而英语教学中的写作能着重提高学生用英语获取信息、处理信息、分析问题和解决问题的能力；在写作教学中加大对获取信息的加工和深刻理解，就必须要加大对学生批判性思维能力的培养力度，把批判性思维的培养与学科教学或教学中某一重要环节有机地结合起来，通过常规的课堂教学发展学生的批判性思维。它是在学校中进行批判性思维训练最常见的方法。

综上所述，在日常的英语写作教学中，对学生进行批判性思维能力的培养是迫在眉睫的事情，但是我们也得注意由此可能产生的问题。因为很多经验表明：批判性思维能力是不能脱离内容而单独存在的，相反它是对内容的一种学习方法，只是单纯地讲解教学内容，会导致批判性思维技能的碎片化。

二、在英语写作教学中培养学生批判性思维能力的路径

郭纯洁在《有声思维法》中指出："英语的写作过程包括两个不同的生成过程：语言形式的形成过程和思想内容的形成过程。语言形式的形成过程包括遣词、造句、衔接、连贯、语体和文体；思想内容的形成过程包括概念、命题、例证、话题、论点、假设等。语言的形成过程与内容的形成过程并非彼此独立的两个平行过程，而是相互影响、相互渗透的过程。学生在确定写作话题之后，要学会选择相应的文体，如议论文、说明文、记叙文等。理解话题的假设是为什么及要解决什么样的问题，这些都对语言风格的选择有影响，也就是说在写作中究竟是使用正式语言还是选择日常通俗语言是写作中的关键。"

传统的高中英语写作教学的模式其实是一种"复现型的教学文化"。在这种"文化"中，教师主要的作用是向学生传递信息，而学生的主要功能是接受、存储各种信息。这种环境中培养的是学生被动接受知识的倾向，而不是积极地探寻和评价信息的思维过程。也就是说，教师们只按书本上的知识和高考的要求机械地去教，并不关心所教的知识的真实性和价

值问题，学生也不去反思教师所教的一切，唯一要做的就是被动接受，模仿和记忆便成为学习的主要策略。久而久之，学生便形成了一种思维的惰性，懒于思考，更不知如何去思考。在这样的课堂环境中，学生的批判性精神和能力不可能得到发展。费克米兰指出："学生批判性思维能力的培养最终取决于教师能否为学生创造一个能刺激学生进行批判性思维的环境。"我们可以这样理解，形成批判思维的前提是教学民主，但是长期的应试教育把学生只是当作被动接受知识的一个"容器"，不思考、不质疑、不提问，更不批判是他们对教师教授知识的态度。要从根本上改变这种状况，作为教师，首先要更新自己的教学观念，将整个教学过程置于一种和学生平等和开放的环境之中，并且尊重学生人格，鼓励学生大胆质疑、猜测，甚至是标新立异。要创造这一环境，教师应改革传统教学模式，创建新型教学文化，在英语教学中设计课堂活动，建立以学生为中心的教学模式。

在具体的教学中，当传统的教学模式由教师提问到学生回答，转变为由学生自己提问，讨论后相互回答的时候，其实学生已经具备了初步的批判性思维能力。因为学会了提出问题，才有了批判的前提，才能"有的放矢"地对问题进行分析、推理和判断。当学生的各种问题提出后，作为课堂教学的引导者的英语教师们，应为学生创造尽可能多的渠道与方式获得信息，并用多样化的思维环境去记忆调动学生，比如，采用"小组合作学习"的活动、"研究性的学习"等各种形式，要求学习小组成员之间分工合作，从集思广益到查找资料、构思、设计再到课堂演示，每个人都积极、主动地参与，选择最佳方案，以达到最佳效果。当我们的学生们在群体活动中多边互动与协作地学习，在互相交流信息、探讨问题、分享成果的过程中，不知不觉间增长了知识、发展了能力、培养了合作精神，批判性思维也在这种思想碰撞的过程中逐步地培养起来。

另外，高中英语教学的特点之一是要使学生尽可能多地从不同渠道、以不同形式接触和学习英语，亲身感受和直接体验语言及语言运用。因此，在英语教学中，教师除了合理有效地使用教科书以外，还应该积极利用其他课程资源，特别是影视节目、网络资源、文学作品、报纸杂志等。在实际教学中可以进行采用多种方式的教学活动，尤其是在思维方式上对学生进行训练，才能有效培养学生批判性思维的写作技能，也才能通过不断地尝试形成有效路径。

1. 从原汁原味的文学作品中汲取营养

在具体的写作教学中，教师可以将平时的写作以合作任务的方式进行改革。比如，写作教学中可以将学生观看的英文影视作品和阅读的英文文学作品等，以学习小组的形式，让学生一起讨论，对作品中的问题进行剖析，理解影视作品或文学作品背后创作者的思想。这样做是培养学生批判性思维能力的有效途径之一。此外，教师在平时的教学任务中也应鼓励学生多角度、多方向地进行思考，对于教科书里的文本进行开发和深入的理解，让学生对材料进行分析、综合、判断，并归纳整理出证据去推翻有疑问的观点，最后学生通过辩证分析提出新观点，用理性的态度以书面的形式表达出来。可以说，在这样的写作训练中，学生写作的过程就是进行批判思维的过程，从质疑、搜集信息到分析和整理信息，不断地对自己和他人的观点进行审视和批判，使学生的思维不局限于教材，敢于批判性地看待教材中的内容。而教师要重视学生写作中的各种不同观点，对于学生提出质疑的做法予以正确引导。同时，要对学生积极思考的做法予以鼓励。

2. 在实践体验类写作中养成批判性思维的习惯

教师也可以就地取材，灵活地使用现成的素材让学生进行写作练习。比如，运动会中帮助受伤的同学、参加毕业典礼、参观博物馆的经历，等等。这些素材都是学生亲身的体验，在英文的写作中他们经过自己的整理和思考，得出自己的感悟。这样的写作，学生一定不会无话可说，不会照本宣科地拿出一个背好的句子简单地描写，更不会出现千篇一律的模式化的话语和内容。学生经过了自己的体验，将最真实的感受写出来，这样一个信息整理、分析和加工的过程，其实也就是润物细无声地进行批判性思维培养的过程。波拉尼说：“我们知道的东西比我们能告诉他人的要多。”这一点表明，再好的教师在运用教授法教学时也只能将其知识经验部分地传达给学生，再优秀的学生也只能将其成功的学习经验部分地介绍给他人。因为，他们亲身经验的背后均存在着大量无法言传的“缄默的认识”。这一点进一步证实了有关在教学中让学生获取直接经验的重要性。

3. 通过对他人写作的评价，在批判中成长

教师可以在学生完成写作任务之后，展示范文或优秀的英文作文，然后从作者思考的角度，到因果关系，到作者写作中自己个性化的思考过程，其升华的结论等，进行分析。帮助学生理解怎样用批判性思维的眼光去欣赏别人的作品，并通过这样的过程，做出判断和思考。在老师的帮助和引导之下，学生理解了写作中的误区，并可以利用这样的方法对自己的作文进行判断和修改。有的课堂中，教师也可先以学习小组或研究小组的形式进行学生之间的讨论，在互相探讨的过程中学生们学会了分析问题、做出判断，进而形成自己对于写作的认识，发现彼此的不足，从而做出改进。

这样的一些教学策略既摆脱了传统高中英文写作教学中任务单一的弊端，同时，也避免了在教学中过分强调应试。教师是学生学习的主要引导者，在学生的批判性思维的培养过程中，首先还需要教师自身能够具有很好的批判性思维意识，并在教学过程中正确地引导和鼓励学生的个性化表达，帮助其在这样的过程中发现问题、学会判断、学会用自己的眼睛去看世界，这样教与学的过程才能达到有机的统一、有机的结合，才能对学生在英语写作任务训练中进行批判性思维的培养。

总之，高中英语教师应该从写作任务的设置开始引导学生，即从影视文学作品的评价、读后感等确定写作的观点和角度，再到学生亲身经历的实践事件的写作，从教师示范如何评价，再到引导学生之间的相互评价。通过这样的训练，学生就学会了讨论和评判写作的观点，学会了评价自己和他人的写作成果，整个写作过程中，不仅有思考，更有因此而得到的评价。这能使学生掌握批判性思维的核心技能，在这样的过程中学生也就学会了批判性地写作。然而，运用批判性思维的写作过程，不应仅仅是通过批判来获得知识、使写作能力得以完善思维，更应该注重通过批判来完善人格。在这一过程中，教师应该从激发学生质疑的愿望入手，引导学生换位思考、并且用锲而不舍的精神去地探究。其实，因为平时的课堂中本来就蕴藏着丰富的课标理念，所以高中英语教学中进行批判性思维培养不是简单地推翻过去的一切，或者说也不需要一切从头再来，而是要充分地挖掘课堂中已经存在着的各种因素，让更多的教师看到批判性思维的教学方式就在自己身边，并且学会起步于自己的经验。另外，批判性思维也不是要加大教学的难度，而是对教学过程的要更加关注；教师们要改变过去过分关注应试的倾向，更加关注构建人的发展系统。教师们要明白的是，批判式思维的培养不是淡化写作，而是把写作的教学放到了实践活动中，更要与时俱进。在教学中既要鼓励学生学习以理服人，又要做到虚心接受批评和建议，那么，学生在提高批判性思维技能的同时，教师也培养了学生的批判性精神。

“瘦问题”？“胖问题”？

——从“胖瘦问题”看初中英语教学课堂的提问设计

北京理工大学附属中学 周乐莉

新学期刚开学，我参加了北京理工大学附属中学学术委员会组织的以“推进名师工作室研究，引领教师团队发展”为主题的研讨会，研讨会上各位专家和老师的发言让我受益匪浅，其中清华附中的白建娥老师提出的“胖问题”和“问题的设计”更是引发了我的思考。

白建娥老师以她的一次示范课为例，她在上完课后，自我感觉不错，其他老师也给了很高的评价。最后，任宝华、崔峰和陈争 3 位海淀区名师工作站的导师委婉地提到了她的“问题设计”有点多而碎，多数是教师与学生“短平快”的一问一答，建议她要设计思维容量大的“胖问题”。她说这是她第一次听到“胖问题”这样的说法。她反思自己的教学设计，当时就产生了很大的震动，在后来的教学实践中开始有意识地注意问题的“胖瘦”。

从白建娥老师的讲座，我想到了我之前做的就“The Most Unforgettable School Activity”（难忘的学校活动）这个话题进行写作训练的中考写作公开课，这节课不仅有全组教师一起听课研讨，还请了海淀区英语教研员林平老师过来指导。在课后讨论中，教研员林老师和同事们认为本节课有不少可取之处，最后也指出，在引入部分，预设问题是：How many school activities? What are they? 如果能进一步推进问题，用 What did you do at that time? 让学生记下当时那些活动中做过些什么，既能引出下一步头脑风暴：What did you do at that activity? 而且让学生知道写什么，有话可写，充分发挥引入视频的作用，效果会更好。

从这节课我想到我当时设计的问题都是比较直接的，属于“瘦问题”。而现在我明白，一节课不仅需要有“瘦问题”，同时，也需要有促进学生进一步思考的“胖问题”。由此，引发了我对于初中英语教学课堂的提问设计以下几方面的思考：

一、课堂提问对于初中英语教学的意义

课堂提问由其应用方式不难看出，本身包含了提出问题和回答两种内容，而两种内容之间的联系就在于师生之间的交流。可见其应用意义不仅仅是巩固学生对于内容的记忆，也能够较好地促进师生之间的交流。从另一方面来看，通过交流，中学生也能够对自己的学习成效进行对比，这种对比能够被动地激发学生的竞争意识，进而提高学生的学习兴趣，对于新教学形式下对于学生创新能力的培养也有着良好的辅助作用。就当代的课堂教学来说，课堂提问已经不再局限于简单的师生交流，也包含了学生之间、小组之间等的提问方式，那么协调好这样的方式，对于课堂教学活动可产生良好的辅助效果。

二、课堂提问对于初中英语教学的具体作用

1. 激发学生的创造性思维

课堂提问通过交流的方式改善学生对于知识死板记忆的情况，对于英语科目来说，语法、语义等的理解通过死记硬背所起到的效果通常很小，而引导学生主动思考和记忆这种可以改善教学效果的方式在课堂提问中恰好可以完整地体现。目前，新课改所提出的创新能力

教育，要求学生在学习中提升主体性，这也可以通过课堂提问这样的方式来实现。

在初中英语教学当中，语法、语义的区别逐渐增加，学生在学习过程中需要通过联想、对比等方式来巩固和加强知识的记忆，而课堂提问能够在一定程度上实现这种方式。例如，在“in”的语义教学中，通过连锁性的提问来巩固记忆，先通过“in”的常规语义“在……之内”要求学生造句，再由老师提出一个不同语义的语句如“按（某种方法）”这样的应用并让学生翻译，通过翻译要求学生自己举以相似的例子进行应用，这样就能够使学生在理解和学习的过程中自行思考和联想，加深学生对新知识的理解。

2. 提升课堂活跃度及学生的学习兴趣

课堂提问本身就是一种课堂活动形式，课堂活动形式能够适时地调节课堂气氛，激发学生的讨论欲望。而其中更为关键的作用则是由这种活跃度和问题的专向性所形成的课堂关注点，在一节课中这种及时出现的关键性提问往往可以将注意力不集中的学生拉回到问题当中，并使其全身心地投入对问题的思考上，而且积极思考和争抢首个回答的心理都会导致学生的求知欲大幅提升。

英语教学由于死板的知识较多，课堂教学过程中很容易出现冷场和学生注意力不集中的情况，这时课堂提问就成为调整学生注意力的有效方式。而在提问当中，一些原本信心不足的学生也会被问题所吸引，进而努力地思考答案，其中所提到的问题通常与新的知识点相关联，而此时学生们通常无法一次性回答出正确的结果，这就给学生带来了更多想象空间和思考时间，规避了学生能力差异的影响，使部分学习能力较差的学生也有可能回答出正确的结果，这可以使学生在回答后产生自豪感和自信心，有助于提升学生的学习兴趣。

3. 巩固知识并发现学习中的不足

课堂提问的内容通常分为两类：一类是对本节课或者之前的课时中的问题进行提问，一是为了及时加深记忆，二是为了给接下来所要讲解的内容进行提要性或者引发性的前置铺垫；另一类是对即将讲解的内容进行提前性发问，这种提问在提出后，通常需要学生进行一段时间的思考，而这个思考的过程与理论创造者的创造过程相似，应用于英语教学当中则体现为对语句内容和应用方式的提前思考。

三、对初中英语教学中课堂提问设计的建议

通过对英语课堂教学中课堂提问作用的分析可以了解其重要性，这种不可忽视的重要性使得我们初中英语教师需要做出相应的努力和改变，在原有的提问方式上进行改进，从而提升提问所产生的学习促进效果。由上文中的内容我们也可以了解到，提问对于学习的促进作用主要在于营造课堂气氛、巩固课堂知识以及激发学生的想象力几个方面，那么想要改善课堂提问的效果，也可以从这几个方面着手：

1. 嵌套式的提问

嵌套式的提问是对于问题的内容进行扩展，需要选择出一个重点考核内容作为中心，加入前置的知识巩固提问、联系性的已知问题应用及新问题提出这样的思路来进行。这样的提问具备两种特色：一方面是对于课程学习内容的巩固；另一方面是对于学生思考的锻炼。嵌套性的提问综合了前后学习内容的提问方式，不但让学生对于过去所学的内容进行回忆，对本节内容进行巩固，又对即将学习的内容进行前置的思考，这样的思考有助于学生想象力和自我学习能力的提升。

以八年级英语词组“find it hard”为例，在课堂教学中可以首先以造句的形式提问，让学生参与到应用训练当中，对于当前的学习内容进行巩固，然后依据词组的特点“发现它……怎么样”这样的思路让学生练习以前学过的内容，并回答还有哪一类形容词可以应用在其中，并以“easy”“interesting”等词作引导，帮助学生回忆。当学生回答出英语的单词后再将语句分解，以形容词为核心，提问除了“发现”还可以用哪一类词代替，并构成相似的语义，在这里可以引“think”等动词为例进行引导，从而对接下来所要讲解的同类词组进行一种规律上的总结，辅助学生记忆。

2. 合理的问题情境

问题情境的设置在顾及营造课堂气氛的同时又要避免由于过难的问题而造成冷场。如果某些问题的提出过于突然，让学生没有准备的时间，这样容易导致学生的思维短路，长期如此学生会对这种方式产生畏惧感，反而会形成不良的影响，因此在情境设置时要注意过渡和衔接，尽量结合一些提前的应用来引出问题，进而加强学生的学习热情。比如，我在中考写作公开课前用学生自己经历过难忘的学校活动的视频引入，配上 Yesterday Once More 音乐，能够较好地激发学生的兴趣，并联系学生之前做过的事，让他们知道写什么，有话可写，增加了他们的写作热情。

3. 分层的问题设计

教师的提问要尽量贴近学生的实际，符合学生的学情。课堂提问时我一般设计高、中、低 3 种层次的问题，提问时不能只顾优秀生，也要照顾好其他学生，所提出的问题、基础练习要符合学生的实际。难度较大的让优秀生来回答，难度较小的让学习基础薄弱的学生来回答。学习基础薄弱的学生答对了应及时表扬，即使答错了也不用指责，要鼓励他们再思考、再回答。组织简单的对话让学习基础薄弱的孩子上台来表演，这样既能让他们品尝到成功的喜悦，又能将他们的注意力转移到学习上来。只有注意力集中了，学生才能在教师的指导下主动地学习。

4. 回答问题后的奖励设计

除了认真设计问题和问题的层次，在学生回答问题后，对学生的每一丝进步都要积极鼓励，慢慢引导他们找到自信和成就感。对于积极回答但是答错的同学也要适当引导，争取答对，或者进行鼓励，以免丧失主动思考和回答问题的积极性。我在课堂上和课后一直坚持用积分奖励制度，课堂回答问题和朗读都能加分，对分值高和有进步的同学进行表扬，通知家长，并设计一些公开奖项。比如，情景英语表现奖，听力进步奖，回答问题积极奖，史上最大进步奖，等等。对任何学生的丝毫进步都要鼓励，通过公开发布奖项来记录他们的点滴进步，提高他们学习的自信心和积极性。

总而言之，我相信，不管是“瘦问题”还是“胖问题”，都要根据课堂实际教学和学生实际情况来设计，问题的设计要充分展现学生的思考过程，有助于老师及时发现学生的认知障碍，能够促进学生思维的高水平发展，帮助学生逐渐触摸到学科的本质。所以课堂问题设计一定要明确学生是否能在原来基础上有所提升，哪些设计和问题有提升的空间。通过以上一系列措施，我相信能很好地调动学生在课堂上的积极性和学习热情，帮助学生取得更大的进步。

我的“三乐”语文课堂

北京理工大学附属中学 张建新

一、积累乐——拓展、整合，与经典美文对话，潜移默化中成就人文素养

古人云：不积跬步，无以至千里；不积小流，无以成江海。如果说语文的学习是一幢大楼的建设，那些零碎的小知识便是砖砖瓦瓦，而积累则是将砖瓦堆砌成高楼的过程。学校编印了《诵读经典》的校本教材，但是怎样才能保质又保量呢？我尝试了“多维拓展、分类整合”的策略，以校本教材为抓手，结合生活实际，探索大容量的积累。

“看四季花开花落，懂语文悲欢离合。”二十四节气、传统节日都是引导学生积累的契机。

初春季节，我带着学生背诵相关诗句，在春光乍现的季节里感受“乱花渐欲迷人眼，浅草才能没马蹄”。

小满时节，让学生了解谷物饱满，农人们憧憬着夏收的殷实，和学生一起背诵欧阳修的“最爱垄头麦，迎风笑落红”。

中秋佳节，我和学生一起读嫦娥奔月、吴刚伐桂的民间故事，一起背诵“中庭地白树栖鸦，冷露无声湿桂花。今夜月明人尽望，不知秋思落谁家！”

多渠道、多角度的拓展，大大增加了积累的量，但这些即时性的拓展如果没有组块并有系统地纳入学生的记忆仓库，过不了多久就会被遗忘。因此，我抓住各种教学时机，引导学生将古诗词归类整理，使每一首都会被时常点击。这样在不断的归类增加中，带动原始积累不断复现，使记忆系统中的每首诗都成为“活体”。

“掬水月在手，弄花香满衣。”不失时机的拓展整合，使学生的古诗词积累量大增。学生在平时的学习中也会不时地卖弄几句：秋天，果园里结满了果子：黄澄澄的梨、红通通的苹果……你若凑近闻一闻，一定会闻到一股诱人的清香。啊！“正是橙黄橘绿时”，秋天的味道是小朋友最喜欢的味道。“水满田畴稻叶齐，日光穿树晓烟低。”我很早就听过这句诗，那天我终于如愿，来到了乡村。远远望去，大树郁郁葱葱，田野翻着金浪，山坡点点人家，好一幅乡村美景。——就这样，我和学生一起真诚地学习，在生活中感悟诗词之美，与经典美文展开心灵的对话，在逐步增强人文积淀的同时感受学习语文的乐。

二、表达乐——交流、分享，营造宽松的氛围，娓娓道来中成就学生的精彩

说起金话筒，相信我们每一个人都不陌生。在我们班也开展了金话筒活动。

金话筒演讲活动，在我的班级已经开展了四五个年头了。起初是受到了语文教材中的口语交际板块的启发。“语言是人的力量的统帅”，因此，我力求把学生的口才训练与培养切实落到实处。这样，我们的金话筒演讲就轰轰烈烈地开展起来了。

为了让每一个孩子都参与，我采取自愿报名与学号轮流相结合的方式为学生编排顺序，胆小的孩子还可以和自己的小伙伴一同上台合作演讲。每天的第一节语文课，课前 3 分钟为金话筒演讲时间，这样就确保一个学期下来每个学生至少登台演讲一次。

讲成语故事、我的科技制作、愉快的假期生活、走进博物馆、足球运动员——梅西、万

圣节、我的泰国之旅……在行走的过程中孩子们有着贴近自己生活的体验和思考。随着活动的开展，演讲的话题越来越多，内容变得丰富多彩，孩子们演讲的热情也更高了，他们愿意向大家说出自己的想法，谈自己的爱好，聊自己的生活……这时，我要做的就是为孩子们搭设更为广阔的舞台。在本班教室内演讲已经不能满足学生的需要。他们来到了本年级中的其他班级，他们跨越年级来到了学长、学姐或学弟、学妹们中间，他们来到了家长会上为家长们演讲……这些经历带给了学生不同寻常的乐趣，在彩排的过程中，孩子们与同学、与老师经常能够碰撞出思维的火花，演讲内容越来越完善，光 PPT 就有大纲版、升级版、最新版、完美版，等等。交流分享使我们的演讲活动有了进一步的深入和提高，在“走穴”中，孩子们尽情享受表达之乐。

三、实践乐——锻炼、提升，开展丰富的活动，在真实的语文学习中行走

对于语文教学，我不想一味地沉闷于书本中，我希望能够在语文学习中增加更多的实用性、趣味性，使之与其他学科相融合。于是，我们开展了丰富多彩的语文特色实践活动。如共读一本书、走进秋天、编写假期旅游攻略、诵《弟子规》通圣人礼，等等。

以走进秋天为例，语文教材第一单元就是围绕秋天这个主题编写的，于是，我们设计了“走进秋天，感受秋韵”的语文实践活动：我带孩子们来到南长河公园发现秋天，寻找秋天。在公园里，孩子们发现了草地上有各种各样的落叶，我请他们根据自己的喜好，把自己喜爱的落叶捡起来仔细观察，说说它像什么？你能用它来干什么？我引导孩子寻找文学艺术中的秋天，学习课文，积累关于秋天的古诗美文，欣赏秋天的音乐，仿照《秋天到》写一写赞美秋天的小诗：黄黄的落叶像小船，载着小蚂蚁在水上漂。黄黄的落叶像秋姑娘写的信，催大雁往南飞了……流畅的文字在孩子们的笔尖缓缓流淌。最后，大家还制作了《我眼中的秋天》小报，孩子们借助画笔和自己捡来的树叶、搜集来的图片，完成了一幅幅美丽的秋韵图。《我眼中的秋天》在同学间传看，在彼此的交流中，孩子们的艺术眼光、文学水平、社交能力也在逐步提升。这种多学科的融合活动，给孩子们创造了一个全新的视角来体验语文的学习的乐趣。

营造充满乐趣的课堂，是我不断追寻的。在自己可以做主的空间里，我和孩子们尽情享受语文学习的乐趣。用心过好自己的小日子，成就附中大家庭的幸福生活。我的“三乐”虽然没有大师的精深，却不现于行，不张于声，在平淡如水的日子里，奇幻多彩的天地中，慢慢品味似嚼橄榄，后味无穷。

未来的日子里，我和孩子们会继续谱写一个个语文的乐儿，敬请期待！

中小学英语教学中的衔接问题及解决策略初探

北京理工大学附属中学　刘建林

初中英语教学已不再是零起点，大部分学生在小学阶段便接受英语学习。但是，他们的英语并没有达到学习初一教材的水平，在普通学校这种状况更为严重。初一新生的差距越来越大。学生英语水平参差不齐，不少学生学习信心不足。小学阶段经历的困难和挫折使得不少学生已经丧失对英语的兴趣，并对英语学习产生畏难情绪，加上初中英语教学内容多、步子快、要求高等原因，很多学生在初中英语学习的起跑线上就无所适从。面对这种状况，初一英语教师就要接受新的挑战：怎么才能让在小学阶段学过英语，但基础参差不齐，英语学习信心不足的初一新生重新树立信心、调整方法，尽快适应初中阶段的英语学习？为了有效地解决这个初中与小学的衔接问题，我们在此分析一下问题产生的原因和解决问题的有效方法。

一、衔接中存在的问题

1. 教材一纲多本、内容安排缺乏系统化导致教学过渡困难

英语课程标准在教材的选用上鼓励一纲多本，但是小学与初中英语教材的编写工作缺乏统筹安排和设计，导致两个学段的教材缺乏应有的连贯性，出现教学内容重复和浪费的现象。此外，小学阶段使用的英语教材多图文并茂，直观性强，知识内容浅显易懂，学生易于上口。初中英语教学则要求学生掌握 1 500～1 600 个单词和 200～300 个习惯用语或固定搭配，了解常用语言形式的基本结构和基本的语法知识。从小学到初中也从积累阶段进入语言的扩展和使用阶段，词汇、语法点、知识点，使句子结构突然变得复杂，难度随之增大，教学的要求从听说为主逐步向听说领先、读写跟上的阶段过渡。此时，学生原有的知识储备变得捉襟见肘。

2. 学生水平参差不齐，过早产生两极分化

由于各个学校英语教学工作开展水平的差异，导致了学生们英语水平差异很大，表现为部分同学在小学阶段都已经能够掌握部分初中的知识点，而另一部分同学到小学毕业之时英语的基础仍旧为零，这样过早地产生了两极分化，从一开始就增加了英语教学的难度。

3. 不良学习习惯增加了学习难度

在语言学习的过程中，学习的习惯非常重要，好的学习习惯可以极大地提高学习效率。部分同学习惯较好，能做到课前预习、上课认真听讲，积极参与到课堂中、课后能够及时复习；但也有部分同学未能养成良好的学习习惯，表现在不懂预习、复习，甚至上课不能够集中注意力，等等。大部分刚入初中的学生往往会继续沿用小学时养成的学习习惯，不明白预习—听课—巩固是一个整体的学习过程，上课不做笔记或难以抓住重点内容，没有语言积累的习惯，不会查阅工具书，又增加了英语教学的难度。

4. 教学方法差异过大，学生难以适应

针对小学生好奇心强、好动、好玩的心理特点，在小学英语课堂教学中，教师主要运用直观教学法，通过听、说、读、写、做、唱、玩、演和观等多种活动方式让学生感知语言，学习语言，并进行简单的交流。初中阶段，由于学习内容增多、知识量加大，知识综合性

强，而课时却没有增加，因此，教师侧重对各个知识点进行精讲精练，讲究系统知识的学习、归纳。这些教学方法的差异让学生一时难以适应。

二、解决衔接问题的对策和建议

1. 在初中起始阶段做好摸底工作，做到心中有数

由于大多数小学和初中都是分开办学，初中教师对初一新生的情况了解不足，这加长了磨合期，增加了教学的难度。因此，建议在新学期开始时对学生做全面的了解，可采用书面测试、问卷调查和抽样访谈等相结合的方法。调查的内容主要包括以下几个方面：学生对英语学习重要性的认识；学生对英语学习的兴趣，英语基础知识和基本技能情况；学生的英语学习习惯等。了解学生的情况利于搞好知识衔接，从整体把握中学英语教学目标，贯通两个教材，把中学教学看成一盘棋，了解语言知识在不同阶段的定位。

2. 做好师生情感的衔接

建立良好的师生关系，有利于激发学生学英语的兴趣并能保持学生学习英语的积极性。教师只有用真诚的态度对待学生，尊重学生，才能真正地走进学生的内心世界，使他们深切地认识到教师对他们的理解。只有这样学生才能保持住英语学习的积极性，从而营造良好的课堂气氛和积极向上的教学情境。生动活泼、积极主动的课堂氛围又能激发学生的学习兴趣，从而使学生积极参与英语实践活动、培养语言运用能力，使英语学习进入一个良性循环。

3. 解决好语音学习问题

语音教学的不到位现已成为小学英语教学和初中英语教学衔接中的一个很重要的问题。主要表现在教材编排上：大部分小学老师没有进行音标教学。很多初中新生没有掌握好最基本的语音规则和拼读规律，甚至不能正确认读音标，而语音知识方面的不足增加了学生学习和记忆词汇的难度。这恰恰表明，学生学习英语感到最难的部分就是词汇记忆，而词汇记忆不好的最重要的原因就是不能理解词汇的拼读规则。因此，解决了语音的问题，无疑会提高学生英语学习的效率和积极性。对此，教师必须把解决语音和词汇的教学当作开始阶段的重要工作来做。此方面可以通过多种途径增强语音教学的趣味性，如可以把含有相同发音单词归类编成有趣的顺口溜、通过身体语言表达等方式帮助学生建立起词汇读音和书写之间的联系，培养学生按照词的读音去判断拼写的对错、根据词的拼写形式判断读音的能力。

4. 做好学生学习习惯的培养

好的学习习惯是学生获得知识、提高能力的有效保证，所以关注学生良好学习习惯的养成在衔接教学阶段具有十分重要的意义。初一教师要以培养学生良好的学习习惯作为切入点，有意识、分阶段地去培养学生的良好学习习惯，建议培养学生以下 4 个好习惯：

（1）朗读的习惯

朗读既可以帮助学生练习口语，又有助于记忆，也可以提高学生学习英语的自信心。因此，教师应鼓励学生开口朗读，养成每天朗读的良好习惯。

（2）阅读和写作的习惯

小学英语教学对于读写教学的要求相对较低，初中英语教学大纲对读写教学有着更高的要求。所以，在教学方面需要教师想办法拓宽学生的阅读渠道，如阅读英语杂志，看英文电影、听英文歌曲等，以此来扩充学生的词汇量，提高阅读能力。与此同时，还要注意培养学

生的阅读能力，提高阅读的有效性和自主性，提倡学生摘抄经典词句，通过模仿慢慢要求学生用英语写简单的日记，逐步养成良好的写作习惯。

（3）使用字典的习惯

指导学生选择一本英汉双解词典，自备一本比较好的英语语法书，鼓励学生自己解决学习过程中出现的生词和语法困难。

（4）记笔记，归纳总结的习惯

学生必须养成课堂上记笔记的习惯，记录的内容要有选择性，对规律性的东西，如惯用法、语法知识进行归纳总结，可达到举一反三的效果。

5. 通过有效课堂完成教法和学法衔接

长期以来，小学英语与初中英语在教学方法上存在着差异，教材衔接系统性又差，因此，要挖掘教材内容的趣味性，运用多样化的教学方法手段有效上好每节课，完成教法和学法衔接。

（1）研读教材，了解学生，调整教法，着重培养学生的语言能力

充分地研读教材，了解初一新生在小学阶段所掌握的语言知识与技能，努力找出教材内容知识和教学方法的衔接点。在教学中直观式的教学方式在初中的衔接阶段应当保持，还要注意根据实际情况进行一定的调整，不能只关注语言形式的教学方法。考虑到学生初入中学必定有一个适应期，针对学生基础不均衡的特点，采用“一扬一抑”的方法进行分层教学，即对未学过英语及对英语不感兴趣的学生，注意培养他们的自信心，如在课堂上简单的问题多让他们回答，让他们不但有表现自己的机会，并获得成功感、满足感。面对那些有一定英语基础的学生，则在保护其积极性的基础上，适时地采用“抑”的方法，提高对他们的要求，让他们明白自己的不足，树立明确的目标，不致骄傲自满，停滞不前。同时，可以根据摸底情况适当放慢教学进度，把复习渗透在新课教学中。教师要注重对学生学习过程的评价，如课堂教学活动的参与情况、预习与复习的情况、作业完成的情况以及背诵的情况，要以鼓励性的评价为主。在课堂上老师评价学生时应经常使用“Well done!”“Excellent!”“Wonderful!”“You’re very gifted!”等积极的话语激励学生。老师对学生的行为都是鼓励和肯定，这无疑会给学生大胆尝试和努力学习的勇气。

（2）加强学法指导，培养学生的自主学习能力

把学习策略列为中小学英语的课程目标之一是具有开创性的。实践证明，善于熟练使用学习策略的学生有可能会取得更好的成绩。初中新生由于对学习的认知能力较低，不知道怎样去制订学习计划和确定学习重点，甚至没有意识去制订学习计划，不懂得去做自我评估和检查。这就要求教师在教学之初就要培养学生制订学习计划的意识，教学生去制定系统的学习策略：这样一来就可以指导学生确立自己的英语学习目标，制订自己的学习计划，运用多种记忆方法，具体有效地掌握知识。

总之，有效衔接需要教师具备一种反思的意识，不断地反思日常教学行为，不断地改进教学方式方法，力求做到有趣、有用、有效。

距中考 100 天时我想对你说

北京理工大学附属中学　孙丽辉

同学们好：

真的有很多话非常想在这一关键时刻——距中考仅仅 100 天时，对我亲爱的同学们说。中考是大家人生的第一个转折点，那么中考前的这 100 天究竟意味着什么？100 天是什么概念呢？

中华人民共和国成立初期，百废待兴。尤其是钢材极其缺乏，一位刘姓青年工人带领着几个志同道合的伙伴硬是在完全没有任何实验设备的情况下，一边看书一边实践，仅仅用了 100 余个昼夜终于炼出了这个工厂的第一块钢。可见，执着能够创造奇迹。

20 年前在炙热的撒哈拉大沙漠中，一支由 7 人组成的考古队在向沙漠深处进发的途中突遭风暴袭击，只有一人幸免于难。当过了 100 天以后人们发现他时，他已经瘦得皮包骨了。而这之前他可是一个高大魁梧、体重 200 多斤的壮年男子。后来有人问他为什么他能够活下来时，他说："第一是运气，因为上帝选择了我。第二是毅力，因为每一次意识模糊想放弃的时候都需要坚定的信念和一定要活下去的信心。第三是希望，我无时无刻不在思念我才刚刚一岁大的女儿，幻想着我们一起玩耍的情景。"可见，毅力能够战胜死神。

其实，同学们要明白，仅仅 100 天，你却能变成一个眼神炯炯、会哭会笑、蹬踢有力的小人，任何人都不能无视你的存在，你用强有力的呐喊向众人捍卫着你不容忽视的人权。可见只有自身的强大才能赢得别人真正的尊重。100 天可以使一粒种子变成果实，能够使弱小变得强大，可以使平凡的生命变得绚烂，而同学们能收获的可能远不止这些。

2004 年我带的高三一班有一个姓左的女生，她自幼患小儿麻痹，因此，已经 18 岁的大姑娘身高只有 1.44 米，体重只有 60 多斤，然而这一切都没有阻止她每天第一个到校，当同学们步入教室的时候，室内已经打扫干净了。讲台上的抹布已经是干净、整齐地叠放着了。怀着无限的好奇，假期我家访了她的家。这才发现她的家那么远，坐公交要倒 3 次车。到她家才发现她还有一个健康的弟弟，而当她递上一瓶红茶时，她弟弟很馋地凑过来说："老师，你可真有福气！我们家很久没喝过红茶了。"这个家很小，只有十几平方米，没有写字台，只有两个大箱子。这么艰苦的条件在北京这样一个繁华的都市真是十分罕见。然而她却那么淡定从容，从不见她怨天尤人，仍然那么一如既往，恬静稳重。新的学期开始了，然而却没有看见她到校上课，开学前，她因为麻痹的小腿血液循环不畅导致心脏供血不足晕倒在台阶上，摔伤了大腿髋关节，因此要躺很长一段时间，也许要错过高考。我急忙打电话问她需要什么帮助，电话那边的她痛哭失声无法言语，此后就再不接电话了。我因为了解她倔强要强的个性，所以也不再打电话给她。过了大约一个半月以后，她突然打电话说老师我想复读，我要去上课。第二天，她果然又是很早来到学校，不同的是她坐在轮椅上。同学们热情地欢呼她的到来，主动帮助她在学校的一切活动。她的用功是你无法想象的，因为她回来时距离高考还只有 92 天，而她之前的成绩在班内算不上好的，因此，为了争取时间她在学校几乎一天都不喝水，遇到难题同学们都争先恐后地为她讲解。就这样忍着巨大的病痛，她终于考上了一所大学，虽然这不是她的理想，而她却也忠心地感谢这所学校为她所做的努力。她现在已经工作，还在不时地与命运抗争。前不久她打给我的电话中还提到那句激励她一生的话："老师，我总觉得没有什么是不可以的，只要我努力就一定能做到。"

同学们，我们总习惯于为别人喝彩，总是羡慕别人的成就，总是不遗余力地赞美别人是如何创造奇迹。其实，你忽视了一个重要的事实：你自己就是世界上独一无二的奇迹。你就能创造一切人间奇迹！

奥巴马当选美国总统之前，除了他自己，全世界都不会有人相信，在至今种族歧视还很有市场的美国，黑人能够当选总统。可奥巴马实现了。他创造了奇迹，震惊了世界，这仍然源自他想当总统的强烈愿望，成就于他为当总统付出努力的过程中！

同学们，什么是奇迹？奇迹就是把常人认为不可能实现的事情给实现了。我们的字典里为什么有"奇迹"这个词？因为世界上不断发生奇迹，而奇迹总是人创造的。不要去看别人，把目光投向你自己的内心，坚定地告诉自己："我，就是创造奇迹的人！"

为什么大家总是怀疑自己，只不过是你不愿意付出超人的努力。如果你从现在开始到中考前的 100 余天里，心甘情愿地付出超过别人几倍的努力，你就能创造奇迹！

一只威力无比的兔子

——对中学生语文学习中惯性思维的一点思考

北京理工大学附属中学 林 琳

我想给大家介绍一只兔子，这只兔子最初来源于美国畅销书《飞向成功》；后来，它“搬家”到了2009年高考全国I卷的作文题材料里；如今，它正住在相当一部分中学生的大脑中。自从搬家到中学生的大脑中，这只兔子就变成了一只威力无比的兔子。

一、思维僵化导致千篇一律

这只兔子的故事是这样的：

兔子是历届小动物运动会的短跑冠军，可是不会游泳。一次兔子被狼追到河边，差点被抓住。动物管理局为了小动物的全面发展，将小兔子送进游泳培训班，同班的还有小狗、小龟和小松鼠等。小狗、小龟学会游泳，又多了一种本领，心里很高兴；小兔子和小松鼠花了好长时间都没学会，很苦恼。培训班教练野鸭说：“我两条腿都能游，你们4条腿还不能游？成功的90%来自汗水。加油！呷呷！”

评论家青蛙大发感慨：“兔子擅长的是奔跑！为什么只是针对弱点训练而不发展特长呢？”思想家仙鹤说：“生存需要的本领不止一种呀！兔子学不了游泳就学打洞，松鼠学不了游泳就学爬树嘛。”

兔子该不该学习游泳？对于兔子学游泳这件事，仁者见仁，智者见智，你怎么看？这个故事又启发了我们哪些道理？对实践会有怎样的指导意义？

应该说，这是一篇很好的材料作文。从材料来看，这个作文的立意既有针对性，又有发散的空间。对于刚刚涉足材料作文的中学生来说，这个作文可以很好地训练学生的审题立意的能力。我们的同学在老师的指点下，终于得到了这样一些比较具体的立意：1. 全面发展的意义。2. 扬长避短才是明智的。3. 做最好的自己。4. 应因材施教。5. 优势与劣势……

这些立意来源于“兔子学游泳”的作文材料，是对材料中的具体情况做了具体分析的产物。当我们对学生比较好地完成了这次作文训练暗自窃喜时，更大的而且是更可怕的问题出现了。

半个月之后，我们做了这样的一个作文训练：

据培育种子的人说，新培育出来的玉米第一代杂交新品种，看上去一点也不饱满，一粒一粒瘪瘪的、瘦瘦的，灰头土脸的，几乎没有什么光泽；而农民用它做种子种出来的玉米，却是穗长、颗粒饱满、色泽金黄。但是如果用这种颗粒饱满、色泽金黄的玉米做种子，长出来的下一代玉米却要减产30%～50%。

要求：选准角度，明确立意，自选文体（诗歌除外），自拟标题；不要脱离材料内容及含意，写一篇不少于800字的作文。不要套作，不得抄袭。

这则材料需要抓住玉米种子所表现出来的不同特点以及相应产生的不同结果，或者关注不同果实与种子之间的承继关系。然而，猜猜一部分同学们有哪些立意？1. 万物皆有用，应因材施教。2. 金无足赤，人无完人。3. 忽略缺陷，成全美好。4. 尺有所短，寸有所长……这些同学又用了怎样的例子呢？没错——“兔子学游泳”。

除了这些偏题的立意之外，同学们还有“什么环境结出好果子”“厚积薄发”等立意。这些立意追本溯源，也都是我们曾经写过的作文立意。

学生为什么会出现对于不同作文题目产生相同立意的情况呢？我想，学生思维僵化是由于思维惯性在作祟。学生在学习的过程中会获得一定的学习经验，但这样的经验往往更多地体现在有形的载体上，比如，一些语言材料，观点看法。这些经验会根据学生的记忆周期被反复直接调用，从而用来完成一定的学习任务。然而，语文学习更根本的目的在于培养一种基于知识层面的语文素养。这就要求，学生对于所学习到的语文知识不是简单重复，而是需要加工、转化成思维能力，被长期储藏备用。由于学生没有比较系统地做加工转化的深入学习，便出现了遇到不同的语言材料，没有能力区别它们各自的特点，无法具体问题具体分析的情况。于是，他们在大脑中搜索就近的相似资料，可想而知，前一次的作文训练的涟漪尚未消退，其力量便“顺理成章”地被这一次的作文审题利用上了。于是，“兔子”再次出现，它像有魔力一般，牢牢地抓住了那些思维僵化的学生们的思想。

不幸再次发生，10 天后，我们做了这样的材料作文训练，材料如下：

为了在沙漠干旱恶劣的环境中生存，仙人掌把叶片蜷缩成针刺，以减少水分蒸发，在大漠中安营扎寨。沙漠大黄则向四面伸展肥硕碧绿的叶片，通过叶片上许多凸凹不平的纹理，将落到叶子上的每一滴水都导流到根部，开出娇艳的花朵。

虽然在恶劣的环境中，无论是仙人掌还是沙漠大黄都绽放出坚韧的生命之花，这种美远远比那些温室中的娇媚之花更具魅力。

“条条大路通罗马”“避开劣势，发挥优势”等立意再次出现，还有不少同学对“兔子学游泳”的例子乐此不疲。虽然不乏聪明的学生给两则材料搭了一个桥，但更多的学生已经被这只威力无比的兔子“俘虏”了，他们熟练地重复着一只兔子学游泳的故事，仿佛“沙漠大黄”“仙人掌”跟他们没有任何关系。我说的没错吧？我们的确遇到了一只威力无比的兔子——一只可以让学生的作文千篇一律、思维僵化，固执地存在着的兔子。

二、储备太单薄、思维有惰性

让我们来更深入地探讨一下学生思维惯性的问题。还是拿写作文为例。

2013 年年底，重复出现老人摔倒无人扶的事件，还有摔倒老人讹人或者摔倒老人不追究撞人者的情况。这一事件引起社会对人们道德良知的普遍审问和思考。应该说，这一问题被中学生关注是一件好事，因为这本身就意味着中学生具有了一种对社会发展的深入观照和基于社会责任感的思考。

可是，这个学期短短 4 个月中，老师们一次又一次为这位“摔倒老人”感到深深的同情。在“中国式过马路”的材料作文中，我们看到了同学们列数中国人道德水平低的事例中，有“老人摔倒无人扶”；在题目为“常识”的命题作文中，我们看到同学们写当代社会人们把尊老爱幼的常识抛在脑后，而仍然有“老人摔倒无人扶”；我们也看到一次考场作文中，一个“这与我有关”的作文题目，全年级 80%的同学写到了社会责任感的话题，并举“老人摔倒无人扶”之例；甚至，在后来一次题目为“出格”的作文训练中，还有相当数量的学生写到“老人摔倒无人扶”，这种做法是“出格”的……

且不说“老人摔倒无人扶”这事是不是真的“出格”了，然而起码这个句子读下来，其别扭程度不亚于尚缺乏社会经验的小孩子造出来的逻辑混乱的句子。而“与我有关”的事每个人都该有所不同，可是大家为什么好像是一个流水线上生产出来的呢？是不是真的日子过得太枯燥，每个人的生活的确千篇一律呢？

究其原因，我想提出两点：储备单薄和思维惰性。

学生写作文，为什么选材如此单一？因为学生素材实在匮乏，可以调用的储备单薄得很，比起古人动辄引经据典，当代的学生们实在是文思枯竭。然而学生长了这么大，又学了那么多年，身为高中生，也不是一点储备也没有。可是，学生们思维惰性又太强，仿佛一旦需要他们回到久远的记忆库中动用一点能源，就是什么大伤元气的事，避之唯恐不及。所以，最近见过什么，或者学过什么、用过什么，就像一把“万能钥匙”一般，被学生们请来送去；至于用得对不对，好不好，学生就很懒得去琢磨了，这便是学生思维的惰性使然。

语文老师们肯定常常遇到这样的情况：最近诗歌鉴赏题中出现了某个手法，比如，“衬托”或者“借景抒情”，老师仔细分析了一番，学生们听得明白，印象深刻。那么接下来，学生们会主动挖掘他们见到的各个诗歌中的“衬托”或者“借景抒情”，而且，他们会解释得头头是道，令你不禁惊叹。可是两个月前，你告诉过他，什么叫作“虚实相生”，什么叫作“托物言志”，什么叫作……真到该用时，他们已经忘得一干二净了。我想，这种“就近原则”，实在是学生思维惯性的典型表现，细想，也就是储备单薄不扎实、思维单一太懒惰的问题。

三、拒绝浮躁简单，主动积累思辨

这种现象与他们单调的生活经历不无关系，更重要的是，倘若当今学生的大多数经验来源于书本或网络，那么，我们也必须看到，“快餐”时代的学生们实在有点太“健忘”，有些素材注定是没有营养，所以学生们培养了“看看就行”的习惯，以至于学生的大脑成了一个货仓，被人把“货物”搬进来，又很快送出去，然后再搬新的进来，再送出去……周而复始，却没有留下什么。可是“货仓”的功能是商人用来囤货赚钱的，功利得很。

然而，学生们的自我定位不可能是一个货仓，那就意味着学生们的学习本身就要拒绝浮躁、拒绝为了应付而产生的思维反应，因为这种反应发生的次数多了，就会演变成思维习惯，思维习惯倘若僵化、粗浅了，还期待什么人才呢？人才需要的思维方式是思辨的。思辨意味着当别人看一个事物，只看到了 A 面和 B 面时，你还得再去探究它有没有 C 面、D 面甚至更多面，我们得去主动观察，细致推敲，合理联系，审慎验证，去发现更大的世界和更强有力的思想。

可是回过头来，有一个问题必须解决：怎么能够做到“思辨”呢？我就是发现不了 C 面、D 面，怎么办？

你看过侦探片吗？警察或侦探不放过任何蛛丝马迹最终找到凶手，可是这些的前提是要先找到蛛丝马迹。那就需要有“视野”，有“经验”。视野和经验靠什么？深阅读、慢生活、细体验等所有主动感知并乐于储备的东西，并且需要达到一定数量，随时可被调用。

回到“兔子”身上，“兔子”也是有营养的，但是它的营养需要学生用鲁迅先生“拿来主义”的态度去对待，要知道，它只是一只“兔子”，一个人仅仅是因为思想的懒惰、简单、图省事，就被“兔子”绑架，不是太可悲了嘛！

需坦言，大多数学生的学习作风不是孜孜以求型，所以，这些学生学习的初衷和目标就是完成任务。但是，人格、思维、意志不也正是在这一次次简单或僵化中被自我放逐了吗？我相信，这个时代，没有那么多切肤之痛的事让学生们去成长，学习是成长的重要方式，语文学习是思维成长的重要方式。那么，拒绝浮躁和简单，蓄积知识再主动思辨，才是我们学习语文的方式，也是学生们思想成长的途径。

走出去，再走回来

北京市第五十七中学　王新平

每每回想起自己的大学时光，印象最深刻的一定是野外的地质、水文、生物等考察活动。触摸自然、登山徒步、师生交谈远比课上只听老师讲课有意思得多。我想大家应该跟我一样感同身受。参加工作 8 年以来，随着对教材、《高中地理新课程标准》和《高考说明》理解的不同，对课堂驾驭能力的不同，我在不断尝试适合自己、更适合学生的教学方法。

对于必修一第二章第三节《地壳的运动和变化》中的“岩石圈的物质循环”部分，教材用一幅示意图和简短精练的文字讲述了三大类岩石的形成过程及与岩浆的相互转化关系。内容看似很简单且容易记住，但这种循环发生在地质时期，且在不同地区间、地球内部圈层间，对于学生而言，很难真正理解这种大尺度空间和时间的物质循环过程。近几年，高考也更侧重于对岩石圈循环过程而非结果的考察。

同时，《普通高中地理新课程标准》对本部分内容提出的活动建议是“根据本地条件，进行地质、地貌、水文等野外观察”。而新一轮的地理课程改革将地理实践力、人地协调、区域认知和综合思维并列为地理学科的核心素养。其中，“地理实践力”更加凸显了地理学科对于培养学生实践能力不可替代的作用。因此，针对这部分内容，我改变了以往以展示岩石图片和简单落实岩浆与三大类岩石间的转化关系为主的教学方式，采取了带学生“到野外进行地质考察，再重返课堂实验探究”的方式，即“走出去，再走回来”。下面我将操作过程跟大家分享一下。

一、走出课堂，走进大山

门头沟区地处北京西部山区，这里位于近东西走向的燕山山脉与东北西南走向的太行山脉的接合部位，地层发育齐全，从太古界到新生界的地层单位均有出露，并且经历了不同程度的区域变质作用，其地层和岩石在华北地区均具有典型性和代表性。其中，位于门头沟西北部的沿河城分布着大片的辉绿岩、花岗岩、石灰岩、大理岩，这为我们学习岩石圈的物质循环提供了特别直观的素材。

利用我们学校距门头沟区较近的优势，我带学生走进了门头沟区沿河城，学生看到高大褶皱山体的出奇兴奋、采集岩石标本的小心翼翼、听专家讲解的全神贯注、查资料做实验的全情投入……至今仍浮现在我眼前。本次考察途中发现了古火山的两个地质剖面和大块的层理清晰的沉积岩，采集了相应的岩石标本。这为学习岩浆岩、变质岩和沉积岩的形成过程提供了特别直观形象的素材；同时，途中还看到了高大的褶皱山体，这很形象地再现了地壳运动的结果，学生也深刻感受到大自然的鬼斧神工。

二、重返课堂，实验探究

虽然在考察现场有专家的讲解，但要构建完整的知识体系还需要在课堂上进一步探究并加以梳理。为此，利用地质考察中获取的不同的素材，我设计了 4 个活动，即探秘前世——岩浆岩的形成过程，解读今生——变质岩的形成过程，预测未来——沉积岩的形成过程和绘制图像、构建体系这 4 部分来展开岩石圈的物质循环部分的学习。

1. 探秘前世——岩浆岩的形成过程

围绕上面是喷出型岩浆岩，下面是侵入型岩浆岩的地质剖面，首先让学生猜测这种地质现象是怎么回事。学生进行大胆的猜想，进而引导学生观察：上、下岩石各有什么明显的特点？学生很快发现上面的岩石有很多气孔，而下面的岩石有明显的晶体构造。接着再提出问题，这些岩石是怎么形成的呢？其气孔、晶体从何而来？当学生思路受到限制时，提示这种岩石可能为岩浆岩，于是学生联想起以前学习过的岩浆、岩浆活动的相关知识。教师通过提示岩浆的成分和化学上的“熔点”知识，部分同学能推理出其形成过程。

而对于气孔构造的岩石，有同学依然很难想象出来。为此，我在班里播放了提前录好的“模拟岩浆活动的实验”微视频。该实验用到的器具有：沙子、塑料小瓶、吸管、漏斗、土、番茄酱、碳酸氢钠粉末、硫酸。具体的操作步骤是：① 将塑料小瓶瓶盖的中间位置穿眼，将吸管插入。② 将碳酸氢钠粉末、番茄酱、土按 1:1:1 的比例混合，导入塑料瓶中，并搅拌均匀。③ 将塑料瓶放置好，并将沙子倒在其周围，做成锥状。④ 将稀释的硫酸通过漏斗导入塑料瓶中。通过该模拟实验，学生很容易理解了气孔状构造的岩石的形成过程，同时也知道了岩浆通道、围岩这些没学习过的地质概念。这为进一步研究变质岩的形成奠定了一定的基础。

因此，笔者通过带有启发性、并层层递进的问题链，使学生去观察地质现象和岩石的特征，查阅各种资料并联系已有的知识，动手采集岩石并进行实验模拟。通过学生自己动眼、动手、动脑，不仅认识了岩浆岩，理解了沿河城这一上、下岩石明显不同的地质现象的形成过程，还推断出沿河城曾经发生过火山喷发这一地质事件。更为关键的是，通过这次对沿河城这一地质现象的考察，学生学会了运用所学过的地理及相关学科的知识和观点，去推理未知的地理规律和原理，有效地培养了学生发现问题，并通过查阅资料、做实验等方式去探究问题的学习能力以及合理的推理思维能力。

2. 解读今生——变质岩的形成过程

围绕火山通道及围岩的地质剖面，我先让学生猜测火山通道在哪里，接着提问火山通道周边的围岩在岩浆喷出过程中可能会发生什么变化。学生有了前面知识的铺垫，会很容易得出变质这一结论。而对于变质之前的岩石类型，我同样采用了实验的方法，即将稀盐酸滴在岩石标本表面，学生很容易发现有大量气泡冒出，同时反应很剧烈。因此，很容易发现围岩的基岩为石灰岩这一沉积岩，它在高温高压条件下，其成分和结构会发生变化，从而形成新的岩石——大理岩这一典型的变质岩。

3. 预测未来——沉积岩的形成过程

围绕上面是喷出型岩浆岩，下面是侵入型岩浆岩的剖面，提示学生仔细观察下面的岩石特点——发生了明显的破碎，接着提问其从形成之初的坚硬的岩石到现在的破碎状态，可能发生过哪些地质作用？预测将来会形成哪类岩石？同时出示层理状岩石的图片，学生通过阅读教材，结合图片，也很容易能预测出岩浆岩通过一系列的外力作用能形成新的岩石——沉积岩。

4. 绘制图像、构建体系

学生结合前面所学，并参照课本上的示意图，绘制出完整的岩浆与三大类岩石的转化关系图及相应的地质作用。

本节课讲完之后，当堂对学生做了测试。用的是 2012—2015 年的北京高考试卷的有关本部分的选择题，学生的正确率能达到 60%。

因此，通过本节课的摸索和尝试，我深刻地认识到“走出去，再走回来”这种模式很好地契合了地理新课程改革的要求。既可以很好地发挥学生的主体地位，培养学生的观察、探究、推理和实践能力，还可以增强学生学习地理的兴趣和师生间的感情。当然，鉴于教学内容的不同、师生特点的不同及学校环境的不同，我们应该设计不同的教学方式，但新课程标准提出的核心素养永远是我们教学的指向灯，让它时刻引领我们，创造出一节又一节精彩纷呈的课堂吧！这也将是我一生不懈的追求。

品德课堂的几点反思

北京市第五十七中学　杜　琰

学生的发展应该是多领域的发展，包括知识、情感、人生。新课程标准确立了思想品德课（以下简称“思品课”）以情感、态度、价值观目标为核心，兼顾能力目标、知识目标三位一体的课程教学目标。在这种大好形势下，摒弃旧的教育观念，让思品课堂脱掉枯燥、乏味、说教式的帽子，努力向最受学生欢迎的课堂这一目标迈进，成为我们迫不及待需要解决的问题。

一、思品课堂应该是自主、合作、探究式的课堂

教学过程是师生间共同参与、交流、互动的过程。说到根本上，是教师指导学生学习的过程。要让思品课堂成为最受学生欢迎的课堂，就必须牢牢树立以学生为主体的观念，摒弃填鸭式、强行灌输的教学模式。因此，教师要转变教学观念、教学形式，把主动权交给学生。那么，自主、合作、探究就是一种很好的教学形式。教学中教师要做到：

1. 转换角色，教师由教学过程的操作者、主宰者变为引导者，让学生由被动的接受变为学习的主人

在此，教师的引导可以通过创设情境、选取典型材料、设计学生活动以及有针对性的问题等形式来发挥作用，让教师的教与学生的学遵循问题解决式的思路，从而引导学生自主、合作、探究。例如，《隐私受保护》这一课主要围绕“怎样保护自己的隐私和怎样不去侵犯他人的隐私”这一问题展开讨论。为此，我列举一些生活中的侵犯隐私现象，让学生展开讨论：能偷看朋友的 QQ 聊天记录吗？能公开同学的日记吗？等等。让学生们辨明是非，弄清楚什么是侵犯他人隐私的行为，再进一步举些具体的事例让学生们一起讨论分析。寓理于例中，学生就自然会主动到书里寻找理由，寻找法律根据，并互相交换意见，合作探讨，最后加以解答。这样，学生在案例分析过程中、一个个问题的引导下分小组进行合作探究、交流，达到心灵的碰撞、情感的升华，从而提高独立思考、合作探究、发现问题、分析问题和解决问题的能力。在这一过程中，教师也充分发挥了引导的作用。要注意的是教师的引导不能忽视知识点的及时生成和知识网络的构建，以便使学习更加有效。

2. 充分相信学生，全方位放权

学生能自学的知识留给学生自主学习，学生有能力回答的问题留给学生自主思考作答，学生不容易回答的问题放给学生自主合作探究。总之，让学生在自主学习中培养阅读习惯、独立思考精神和发现、分析、解决问题的能力，总结概括的能力。

3. 丰富教学形式

可采用自主式、讨论式、辩论式，记者采访、小品表演等形式，强调学生之间的合作，共同解决问题。

二、思品课堂应该是情感化的课堂

曾记得索利特尔富在他的《教育心理学》中说到：无论何时何地，对学生多一分期待、多一分认真、多一分信任、多一分鼓励，他们同样会给我们多一分的惊喜。我想这就是师生

之间的一种情感的交流，这种交流也只有在平等、民主的氛围中才会出现。由于这种交流，学生也会“亲其师而信其道”。明白了这个道理，在课堂教学中我会时刻提醒自己注意自己的一言一行，以平等、民主的态度、方式和情感去了解学生、关注学生。例如，在以前的教学中，一上课就板着脸批评、数落学生的现象经常出现，这样很容易使自己和学生间产生距离感，互相无法靠近。所以，在每节课的开始我试着采用鼓励性的语言、微笑的表情去激励学生，感染学生，使学生情感愉悦，精神振奋。除了此种交流之外，我还会在不同的情境下给学生送去不同的眼神：当发现有学生注意力分散时，用目光去暗示、提醒；当学生回答问题胆怯、畏缩时，用目光去鼓励、支持；当学生犯错误时，目光应严厉而诚恳；当学生有所进步时，应换成赞许、信任的目光。特别是对一些后进生切忌用鄙视、厌恶、轻蔑的目光对待他们，那会损伤他们的自尊心，使他们产生逆反心理，换之用一种期待、信任的目光让他们看到希望、增添力量。现在的学生有鲜明的个性、丰富的情感，他们需要理解，需要宣泄，需要沟通。把课堂看作情感交流的场所，用自己良好的情感激发学生说真话，培养学生强烈的爱憎、好恶之情，点燃学生思想的火花，唤起学生探索真理、积极向上的欲望是我们教师神圣的使命。再者教师在上课时微小的动作也能消除与学生间的距离。如布置学生分组讨论后，我不会站在讲台冷眼旁观，而是来到各小组，认真听，参与其中，必要时可以在组内发言；看到学生开小差，可以拍拍他的肩，摸摸他的头，暗示其改正；上课与学生谈话时，要上身略有前倾，要让学生知道老师是真心真意地对待他们，从而收到意想不到的效果，大大增进了师生间的情感交流。

三、思品课堂应该重视及时有效的评价

“罗森塔尔效应”告诉我们，鼓励和信心的教育作用是不可忽视的。我们每个人都渴望得到他人的肯定和赞扬。初中生对一切事物充满好奇、自信。所以，作为教师我们应该学会赏识学生，善于发现学生的闪光点，给予肯定和鼓励；应拿起表扬的武器，帮助学生维持积极的情绪，树立“我能行”的信心。

在我的日常教学中，有的课堂评价语言形式过于单一，只是简单地重复着“太好了！”“你真棒！”“你读得很好！”到底好在哪里？评价很笼统，针对性不强，缺乏一定的导向作用。要使课堂评价真正具有激励作用，要求教师课堂采用多样、灵活、生动、丰富的评价语言，杜绝笼统模糊、千人一面、千篇一律的评价，并对课堂评价用语提出了具体要求，课堂上抓住学生的不同特点，给学生一个具体的、恰当的评价，即要有针对性、启发性、真实性、引导性、激励性、艺术性等。

四、思品课堂不应忽视学法的指导

学生的主体作用是在教师指导下得以充分发挥的。因此，教师的教学不仅是“授之以鱼”，更重要的是“授之以渔”。每位教师除了对教法的研究外，还更应注重对学生学法的研究。经过反复实践和探索我得到以下启示：① 具体指导学生运用知识解决问题的方法和步骤，如对初中政治材料分析题的一般步骤和方法是：第一步，审问题，抓关键信息，确定“题型”。第二步读材料，抓关键词句，分层，确定“主题、中心、方向”。第三步，回扣教材，找到相关的原理或观点，确定“结合点、知识点”。第四步，组织答案，再确认“题型”。开阔思路的方法是，围绕材料反映的中心问题打开 3 条思路：第一，为什么？（原

因）第二，怎么样？（意义或影响）第三，怎么办？（措施方法）② 通过典型训练题的典型示范作用，具体指导学生的学习方法。学生只有掌握了解题的技巧、方法，才能在知识的海洋中如鱼得水，游得轻松、畅快。

以上是我根据教学实际所谈的几点认识，在以后的教学中我会继续探索思品课堂教学，努力向有效课堂这一目标迈进，充分发挥学生的主观能动性，集思广益，使学生成为课堂的主人。我想只要我们教师遵从新课程理念，认真钻研教材，选择灵活多样、切合实际的方法，就一定能够激发学生的学习兴趣，就一定能够上好思想品德课。

第三章　教育教学故事

苦中作乐，成就自我

——一个“坏”教师的自白

北京理工大学附属中学　沈洪博

我认为，就“教学”一词来看，我们的教学活动是应该分为教与学两部分的。这其中，“教”是教师的事儿，而“学”则是学生的事儿。缺少任何一方或任何一方的短板效应都会造成不能有效地完成教学活动。然而现在看来，我们很难从说教的角度改变青春期的学生对学习的抵触情绪。但我们能做的，唯有通过不断地改进和完善我们“教”的方式和方法，从而让学生能够被引导甚至自己主动地去“学”，这样才能真正优质高效地完成教学任务。

下面就和大家分享一下我教学生涯中的一些小“歪”招。归纳成 5 字真言：“坑”“猛”“拐”“骗”“偷”。

一、“坑”

人往往都是疼了才长记性，错了才有触动。因此，所谓“坑”，就是在教学中，给学生制造陷阱，眼睁睁地看他们往里跳，1 个、2 个、3 个……1 次、2 次、3 次……其乐无穷。

“坑”对于老师们来说太容易挖了，但是挖的时机和位置很重要。我经常爱挖这样两类“坑”。第一类：“定理概念坑”。我认为对于理科而言，概念定理是历经一辈又一辈的人，不断地探索、总结出来的精髓，每一个字都有它不可缺少的重要作用，但学生往往对此不屑一顾。

例如，在讲垂径定理时，定理得出后，我们往往让学生分析它的条件和结论，然后将条件和结论互换，推导出垂径定理的相关推论，一节课下来学生很是得意，最后还会总结“知二推三”。此时，给他们当头一棒是再好不过的事儿了，平分弦的直径垂直于弦，并且平分弦所对的两条弧。是否正确？很多同学不假思索地回答正确。你不作声，思维严谨的同学马上就会好好分析这句话了，会发现如果这条弦是直径，那么这个定理就错了。这样的定理表述“坑”，不仅可以培养学生文字和图形之间的转化能力，更是对学生逻辑思维能力和审题能力无形的培养。

第二类：“万人、万次坑”。我经常和孩子们说这样一句话：“在同一个地方跌倒一次就爬起来的那是神，不是人！所以像我们这种经历过无数次跌倒又站起来的‘神’就可以冷眼看着还未成为神的人，在同一地方不停地跌倒、爬起，再跌倒、再爬起。”你看你又错了，其乐无穷！

我觉得这个“万人、万次坑”的第一个组成就是课堂小测。说明：时间紧不一定能做到当堂内容当堂测，但一定要当天内容当天测，要求不能多，贵在精，限制在 5 分钟之内。例如，学生在学习乘方的概念后，经历几道例题和练习后，认为很简单，就不再用定义去解题了，也不理会你给的文字表述：1 的平方的相反数和负 1 的平方的区别。午休 1 个小测就再好不过了，一堆需要辨析的计算放在一起，课上不够认真、细心的孩子顿时就崩溃了。这个“坑”就起到作用了，面批改错的时候，他得文字表述吧，他得用定义去解释吧，效果达到了！

“万人、万次坑”的第二个组成就是章测（月考）。在设计章测时我一定要将小测中出错的错题，再次展现。眼睁睁看着又一批勇士跳进曾经的“坑”里，嘲笑一番是避免不了的了。

很多老师到此结束了，我认为不够。“万人、万次坑”的最后一个组成就是章测错误点变式反馈（不要多，一定是共性的问题，平时忽视的考点）。比如，海淀区某次统考中选择题的最后一题，重点考查二次函数中 a 的作用，讲评过后一道相同考点的复测就可以很好地考查学生的掌握情况。这样做就能够使我们的讲评达到最优化的效果，也能够让孩子及时巩固已掌握的解题方法、策略、考点，也更能够培养孩子的自信心，使优秀的孩子更加优秀。这些“坑”在我看来就是先死后活的好方法。能爬出“万人、万次坑”的孩子就是“神”!

二、“猛”

有这么一句话说得挺好：“软的怕硬的，硬的怕不要命的。”所以，在我们面对“软硬不吃”的学生时，我们得“猛”，得“不要命”。相信各位老师们都会遇到那么几个不写作业还捣乱的孩子。一旦控制不住，就是星星之火可以燎原啊！怎么办呢？我的歪招就是“死磕到底”。以前是住校，3 次不完成作业的，放学后你陪我度过一周漫漫长夜，啥时候写完作业，啥时候算。学生有一次惨痛的经历，就再也不会尝试下次了。后来有了家，就不能连续一周了，但北京好，每周总有那么一天车限行，一人在办公室待到 8:00 无聊啊，请一两个本周课堂、作业出问题的小朋友陪我坐坐，看着他们无奈又无聊的表情，真是高兴啊！

当然，“死磕”也有前提。第一，家长全力支持，配合。一般情况下，这类孩子家长都管不了孩子，家长们巴不得老师出手呢，约订好时间过来接孩子就行。第二，作业一定是在他能力范围内可完成的。如果留的作业都不会，别说 8 点，就是留他到第二天上学也没用啊！因此，对于我的要求就要高，作业一定要分层（对此我做得也不好，还在不停地摸索中）。

（1）作业难度分层

我们一定要承认学生能力有差异的客观事实，因此我们就要设计难易有别的作业。第一层就是课堂例题的变数（基础薄弱生）。第二层知识点的灵活应用（中档生）。第三层将所学知识综合应用（尖优生）。

（2）作业量分层

对学习有困难的学生，适当减少他们的作业量，课堂例题配练两三题足够。减轻他们的负担，培养他们的自信。中档生可以适当多些，各种知识点应用的变形有价值的都可以在作业中体现，手中的两三本练习册共性的内容就是首选。尖优生除完成中档生的作业外再多加一道思考题。

（3）评价分层

心理学家指出：学生学习兴趣和学习习惯的养成，在很大程度上依赖于教师的评价。因此，为了激励学生认真完成作业，适当的点评很重要。

“猛”不仅仅是“死磕到底”，有时面对作业这种改变不了的事情时，我们就要改变面对这个事情的态度。在持久战中，我们不停地提升个人的战斗能力不是更重要的事情吗？

三、“拐”

仅有“挖坑、死磕”是不成的。学生不买账，怎么办？“拐之”！其实用个优美一点的词可以叫作“引导”。对于自然科学来讲，“拐着”学生学还是相对容易的。

1. 用身边的人或事举例子

这样的好处在于让学生觉得很近，乐于接受，更乐于主动解决问题。例如，讲概率时，拿俩骰子做演示，学生们会兴趣倍增。再比如，老师的示弱：“你脑子转得太快了，我反应不过来，你到前面讲。”学生信心满满，讲的往往比你讲的效果好多了。再比如有学生走神时，你就用 250、38、290、WC、BT 举例子，他们会立刻注意力集中。当然，这些听上去都是些歪招。偶尔用之，效果甚好。

2. 顺口溜帮助记忆有奇效

数学中一些常用的辅助线，对于程度不好的学生确实有点难。这时候顺口溜发挥了巨大的作用。例如，圆中常用的辅助线：有弦就做弦心距构造直角三角形，见到直径想直角，见到切点连半径。直线形中常用的辅助线：题中有角平分线，可向两边作垂线。线段垂直平分线，可与两端把线连。三角形中两中点，连接则成中位线。三角形中有中线，则把中线一倍延。成比例，证相似，通常要作平行线。当孩子们真的遇到难解的题时，想一想未尝不是一种有效的提示啊！

3. 第三点，也是最重要的一点

如果没有这第三点，以上两点形同虚设。第三点是什么呢？是课程自身特点对学生的诱惑，这才是学生爱学习的原动力。但大家想一想数学、物理、化学摆在那儿，没人传授，孩子们会爱学吗？此时，就需要我们教师利用我们的课堂教学去启迪学生的智慧，让学生通过我们内化了的知识，理解所学科目的本质，通过我们身上所具有的数学（某一学科）思维的特点，来激发学生的思维。比如数学，当学生从抽象的数学知识中挖掘出丰富的数学思想，从繁杂的数学题目中提炼出数学思维的特点与方法时，你会从学生的眼神中看到他们学习数学带来的自信、智慧的光芒，无须“拐”，反而是“被拐”。因为，此时你才能体会我们数学教师的价值所在。

和大家分享一篇小文章：

缘起：有一种失败叫瞎忙

一位老禅师发现自己有一个徒弟非常勤奋，不管是去化缘，还是去厨房洗菜，这个徒弟从早到晚，忙碌不停，眼圈越来越黑。终于，他很困惑地来问师傅：他很累却没什么成就的原因。

老禅师让徒弟拿来平常化缘的钵，让他先拿来核桃把钵装满，接着问小徒弟：“你还能拿更多的核桃往碗里放吗？”在得到否定的答案后，师傅又让徒弟捧些大米来沿着核桃的缝隙倒进去，一直放到开始往外溢才停下来；接着又倒进少半碗水将缝隙都填满；接着又把一勺盐化在水里，水却一点都没有溢出去。

这时小徒弟的领悟是：“时间只要挤挤总是会有的。”

老禅师却笑着摇头：“这并不是我想要告诉你的。”

接着老禅师把钵腾空，先放一勺盐；再往里倒水；倒满之后，再往碗里放大米的时候，水已经开始往外溢了；而当碗里装满了大米的时候，碗里已经放不下核桃了。

老禅师说：“如果你的生命是一只碗，当碗中全都是这些大米般细小的事情时，你的那些大核桃又怎么放得进去呢？”

小徒弟这下彻底明白：当整日奔波，异常忙碌时，很有必要首先辨别：什么是生命中的核桃？什么是生命中的大米？

什么是教师专业成长中的核桃呢？我觉得就是我们自身的学科素养，是我们自身在所教学科上的造诣。如何提升我们的学科素养呢？第一，静得下心来，耐得住寂寞。教学，一个最质朴的定义，就是把自己的经验传递给学生。从我作为一个数学老师的角度考虑，学数学，主要的活动方式是解题。因此，就要求我们数学老师静得下心来——做题，耐得住寂寞——搞解题研究，波利亚说：“数学教师要有解题的好胃口。”你自己没有解题的经验，用什么传递给学生？第二，平时的课堂教学中要不断地研究、积累和创造。教学本身从某种角度说就是一种不断创新的过程，人云亦云盲目照搬，没有经过自己深刻地思考和体验，没有自己的学术观点，这样的教学不会是有意义的教学。第三，积极参与教研活动。走出去，进修、听评课、主动承担公开课，参加比赛，等等。和优秀的老师们交流沟通，和专家、大家们交流沟通。有那么一句话：如果您想聪明，那您就要和聪明的人在一起，您才会更加睿智；如果您想优秀，那您就要和优秀的人在一起，您才会出类拔萃。读好书，交高人，乃人生两大幸事。

教学研究，既需要书桌前的深思，更需要讲台上的历练，也需要同行间的行走、学习。总之，有多大的付出，就有多大的收获；有多深的思考，就有多大的提高！

四、“骗”

说实话，初中生“很好骗”，但骗也要有高明手段。量化评比积分卡就是我的手段。

1. 建立课堂奖励机制

“问题是数学的心脏”，数学学习很重要的一个方面是学会“问”数学。沉默的课堂要不得，要使更多的学生愿问、敢问、会问，积分卡奖励机制就大大地增强了学生们“问”数学的欲望。要想获得积分，必须通过提问和答题两种方式来获得。当然，提出的问题要有效、值得思考、值得琢磨。解答要多样、简洁，具备发散性思维，才能获得更多有效积分。

2. 启动小组竞争模式

这是一种集体竞争的有效手段，我的小组优胜积分卡就用于此。小组之间开展“我的早读我做主”和“小组 PK 赛”两种竞争模式。每组承办一个数学早读，要求：① 两道有一定难度的题目。② 所考查的知识点必须是已经学的或正在学习中的（不允许超纲）。③ 每周五上传至班级公共邮箱中（周末有充足的时间思考）。④ 把握时间（早读前画好图）用好早读完成两题的讲评，总结。

这样的“权力”下放，使孩子们的积极性和创造性提高了。一来想难倒其他同学，因此，在题目的选取上往往是以崭新的形式呈现出来的，让对方看起来觉得新奇，做起来感到费劲，在对方面前显显自己的能耐，也“秀”它一把。二来自己需先做一遍，并且思考是否存在多种解法，组织语言，归纳总结，不仅考查了学生知识的储备量，更考查了学生的数学思维和方法。在比个高低、分个上下的过程中，不难看出，每组学生都有拼搏向上、挑战自我的精神，既张扬了个性，还过了把“主宰瘾”。

小组 PK 赛，就是将小组每名同学的成绩进行捆绑的一种竞争机制。每次测试按组评比，将组内均分发至家长群，且按名次将积分记录在学生的平时成绩中。这样，就大大提高了组内成员的互助，进而达到共同进步的目的。

3. 作业随机检查

提高“有效”性；说实话人员少时传统的作业批改方式可以保证课前完成全员批改，一旦学生人数增加，这样的批改方式效率太低，数学课往往在前两节，如果等待我批改完作业的话，就会造成反馈不及时，昨天存在的问题还没有解决，今天又积累了新的问题，大大降低了作业、新课的效能。那么，一些相对可行的办法随之产生。方法一：定时发作业答案到家长群中，孩子自批自改，可以在群中及时反馈问题，第二天课堂统一讲解。此种方法，家长需起到一定的监督作用。方法二：课堂随机抽取学号，或随机抽取男女生代表对答案，说考点，自批自改。此种方法有激励作用，若一名男生或女生对答案时全程无错误，除为男生或女生赢取莫大的荣耀外，还可以为自己获得更多的积分。方法三：作业中的题目会定时以小测的形式再现，小测我一定亲自批改，错误严重的同学一定要改错后面批，面批过程中不仅要讲明白，还要随时接受变式的刁难。这还不够，还要将反馈及时发给家长。学生是万般无奈，却也没有办法，唯有认真完成作业，提高作业的质量才是上策。所以，我的懒成就了学生良好的学习习惯。

4. “发动群众斗群众运动”乐趣无穷

组组之间竞争还不够，每名学生之间也要竞争，即同伴竞争。其实每个学生心里都有把尺子。他们非常清楚自己是什么位置、班中的其他人跟他的位置关系如何。越是优秀的学生越有不服输的精神，尤其是对跟他们心理位置相当甚至不如自己的人。利用他们的这种心理，找一些位置相当的学生，进行有益的语言心理刺激，调动内部矛盾，可以转化为学习动力。有时候一声叹气，一个眼神都能激发他们的热情。但是这种挑唆最终是会被发现的，有时他们也心里很清楚，但是那种不服输是无法抗拒的，即使被老师“算计”了，也只能对我说：“‘沈大大’太‘阴险’了。”

五、“偷”

鲁迅笔下的孔乙己曾经说过，窃书不能算偷。我说：“况学问乎？”其实上面的很多做法都是我窃取来的，在这里，真心地感谢那些心甘情愿被“偷”的老师们（特别感谢武智老师的分享与指导）。我一定会努力继承和发扬这些光荣的传统，在教学的这块沃土上扎根、发芽！

回顾 11 年的教学生涯，“坑”“猛”“拐”“骗”“偷”着实让我成长了很多，不仅让我打下了一个较为扎实的教学功底，初步形成了我自己的教学理念和教学风格外，更重要的是，我学会了如何落实基础，如何对学生实施个别教育，如何培养学生学习兴趣、激发学生对知识的渴求，如何启迪学生的智慧、让学生理解数学问题的本质。只有苦中作乐，方能成就自我！

最后和大家共勉一句话：好的心态让你成功，坏的心态毁灭你自己。成不成功，在于态度；快不快乐，在于心态。激情创造未来，心态营造今天。

持护材之心，育芳庭嘉木

北京理工大学附属中学　安文娟

2016 届的文科班成绩斐然，取得了突破性的进步。回顾高三这一年的大文联工作，最深切的感受就是大文联 7 位老师的精诚团结协作。正是在这 7 位渊博仁爱的园丁的共同呵护下，才有了今日的芳庭嘉木，文联一家亲。

在文联成立之初，所有的文科老师内心是沉甸甸的。我们面临的是一批怎样的新文科生呢？我们从数据来看一看，（9）班这个文科实验班成立之初 46 人，分班数据里，语、数、外 3 科均分均是低于理科普通班的；到高考之前，（9）班人数依然保持在 49 人，热腾腾的教室里，满满都是人和梦想。（10）班成立之初 42 人，分班数据里，年级后 20 名中（10）班占据 12 席位，此外，另有 5 人身带处分，13 位体育艺术特长生，5 个意向出国学生。

如何对待这样一个庞大且七零八落的文科集体队伍呢？

一、班级管理理念：育人为主，对学生的终身负责

庞大的 88 人集体，人人都是文综爱好者尖子生？人人都是材？答案是否定的。据调查，班级中真心从文的孩子不到 1/6，大部分是理科学不下去了，觉得换棵树吊吊，自以为文科背背就行，比理科简单；此外，还有天王、金刚、葫芦娃、七仙女等不爱学习的“废柴”们。如何将这些“废柴”也烧出一把火，育分还是育人？这是班主任，尤其是（10）班面临的最大的挑战。

育人，那就是对学生终身发展负责，对学校负责，对家庭负责，对社会负责，不会出现立竿见影的分数提高，而是致力于学生长远的进步，让学生走向社会是一个对他人、对国家有温度的人。当然，如果转化顺利，他的分数自然也会提高。育分，自然就是无论我们抓到什么牌，都要必须打出最好的结果来。两位班主任统一的班级管理理念那就是：育人为主，育分为辅，对学生的终身负责。

二、班级工作重点：草偃风从（班干部系统建设与班级氛围建立）

理念一致，接下来就进入了无法逃避的现实中。生活不是偶像剧，班级里方方面面的事情扑面而来，究竟该从哪里着手呢？那一定是常规建设。常规做好了，班级工作进入正规，形成良性循环，即使会有一些突发事件发生，但是绝不会影响班级大局，正所谓，君子之德风，小人之德草，草上之风必偃。

建班之初，两个班级根据自己的特点，分别有所侧重地挑选了适合自己班风的班长：（9）班是德才兼备、众望所归的孟新宇，（10）班则是宅心仁厚但跌破眼镜的黄宇航。

刚刚宣布的时候，很多学生和老师都问我：你确定要黄宇航当班长？黄宇航真的是班长？就连他高一的班主任都觉得不可思议。黄宇航在高一的时候可是“臭名昭著”，上课玩游戏被处分，手机被没收一个再拿一个，最后家长领回去的可是一兜子手机。每每被问到这样的问题，我总是肯定地点头，然后笑而不语。我的自信来自哪儿？来自高二刚刚开学几天，几件班级的事情中，让我看到了这孩子身上的一种宽厚包容和正直，这种自信就来自我对其品行的认可。而我的这种认可，恰恰是对（10）班班风的一种引领，分数固然重要，但

是，品行、做人更为重要。

事实证明，我们的选择是正确的。他们不仅出色地完成了各项任务，受到了方方面面肯定的评价，更是在两年的经历中，完成了自我的蜕变与成长，这不正是对学生的未来负责吗？

之后文联的所有活动都是一起来组织与进行的，如社会实践、歌咏比赛、运动会，等等。经过两年的努力，文联班风醇厚，（10）班原本“废柴”般的孩子亦有自己的舞台，整体文联呈现虽然天真略显幼稚，用陈总的话说就是“傻了吧唧，但是非常可爱！”我想，对于这个年龄的孩子，这是一种最佳的状态了。在毕业典礼后，孩子回教室，在写给学弟学妹的寄语中，有一个孩子庄严地写下“克己复礼，正心修身”8 个大字，我看着内心澎湃，这说明我们的理念初衷不是一句空话，一个 18 岁的孩子能够写出这样的寄语，不代表我们教育的成果吗？

三、团队合作：众人齐心，其利断金

1. 安安静静的默契

安安与静静，两位班主任的亲密无间与默契配合，是促成大文联真正亲密无间的主要因素。从建班之初的理念设立，到之后具体工作中的惺惺相惜、相互帮助，我们二人不仅让学生们感觉到没有空子可钻，更通过一起设计班会、一起分析学生数据，一起组织活动等，提高了工作效率，让我们的工作不仅仅停留在总结的表层，更能深入每一个学生的发展轨迹里去，让工作更具有实效。

尤其在高考之前，学生们的焦虑、失落情绪异常严重，我俩想到，学生们亟待一个振奋的机会，需要自己告诉自己：没问题。于是，我俩想到了一起请学生吃“必胜客”比萨的方法，取必胜客的字面含义，赋予其庄严的内容：我们都是，高考必胜客！在最后一天上课结束时，我们和其他老师一起，陪学生们一起喊出了“高考必胜”的口号，学生们自信了，激动了，他们怀着信仰走进了高考考场。这个信仰就是：信我们最爱的老师们！

2. 各科老师的配合

说起这届文科班的成长，决不能离开老师们的关怀与培养。正如孟新宇同学曾经写到的：“谢谢各位老师们的陪伴和支持，安安、静静一直带着大家开开心心地克服了那么多困难，张女神一直亲切地鼓励我们，刘红老师一直默默支持着我们，每次考完试第二天所有的题都判完了，分都核出来了，想着老师又熬夜判卷子真的特别感动。”

3. 师哥师姐们的经验传递

刘红老师曾带过 2014 届的（10）班，她专门请来已毕业的（10）班学生给（10）班孩子，尤其体育特长的孩子传授经验。我 2015 届毕业的学生，人民大学的于琪琪，也专程回来给学弟学妹们讲解她对高考的感受。他山之石可以攻玉，孩子们借助师哥师姐们的经验，科学备考，智慧学习。

我想说，2016 届文联是庞大的、团结的、温暖的、有爱的，用（10）班班长黄宇航的一段文字来说：“我在这里成长，在这里懂事，在这里奋斗，也在这里快乐着。谢谢身边同学对我的包容，谢谢郗老师培养我认真负责的性格，谢谢安老师给我这难忘的经历和关怀，谢谢李老师的耐心教导，谢谢徐老师培养我的严谨沉着与智慧，谢谢曾老师的引领和情操的陶冶，谢谢张老师每天的微笑带给我不竭动力，谢谢刘老师给予我的稳重与缜密的思维。谢谢身边所有的人。也谢谢上天这美妙的安排。祝愿我的同学们高考成功！”

从一个“恶名昭著”的浑小子，到如今堂堂正正的班长；从高一跟老师对着干，到高三毕业时依然不忘记感谢他高一时的班主任郗老师，我们看到的是一个有血有肉、有温度、有感情，对同学、对老师、对学校感恩的孩子。他去除掉了身上的戾气，与同学们一起奋斗，一起坚持，一起走过人生中最美的高中生活。作为他的班主任，我欣慰他两年的变化，同时也祝我们所有的孩子高考成功，人生成功！

士志于道 任重道远

北京市第五十七中学 王春华

1989 年的 9 月 1 日，风和日丽，秋高气爽。一位 20 多岁的女孩子昂着头闭着眼张开双臂站在五十七中的体操台上，她任凭清爽的秋风轻轻穿过她的发丝，任凭明媚的阳光在她的眼中跳跃，任凭操场上走过的老师和学生对她投来或惊诧或微笑的目光，她用张开的双臂拥抱着操场、学生、老师。是的，这一天、这个地方于她的意义谁也不知道，谁也不会在意，而只有她明白——这是她投身于教育事业，成为一个名副其实的人民教师的第一天，第一所学校。

这个年轻的女教师就是我——北京市第五十七中学的一名普通语文教师。而今，我已经在这所学校工作了 27 个年头。绿云青丝变苍苍白发，见证着我对教育事业的一份执着，对人生信仰的一份坚定。

1999 年深秋，瑟瑟秋风从窗户缝挤进屋里，随着风声，我隐约听到楼下有几个人在用轻柔而绵长的声音呼唤着："王——老——师——，王春华——老——师——……"我疑惑着，在叫我吗？看看表，已经晚上 10 点多了，谁会这么晚来找我？何况外面还刮着萧瑟的秋风。可仔细听，的确是在喊我的名字。

我匆忙穿上大衣，走出筒子楼。八九个青年男女在嘀咕着："我记得就是这栋楼，中考时我在老师家午休过。""会不会搬家了呀，毕竟这么多年了。""我们再喊喊看，轻点，别打扰了别人睡觉。"……"你们是在找王春华老师吗？我就是呀。"孩子们一下子把我围住："没想到，您还真住在这里！快看看，还认识我们几个吗？"我把他们拉到楼门洞，借着微弱的灯光，一一说出他们的名字。我问他们怎么这么晚来找我，孩子们七嘴八舌地说完，拼凑起来我听明白了：他们已经上大二了，今天部分初中同学聚会，他们几个聊起了初一那年夏天，我带他们去渤海湾夏令营的事，兴奋不已，一个学生说老师家就在附近，他们就非要马上见到我，就摸到了我家的楼下。

那次夏令营，正好赶上退大潮，我带着 9 个孩子与渔岛渔民一起赶海，在淤泥中艰难拔出双腿，互相拉扯着，向海的深处走去，到了有小海沟的地方，我们用双手一堵，满手窝都是跳动的海虾，那几个男孩子还抓到了 3 只特大的螃蟹。那情景在我眼前变得越发清晰。晨说："老师，你记得吗？我在那荒岛上还找到了一张完整的蛇皮。"旭说："老师，我们抓的螃蟹因为个太大了，渔民以为是我们偷他们的。"皎说："赶海回来，太阳升高了，矛建议大家把海里的黑泥涂在脸上、胳膊上，防止晒伤，就敏不做，怕丑，结果就她晒伤了。"旭又抢着说："我们抓的虾吃起来可甜了，后来吃到的再也没有那么鲜。"红说："吃完虾，我们和老师一起玩'尿炕了'的游戏，我们对着充满黑暗的大海恣肆地狂喊，海那么黑，风那么大，我们没有丝毫的畏惧，老师也和我们一起喊。"矛慢慢地说："老师，那年您家小孩才半岁多，今年该上小学了吧？"学生们终于安静下来了，他们在等待我说："嗯，可不是嘛，她已经上二年级了。时间过得好快呀，你们都要 20 岁了。"旭说："老师，我们特别感谢您，那时就只有咱们班，我们 9 个参加了这个夏令营，在咱们年级的老师里，您的孩子最小，您撇下不管，带我们去了，那些没去的学生是永远体会不到那次的乐趣的，他们一辈子也许都不会有赶海捞虾的经历，我们今天聊到这些，就突然特别想感谢您，突然特别想您，我们就来找您了。”几个孩子眼里都闪着泪光。

2010 年，北京市第五十七中学建校 55 周年的校庆日。6 个三十几岁的年轻人，走进了我负责展览校史的教室。“王老师，我们一猜您就在这儿呢。这是我们毕业那年的教室，而且您说过，为了以后我们能回学校找到亲人，绝不调学校。”“老师，您说了，还就真做到了，有您在，我们觉得学校就是家。”我说：“做人就要信守承诺呀。”我们师生哈哈大笑。后来又有许多学生来到这间教室找我，他们从展出的照片里找寻着自己十三四岁的样子：“这张是咱们去玉渊潭划船的照片；看这张是那次只有咱们老师组织的八大处骑行……我们的活动永远在年级中都是最大胆而独特的。”孩子们不无骄傲地说。

2016 年春，我的学生云告诉我她从美国公司辞职了，她要去实现她一生的梦想，去做一个老师。她说，她永远忘不了我第一天站在讲台上迎接他们的样子——严厉而坚定；永远忘不了我和他们一起挥舞着奥运五环一起练入场式的场景；也永远忘不了师生在公园草坪上一起吟诵唐诗宋词的美景。今天，她有了先后在 4 个外企公司工作的职场经历，有了自己要上小学的孩子，她要把她成长的经历、感受、感悟讲给孩子们，让他们知道该过一个怎样的人生；她说，她要把她的成长感悟和她对女儿的成长计划，讲给她的同龄人——她未来的学生家长们，能为别的孩子的成长、为教育做一些贡献就满足了。“这样，我想做老师，我就做了，自己人生就不会有遗憾。”目前，她已经考取了教师资格证，备下了 3 册书的教案，下学期开学就到录用她的学校去做班主任了，而且她要做英语最好的优秀的语文老师。

这就是我和我学生的故事，也是我的教育故事。

今年的教师节大会上，我见到了 1989 年那年学校给我安排的班主任师傅，一位多次获得“紫禁杯优秀班主任”的老师——王鹂老师。精神矍铄的老人激动地拉着我的手跟别的老师介绍：“看，这是我的大徒弟，我的第一个徒弟。”刚工作的那一年，我 23 岁，我的师傅 43 岁。今天，我 50 岁，我的师傅 70 岁。我们都将我们的一生献给了我们所热爱的这所学校，献给了我们所热爱的事业。

教育是什么？

教育是：为天地立心，为生民立命，为往圣继绝学，为万世开太平。

教育是：一棵树摇动一棵树，一朵云推动一朵云，一个灵魂唤醒另一个灵魂。

薪火相传，士志于道，任重道远。

至今，她都喜欢闭着眼仰起头，张开双臂迎接每一天的操场上的阳光……

教学兼育人

北京市第五十七中学 黎 辉

自从大学毕业踏入教师的行列，我已经度过了 14 年了，在这段岁月里，我惊讶过，钦羡过，激动过，感叹过，而更多的是一种快乐与收获。这些收获来自很多方面：学校开放自由的个性发展教育机制，丰富实用的课程设置，先进完备的教学设备，活跃轻松的课堂氛围，专家深入浅出的创新力讲座，以及很多老师前辈给予我的指导和经验传授。然而，作为一名一线的英语教师，我更加关注老师如何在教授知识的同时，进行育人的教育，也在不断寻找更加有效的教育手段和策略。

一、一次小小的感动

我曾经拜访过美国两个独立学区，一所小学，一所初中，两所高中和 6 所大学。参观完这些学校后，我感到他们有一个共性，也是美国教育的一个整体特点，那就是“以人为本”，并且真正将这一理念落实到了实处。

给我印象最深的是在克利尔·福尔斯高中（Clear Falls High School），当校长初次见面欢迎我们时，并没有用很多言辞介绍学校的概况和辉煌成绩，而是请出了学校里两名智障的学生来为她倒一杯咖啡，之后她热情地向两名学生表示感谢，并且把他们介绍给大家，请大家用掌声来鼓励这两名学生。我注意到虽然只是这两名学生倒咖啡这么简单的事，但他们需要至少两名教师帮助，两位老师精心地把美丽的台布铺在推车上，帮孩子们煮好咖啡，摆好咖啡杯，还一丝不苟地为推车装饰上花朵，一切都是那么精致，就好像五星级的饭店里的送餐车。而两个孩子仅仅是推着车走两三步，为校长倒满咖啡，然后就离开了，整个过程只有一两分钟。起初我感觉这些老师真是不嫌麻烦，就为这么一两分钟的事，花那么多精力去准备很没有必要，做事也太没有效率了，很是不以为然。但很快我就发现自己错了，我注意到了这两名学生的眼神，从他们的眼睛里，我看到了和正常学生一样却又不同的眼神，那是一种期盼去学习，期盼被包容，期盼被肯定的眼神，更重要的是，他们从校长和大家的掌声中感受到了极大的成功的喜悦，因为他们做了，且圆满完成了一个普通学生能做到的事。我终于明白什么叫真正的“以人为本”，一切的形式和内容都是为了孩子。一些参观的访客来到学校，对于普通学生来说是一件司空见惯的事，但对于这两个孩子来说可能是一个大场合，一个令他们紧张不安的大场合，在这样的场合被关注、被肯定、被赞美对他们来说是格外有意义的。我也突然明白两位老师装饰推车是让孩子们明白，这不是敷衍了事地应付他们，他们今天招待的是校长的贵宾，他们是非常优秀的。

虽然这仅仅是那一天参观的开始，却让我感受到极大的震撼。当我的班级接受领导接见时，我总是会想尽办法让最优秀的学生去展示自己的风采，我会设计板报，张贴奖状，绝对不会让班上学习成绩差、性格不那么阳光的学生站在突出的位置。我从没有思考过这样做有什么不对，因为这是再寻常不过的事情了。但是现在我体会到，我错了，事实上，我没有以学生为本，而是以己为本，我所做的其实是满足了自己的需要。通过这件小事，我真真切切体会到了“以人为本”、有教无类的“全纳式教育”，就是让每一个孩子实现自身的发展。在那天之后的参观中我了解到克利尔·福尔斯高中是一所学业成绩非常优秀的学校，但我总看到几个智障的学生在老师的带领下完成力所能及的一些活动，并没有和其他学生一样被放在教室里。校长介绍说，学校专门为他们安排了老师，教授学生一些生存本领，目的是让他们早日融入社会，让每一个学生得到他们真正所需要的，我想大概这也是对“不抛弃，不放弃”的另外一种解读吧。

二、工作中的点点滴滴

我的班主任工作是琐碎、繁忙的，然而也是充实、快乐的。做好班主任工作是一个好教师的标志。著名教育改革家魏书生曾这样说过：“班级像一个大家庭，同学们如同兄弟姐妹互相关心着、帮助着，互相鼓舞着、照顾着，一起成熟了，长大了，便离开了这个家庭，走向了社会。”这说明一个良好的班集体对每个学生的健康成长发展有着巨大的教育作用。形成一个良好的班集体需要班主任做很多深入细致的工作。我参加工作 14 年，洒下一路汗水，留下一路欢歌。我深知，要想收到良好的教育效果，我必须要将自己融入学生中间，投入为人师者的全部情感，只有让学生感受到我和他的“零”距离，他们才会将自己的心完全地交给老师，“亲其师，信其道”。

班里的每个学生，都有过一个快乐又有意义的生日。学生小李不喜欢班里摆放自行车的工作，认为工作太辛苦，又不是什么干部，吃力不讨好。我针对这样的情况设计了一个黄丝带活动，在小李的生日当天，所有骑自行车的同学都提前到校，精心摆放好了自行车，并且每个同学在车把上挂了一条黄丝带，上面不仅写着对他生日的美好祝愿，而且还有大家对他工作的肯定和希望。当小李来到学校，看到风中飘荡的黄丝带，和早已摆放整齐的自行车时，终于感悟到工作不分大小，只要是为同学们服务，大家都会感谢他，祝福他。最后，小李感动地说：“我愿意为大家摆一辈子自行车，这个工作我一定认真干，一定干好！”

三、学科教学兼育人

作为一名英语老师，我也在思考中国和美国教育制度对学生的影响。表面上，美国的孩子们放学很早，课堂上也非常懒散，课堂上学的内容和中国学生比较起来很容易，而且貌似他们没有什么作业，考试也比较简单，没有成绩排名，也没有中考高考的压力，但是事实上这并不能代表全部。在美国，如果一个学生对自己没有任何期待和要求的话，他没有任何压力和动力去学习，美国完备的基础教育制度和社会福利制度可以基本满足他的学习和就业工作需求。但如果他想要进入一所好的初中、高中、大学以及找到一份理想的工作的话，他还是需要付出很多努力的，学业压力和负担并不比中国的孩子小，和中国学生最大的不同是，为了实现他进入一流大学的理想，他必须自己规划自己的学业进度，分析自己的兴趣爱好，选择适合他的课程并修满学分。虽然他可能上课吃东西，自由散漫地坐在教室里，但重要的是他在认真听老师讲课。

一个中国学生要想上个好大学也非常辛苦，朝七晚六上学，学习内容真的是很难，但他没有时间思考自己的兴趣爱好，也不会或者不需要规划自己，甚至高考报志愿的时候都不知道自己该去大学学些什么。他唯一的任务就是学会老师教给他的东西，因为他要通过高考这个唯一的途径上大学。结果是美国学生知识储备并不多，但相对来说视野开阔，对自己的能力和未来有规划、有想法；中国学生基础知识丰富且扎实，但不擅长自主学习，学习动力更多地来自外界而不是自己内心。很显然，两种教育制度下的学生都没有荒废他们的青春，在他们的中学阶段有着不同的收获，当然我们更愿意看到他们能够互相取长补短，从而成为更加全面的人才。

我的一个学生，非常热爱气象物理，他曾经问专家：“如果我想和您一样研究气象，我该怎么做？”专家就指了指对面的北大校园，说：“你在那里读完书后，我就让你和我一起研究。”从此，他就下定决心考北大了。从这个故事中我明白了，只有学生亲身体验过，才会有目标。所以，我邀请了我的朋友讲他真实的高三、高考和工作之路，带学生去顶级外企google 参观，得到了李开复亲自签名的自传。还给他们讲了自己从毕业、工作、再到英国留学的人生经历。学生们站得高了，看得远了，树立目标就很真实和有效了。

我很清楚，当今世界发展飞速，瞬息万变。因此，学生们应该把目光投向世界、投向未来。在教育教学中要鼓励学生走出去学习国外先进的教育理念来完善自己。2007 年和 2008 年班级先后两次接待了美国芝北中学学生为期 1 个月的班级学习生活。同学们通过亲自接待美国来的客人，不仅练习了英语口语，而且锻炼了自己的沟通和交际能力。2008 年北京奥运会期间，我带领学生们积极热情地投入志愿者的工作中去，展示了新一代中学生的风采。王逸雄、刘金涛、杨雪苗和翟琬平同学更是在奥运会开幕式当天代表北京市中学生在天安门进行表演。2007—2008 年王未然同学成为北京市国际交流“爱优生”，代表学校到美国学习。她在美国学习的班级也成了她的班级的友谊班，通过网络和视频一直保持着友好的交流活动。2007 年任超逸和翟琬平同学被中国外交部授予中学生赴泰国亲善大使的称号，为泰国的中学生带去了来自中国高中生的问候。2007 年 9 月，王一工、李赫楠、耿婷婷和王盈同学代表学校赴加拿大友好学校游学交流。

事实上，美国的老师们也已经意识到了这点，他们正在努力提高学生的知识水平和认知水平，力图缩短和中国学生在基础知识和能力上的差距。对于我们中国的老师来说，我们该如何在现有的体制下，最大化地调动学生的主动性？如何指导学生锻炼管理自己和规划自己的能力？如何让学生的内在潜力和创新力爆发出来并长期保持下去？而这些能力正是一个孩子长远发展并且取得伟大成就的必备能力。这些问题都是摆在眼前不能回避的，如果能够解决，我相信中国会获得很多的诺贝尔奖。

从生活中来，到生活中去

北京市第五十七中学 朱 杭

题记：“Few if any people learn a foreign language fluently within the confines of the foreign language classroom.”

—By H. Douglas Brown

英语不仅是一门学科，更是一种用于与人交际的语言工具。所以在学习英语中，更应该注重它的实践性和应用性。传统的英语教学特别注重课堂教学，由于所授新知识比较多，时间又有限，不可能使每个学生都能在课堂上充分地用英语操练。所以，大家都在探索如何去弥补这样的缺憾，而让课堂上所学英语能应用到实践中去就成了最好的办法。

新课程标准把课外活动过程本质看成是师生交往、积极互动、共同发展的过程、有益积极的补充。其中有这样一段阐述：“课外活动是重要的教学辅助手段，有利于增长知识、开阔视野。有目的、有组织地开展各种适合学生语言水平和年龄特点的课外活动，可使学生生动、活泼、主动地学习，可以激发他们的学习热情，培养兴趣。”

义务教育阶段，英语课程是为每个学生开设的，英语课外活动同样是面向全体学生的语言能力，而且要培养学生思维能力、想象能力和创新能力。搞好英语课外活动，需要师生共同协作。因此，必须建立和谐、开放性的师生关系，在教育教学中渗透情感教育，使学生在心智发展的同时，能够按素质教育的培养规格健康发展。

回忆起一学期前，我刚刚告别大学校园，来到了五十七中，担任了初一年级两个班的英语教学工作。其中一个班的学生，数学能力很强，但语言学习却不太好，于是我认识了这样一个孩子。

孩子的数学成绩很好，可英语成绩却总是落在班级后面。我曾经利用午休时间在操场上和这个孩子一起散步，了解他的情况。他从小学开始就在上英语课时总感觉很困难，看不懂，更听不懂，以至于发展成为不想学，不愿学，一点兴趣也没有了。

一次很特殊的机会，因为班主任老师要下午进修，自习没有老师来看，于是交给了我。而下午第二节课的老师，因为高三考试，也不能来上课。一下子，两节课都没有了老师。于是，在班里学生一致赞同后，我决定给他们看一部迪士尼英语动画片。

电影开始了，我观察到每位同学都目不转睛地盯着屏幕观看。但随着情节的开展，有些同学开始议论起里面的人物，而讨论声逐渐变大。当我正要提醒这些学生时，那个孩子突然开口说：“安静些，我们还在看呢。”这是一部英文发音和英文字幕的动画片，对于这个孩子来说应该是有一定难度的，而通过这一个很小的细节，表现出他有着很大的兴趣。于是我就在想，或许这是一个很好的突破点，可以以此为契机，开启他学习英语的兴趣之门。

于是，第二天我约孩子一起打篮球。其间我和他说，我想让他担任每周一部电影的讲解员。孩子很苦恼地看着我，问：“老师，我不会，怎么能做好？”我笑笑说：“首先，你敢于维持纪律，声音洪亮。其他的我们一起来努力，你就负责作为我的电影发言人。”孩子想了想说：“那老师我要怎么做？”“每周回家挑选一部电影，周一来学校给我。然后我来给你画一些词组和句子，你负责用 3 天时间，把这些词组和句子查出词意并翻译出来，还要给出相应的例句，解释说明。并出一份测试题，检测大家是否熟记。每周四的英语课堂就交给你。我们一起完成。”孩子点点头，答应了。

此后，我看到的不仅是一个孩子的变化，更看到了兴趣给一个孩子带来的变化是多么的巨大，并充满魔力。常常看到或听到人们说：“兴趣是最好的老师。”而这一次，我深切地感受到了这句话。兴趣对于英语学习真的很重要。

这件事引发了我对教学工作的深刻反思。作为一名新入职的英语老师，与学生的年龄相仿，对于他们的兴趣爱好更加了解。我应该主动利用这一优势，培养孩子学习英语的兴趣，创设一个英语环境，积极引导孩子自主去学习英语。不局限于现有的课本，应该广泛地扩展孩子学习英语的途径。教育需要在社会这样一个大背景下进行，而英语学习尤为突出了这一特性。英语是一门语言，更是一种通用于世界的交流工具。而英语电影恰恰符合了这样的需要。英语电影作为一种教学辅助手段，提供给了学生难得的真实生活场景，极大地调动了学生英语学习的积极性，同时提供给学生很多西方文化知识，在潜移默化中提高了学生的语音语调水平、外语交际能力和语用能力。现在，我深刻地明白了这句话：“只要有兴趣，学什么都不难。”兴趣会告诉学生应该怎么学，并且让学生乐于去学。

兴趣来源于形式众多的与英语相关的课外活动。而英语课外活动是学校在教学计划和教学大纲范围之外，对学生实施有计划、有组织的英语教育教学活动，以提高教研质量和教学质量为目标，以培养学生的创新精神和实践能力为重点。英语课外活动是整个英语教学过程的一个有机组成部分，是对课堂教学的重要补充，是英语课堂的延续和深化。英语课外活动和英语教学的基本形式与课堂教学紧密相连，是使学生掌握英语所不可缺少的辅助形式，也是教师改进教学方法，增加课堂上语言实践的广度与密度的有效途径。教师可以在课外活动中灵活地给予学生帮助，因材施教，不强求一致，从实际出发，更加注重实效。而学生在英语课外活动中，由于真正贯彻了自主性原则，学习的主动性和积极性被充分地调动了起来。

英语来源于生活的应用，所以也要还原到生活中去学习，以达到最佳的学习效果。我们的目的就是：让孩子愿意学英语，并主动去学英语。

坚守初心　执着前行

北京市第五十七中学　安海燕

回望自己的教学经历，感受颇多，在岁月的磨炼中，我在逐步成长。从一个意气风发的青年教师，到学校的备课组长、教研组长，从学校的教学主力，再到海淀区学科带头人、区兼职教研员，从青涩到成熟，一路走来，有迷茫与执着、泪水与拼搏、付出与收获。我用坚定的信念，不懈的努力，以“不用扬鞭自奋蹄”的精神，应对各种挑战，跃上一个个台阶，教育、教学、教研各方面成绩突出，获得各方面的认可。最欣慰的是，伴随着自己的成长，我带领的学生也会有更大的收获，更好的成长。

一、教师是学生成长的阶梯

苏霍姆林斯基在《给教师的建议》中说道：“我们应该使每一个学生在毕业的时候，带走的不仅仅是一些知识和技能，最重要的是要带走渴求知识的火花，并使它终生不熄地燃烧下去。”作为教师，传授的不仅仅是知识，更重要的是对学生的思想、人格、方法、能力的指引和培养，这才是教育真正的本质，这样的教育才能真正带给学生一生有益的影响。回首我这些年的教师之路，发现我对这句话的理解逐渐深刻，逐渐能够在教育教学实践中更好地运用这一理念。刚刚站上讲台的我，仅仅是一个讲授知识的老师，能把知识讲授得清楚明白、学生能取得考试成绩的优秀，已经让我欣喜。现在讲台上的我，不再仅仅关注学生考试成绩的优劣，更多追求的是学生人格的塑造、思想的进步、思维的提升、能力的培养，因为我知道，这才是使学生受益终身的事情。

二、历史是使人明智的学科

弗兰西斯·培根说：“读史使人明智。”历史意识是一个人乃至一个民族成熟的标志。罗马作家西塞罗曾说过：“一个人不了解他出生之前的事情，那他始终只是一个孩子。”

学生总有疑问，“历史是什么？”“学历史到底有什么用？”作为一名历史教师，惭愧的是我以前也不甚明白，总是说一套理论敷衍一下，学生还是糊里糊涂。现在我会这样告诉学生：“史学是沙漠玫瑰的开放。”我给学生讲台湾学者龙应台在《政治人的人文素养》一文中的一个故事（引用时有删减）：

一个朋友从以色列来，给我带了一朵沙漠玫瑰。拿在手里，是一蓬枯萎的干草，很难看。这个沙漠玫瑰其实是一种地衣，针叶型。你把它整个泡在水里，第八天它会完全复活。我就把这团枯干的草，用一个大玻璃碗盛着，注满了清水，放在那儿。从那一天开始，我跟两个儿子每天去探看沙漠玫瑰怎么样了。第一天去看它，没有动静，还是一把枯草浸在水里。第二天去看的时候发现，它有一个中心，这个中心已经从里头往外头稍稍舒展开了，而且有一点绿的感觉，还不是颜色。第三天再去看，那个绿的模糊的感觉已经实实在在是一种绿的颜色，松枝的绿色，散发出潮湿青苔的气味，虽然边缘还是干死的。它把自己张开，已经让我们看出了它真有玫瑰形的图案。每一天，它核心的绿意就往外扩展一寸。我们每天给它加清水，有一天，那个绿色已经渐渐延伸到它所有的手指，层层舒展开来。第八天，当我们去看沙漠玫瑰的时候，刚好我们一个邻居也在，他就跟着我们一起到厨房里去看。这一天，展现在我们眼前的是完整的、丰润饱满、复活了的沙漠玫瑰！我们三个疯狂大叫出声，因为太快乐了，我们看到一朵尽情开放的浓绿的沙漠玫瑰。

这个邻居在旁边很奇怪地说："这一把杂草，你们干吗呀？"我愣住了。是啊，在他的眼中，它不是玫瑰，它是地衣啊！你说，地衣再美，美到哪里去呢？他看到的就是一把挺难看、气味潮湿的低等植物。也就是说，他看到的是现象的本身定在那一个时刻，是孤立的，而我们所看到的是现象和现象背后一点一滴的线索，辗转曲折、千丝万缕的来历。

于是，这个东西在我们的价值判断里，它的美是惊天动地的，它的复活过程就是宇宙洪荒初始的惊骇演出。我们能够对它欣赏，只有一个原因：我们知道它的起点在哪里。知不知道这个起点，就形成我们和邻居之间价值判断的南辕北辙。

不必说鉴往知来，我只想通过这个故事告诉学生，对于任何东西、现象、问题、人、事件，如果不认识它的过去，你如何理解它的现在到底代表什么意义？不理解它的现在，又何从判断它的未来？这意味着，如果你对事情不了解它的来龙去脉，你就失去了对它评论的客观和准确。对于现实问题也是如此，不必随便品头论足，亦不要人云亦云、随波逐流，首先问问自己，对这事情的发展过程，到底了解多少？只有了解了事情的始末，你才真正能体会到其中的奥秘和本质。

《四库全书总目》中有一句话："苟无事迹，虽圣人不能做《春秋》，苟不知其事迹，虽以圣人读《春秋》，不知所以褒贬。"体现的正是历史学的这个思想。

历史学科，就是要增强学生的历史意识，汲取历史智慧，增强历史洞察力。

三、勇于思考和创新是教学的灵魂

在多年的教学生涯中，我也有过迷茫和困惑，由于多年甚至经常是连续带高三的缘故，曾有一段时间，我的教学走入了一个按部就班、循环往复的常规模式，没有变化，也缺少突破，甚至在基础年级的课堂上，教学也没有新意和活力，这种瓶颈状态让我有窒息之感，看不到方向。一次在跟区里教研员张威和赵文龙老师的交流中，提到了这个问题，他们说：历史教学要重视历史事件的背景、过程和影响，但如果历史课堂都讲成了这种一成不变的模式，那就扼杀了历史的鲜活性，扼杀了学生对历史的兴趣。这次交流对我启发很大，促使我去思考课堂教学的改变。我积极去听其他历史老师的课，与同行交流研讨，从中学习和借鉴有价值之处，同时我也跟学生进行沟通，倾听学生的想法，了解他们的真正需要，学生更希望自己能在课堂上多参与，有更多的课堂活动，虽然历史学科的特点所限，课堂活动不容易开展，这就更需要老师的智慧，于是我开始寻求课堂教学思路的转变和教法的创新。

例如，在高二历史必修三《西方人文主义思想的起源》一课的教学中，我设计了审判苏格拉底和悼念苏格拉底两个学生活动。审判苏格拉底的活动，由几个学生分别扮演审判活动中的几个重要角色，包括法官、被告苏格拉底、两个原告。整个过程，学生都参与其中。比如，苏格拉底的一些语言："我把所有的时间都用在和每个人接触上，劝说他们关注精神和道德……应该宣布我是雅典城的公民英雄，并宣告在我的余生中有权在市政厅免费享用一日三餐。""我对我的申辩方式并不后悔，我也不认为自己由于面临危险就必须放弃耿直！""我身为雅典公民，一定要遵守法律。法律以不义的方式判我有罪，但我不能因此反抗法律。"

学生扮演的苏格拉底如身临其境说出这些话的时候，对古代先哲坚持正义和真理的伟大人格和精神有了更深刻的感悟，其他学生也受到了很大的震撼和感染。

除此以外，我又设计了悼念苏格拉底的环节——“写给苏格拉底的墓志铭”。让学生给苏格拉底写一段简短的话，要求体现苏格拉底的思想或者精神，学生们写得非常好。举例如下：“他曾经在这个世界上为了捍卫真理和美德而存在”“他用生命印证了美德，他为了真理虽死犹生”“他把生命化作美德注入我们每个人的心灵”。同时，我也展示了我写的词：“生，彰显了人的价值；死，成就了人的尊严。”

通过这样的课堂创新设计，学生积极参与其中，并且活动是为教学服务而不是流于形式，无论是学生的课堂知识收获，还是对学生人格的培养，以及对学生精神品质的提高，都是普通的课堂很难实现的。可喜的是，在积极思考、勇于创新的教学努力中，我获得了进步，同时也推动了学生成长。

四、善于学习和活用是进步的源泉

由于自己在工作上踏实肯干、尽职尽责，教学上也取得一些成绩，2009 年开始连续被评为海淀区历史学科带头人，这让我有了一些自满的情绪。然而有一次高三复习课上，学生提出的问题我却无法回答，让我意识到，历史知识浩如烟海，只有持续不断地学习，才能在学科专业上有更好的发展和更广阔的空间。2012 年我被选入海淀区名师工作站，成为第三期学员，导师都是历史特级教师和教研员等名师。我与专家一起学习、一起交流，上研讨课，参与听课、评课，撰写学习体会和论文，提高了自己的课堂教学水平。同时，导师还开列了一些经典的历史专著。通过读书学习，自己的专业水平和历史素养进一步提高。同时期我开始担任海淀区历史兼职教研员，承担为全区老师做教材教法辅导讲座以及区统考试题的出题任务。这些任务责任重大，容不得丝毫懈怠和马虎，在准备这些内容的过程中，经常要阅读大量的历史专著，自己的学科专业得到进一步提升。我将这些读书的收获运用到教学中，对历史教材的内容有了更好的理解和把握，更好地开拓了教学设计思路。例如，在讲高二历史选修四《西方古典哲学的代表柏拉图》一课时，我阅读了五本关于柏拉图思想的专著以及大量论文，最终形成了一个思路新颖的教学设计。在导入环节中，就运用了乔斯坦·贾德《苏菲的世界》中的苏菲与哲学家对话中关于饼干问题的内容，教学设计就以出示饼干图片和“饼干是否一样”的问题为切入点，运用学生生活中熟知的事物（饼干）创设情境，引发好奇，并由此引出要学习的人物，而关于“饼干是否一样”的问题与即将要学习的柏拉图的“理念论”密切相关，设置悬念，激发兴趣，突破了本课哲学思想与学生实际生活脱离、学生提不起兴趣的缺陷。其他环节的教学设计也因为阅读专著和论文而得到整体提升，课堂上实施的效果非常好，学生收获很大，被认为是比较有新意的教学设计，这首先要归功于不断学习的力量。

五、教学研究是教师进步的方向

任何教学都是有目标的，其中有学科整体性目标，就是教学的方向，还有每节课的具体目标。目标是教师进行教学活动的指向标，决定一个教师的教学是否有高度。教师需要有意识地进行教学研究，才能使自己的教学方向更清晰明确，而教学方向的准确与否，直接与学生的培养方向、成绩取得密切相关。在刚刚教学的前几年，我对这方面的研究特别不重视，觉得一个好老师上好课就行了，伴随着自己的成熟和教学经验的丰富，也通过各种培训和教学经验交流，以及这几年担任兼职教研员和本校的历史教研组长，我更深刻地认识到了教学研究的重要性，也在实践中积极推动和实施这方面的工作。

当前的历史教学更关注学生历史思维能力的培养和提高，强调培养学生的核心素养，在这样的大方向下，教师的课堂教学设计就要在这方面下功夫。例如，我在高一历史必修一《辛亥革命》一课中，设计了这样的环节，在学生对辛亥革命的历史功绩有了初步的认识之后，我又提供了几则材料："袁世凯……在 1916 年当了皇帝，但是，只当了 83 天，就在全国人民的反对声中倒台，并且一命呜呼了……次年的张勋复辟寿命就更短，只不过 12 天。""我们同僚中很多人知'共和'，但是这个共和怎样共法，怎样建立新局面，新局面究竟如何？谁也不知道。"教师设问：结合材料和所学，你如何评价辛亥革命？学生自主思考和讨论，自主解决问题。通过设计这种开放式问题，培养学生用历史唯物主义观点和辩证思维去看待历史问题，阐释历史，提高学生把事件放在当时的历史背景下，对历史做出正确、客观、辩证认识的能力，并且在开放式的学习环境中，充分发挥学生的主体性、积极性和参与性，培养探究历史问题的能力，提高创新意识。这正契合当今对历史学科的教学目标和方向的要求。

在研究一节课具体目标的同时，我也非常重视在每一节研究课、公开课之后及时进行反思和总结，撰写论文。因为研究课的背后，授课者付出了大量心血，同时还有很多专家的建议，其中包含了方向性的指导思想，这些使授课者收获颇丰，加上授课人的反思，及时写成总结和论文，可以迅速固化研究的成果，从而形成指导性的意见，有益于后面教学的提高。我自己这样做的同时，也督促本组历史教师这样做。比如，我在讲完《西方古典哲学的代表柏拉图》《辛亥革命》等这些课后，都要根据自己备课过程的思考以及专家的指导意见写成论文，分别撰写了论文《西方古典哲学的代表柏拉图教学设计》（发表于《中学历史教学参考》）及《例论基于历史学科能力培养的教学设计改进——以"辛亥革命"为例》（发表于《人民论坛》）。

六、坚守初心，继续前行

今天有机会沉下心来，对自己的教育之路进行回顾，我忽然发现，即便在当下，我作为一名老教师，仍然觉得责任很重，我仍然与开始一样，积极地学习、思考、研究、交流、改进、提高。我也发现，当我感到自己因执着于心而被认可时，我仍心存感激；看到学生因为我的指导而成长、进步时，我仍满心欣喜。我还相信，这种坚守会一直持续下去，因为我是一个在教育道路上的前行者。

以人为本　尊重为先

北京市第五十七中学　高文慧

以人为本是科学发展观的本质和核心，也是现代德育的目标和追求。我们要使德育真正成为人的德育，成为提升人的需要层次、丰富人的精神世界的一种方式。美国行为学家亚伯拉罕·马斯洛在 1954 年发表的《激励和人》一书里，把人的需要分为 5 类：生理需要、安全需要、归属和爱的需要、尊重需要、自我实现需要。其中，受人尊重是一种较高层次的需要。但据他估计，在现代文明社会中，受人尊重的需要只能满足约 40%。可见，受人尊重的需要较难满足。因为这样，处于青春期的中学生就更加珍视从老师、同学、家长那里获得的尊重。我在工作中遇到过形形色色的学生、各种各样的情况，我发现，一旦满足学生受人尊重的需要，他们的学习、生活将会更快地向良性轨道上发展。以下是我在工作中的真实记录：

一封我永远也看不到的信

一天午自习时，同学们都在安静地写作业，我突然发现李某某同学在聚精会神地看着桌斗里的什么东西。“他肯定在看课外书”，我脑中立即闪出这样一个念头，便轻轻地走过去。李某某立即把手中的东西塞进桌斗里，还用手死死地挡住，其实，我已经看到是一张信纸，又见他如此紧张，已猜个八九不离十了。我轻声问道：“看什么呢？”“一封信。”他并未撒谎，我心里又踏实了些。“给我看看。”“您别看了，没什么。”“既然没什么，给我看看也无所谓呀。”正在此时，坐在旁边的蔡某同学说了一句话，虽然声音不大，但震撼力足以达到 5 级地震水平：“老师，这是他的个人隐私。”虽然后半句他没说明，但全班同学的眼光似乎都在说：“您无权看信。”我在震惊半秒之后，并未觉得这是故意让我下不了台，而是学生的法律意识增强的表现。但是今天这件事就这么不了了之了？当然不行！其弊有三：1. 这封信如果处理不好，肯定会影响李某某和发信人的正常学习、交往。2. 信的内容有一部分同学肯定会知道，如果老师不处理，他们可能会效仿。3. 学生们会把老师、家长的正当教育与侵犯个人隐私混淆起来，容易造成盲目讲权利、轻责任的不良后果。所以，当时我立即向全班同学宣布：“蔡某说得对，李某某的信我不看，但他在自习课上看私人的信件合适吗？”“不——合——适！”“今后，你们在学习上、生活上肯定会遇到许多困难、麻烦，如果处理不当，其后果很可能很严重，希望你们多问问老师、家长。李某某，你放学后和我谈谈，现在继续自习。”班里立刻安静下来。

放学后，我以朋友的口吻问李某某：“我们可不可以相互信任，相互尊重？”“当然。”“我尊重你，所以没有当着全班的面看你的信，那你能不能信任我，告诉我是谁写给你的，内容是什么？”他沉默了几秒钟，便说是陈某写的，想和他交好朋友。事后，我进行了调查，情况基本属实。我又分别和李某某和陈某谈话，给他们提出了中肯的建议，现在，不仅他们俩人的关系很正常，我和他们俩也成了好朋友。

通过这件事，我理解了“教育重在师生间相互信赖，信赖取决于民主平等的沟通，师爱是信任、尊重，能触及灵魂的教育过程。青少年特别渴求和珍惜教师的爱，师生间真挚的情感，有着神奇的教育效果”。几个月过去了，那封信虽然我始终没有看到，但教育效果却比看了信更好，他们和我之间很少有隔阂，都能说实话。而且，我们班的学生都很尊重老师，从未发生过顶嘴的现象。

教育家马卡连柯的名言值得我永远记取——尽可能多地要求一个人，同时尽可能多地尊重一个人。

小事不小

学生的生活、老师的工作都是由一件件小事组成的，千万别小看那些不起眼的“小”事。教育无小事，事事皆教育。

就从一篇名叫《老师，这不公平》的文章说起吧。它的作者是一名初中生，文中写道：“老师，您排座位是以分数为标准的，分数高的在前面，分数低的排在后面，您发觉了没有，这多么像封建社会的金字塔式的等级制度啊！……我们这些差生，虽然成绩差，但是我们也有一颗很强的自尊心。……我将来也要当一名人民教师，我决不歧视那些差生，用我的爱心去温暖每一个学生！”看完这段文章，我不禁打了个寒战，当初我刚做班主任时，许多老教师也曾向我传授按分数排座位的方法，幸亏我没有采纳，否则将会伤害多少孩子的尊严，打击他们学习的积极性啊。

我排座位的原则是“城市包围农村”，因为我班的学习困难生不多，所以将成绩优等生安排在他们的周围，起到“身边有模范，处处有管理”的作用。实践证明，这种排位方法取得了比较好的效果：① 树立了“团结、友爱”的良好班风。② 困难生在学习上遇到困难时有人可问。③ 困难生在上课走神或不小心违反课堂纪律时有人提醒。④ 锻炼了小干部。

不过，刚开始时也遇到了各种各样的困难，好学生的家长对这种排位方法有些不理解，我耐心细致地分析了利害关系：如果个别学生在初犯小错时，得不到老师、同学的帮助，将来发展成大毛病时所造成的损失将会很难弥补，既包括对困难生本人的损失，也包括对好学生的恶劣影响。最终赢得了家长的理解。

以宽容、尊重之心对待学生，得到的回报是学生的理解、尊敬和拼搏、上进的学习精神。以我班的毛某某为例，据他的小学同学讲，他小学表现不好，曾和老师对骂，这话我是相信的，在军训时，从眼神中我已经看出了他的“不驯服”。在一次语文兴趣小组活动时，我看到了 1.30 米的他“噌”地坐到了最后，我便问他为什么，他哀求道：“老师，就让我坐在这儿吧，我从没坐过最后，我保证不说话、认真听。”我便同意了，课下我问语文老师和毛某某自己，都反映良好。还有一次因临时换座位，必须把他调开，他坚决要求不能平移，只能向后换，我又同意了。下课时，注意力极易分散的他骄傲地向我报告：“我这节课一句废话也没说，记了笔记，连笔帽掉到地上我都没捡！”周围的同学也一个劲地夸奖他，说毛某某这节课表现得特好，他骄傲地昂起了头。在感受到老师的爱与尊重后，他不仅尊敬老师，在发现我感冒、嗓子疼之后，还专门去商店买了一小袋治嗓子的金莲花茶。

就像苏霍姆林斯基所说：“在影响学生的内心世界时，不挫伤他们心灵最敏感的一个角落——人的自尊……教育的核心，在于始终让学生体验到自己的尊严感。”作为老师，尤其是班主任，我认为，只有爱自己所有的学生，既爱他们的优点，也“爱”他们的缺点，才能让他们体会到尊严，才能真正赢得他们的心，使他们接受你的教育。再说，谁又是永远正确的呢？老师就一定能完全分清优点、缺点吗？一次性餐盒在盛饭时是方便的餐具，而扔在地上就叫“白色垃圾”。对待学生应该亲近他们，一视同仁。少一点审查责备的目光，多一些鼓励欣赏的语言，激励他们在成功和失败的体验中不断努力，继续学习，让他们的头脑多多地盛上知识的粮食，千万别变成空空的垃圾盒。

“排座位”乍看上去是小事一桩，其实其中蕴含的教育能量可一点也不小，这件事如处理得当，则既能让学生感到平等、受尊重，又能促进良好班风的形成。我们应把在班级中出现的每一件“小”事都当作大事来处理，让学生在每一件小事的体验中升华，使思想教育工作渗透到每一个方面，在潜移默化中改变学生的思想认识和行为方式，达到以人为本、和谐发展的目标。

严与爱——师爱天平的两端

“铃……”

我拿起电话：“喂？”

电话那边传来了熟悉的声音：“高老师，是我呀，您怎么不当我们的班主任了？”

居然是他——王某！

提起他，话得从两年前说起……

那时，我刚接了初一（1）班的班主任工作。军训时，王某就唆使外班的一名男生逃跑，但他自己却又把这件事向军训教官举报了。训练了两天，他又谎称自己肚子疼，躲避训练，私下却偷偷地吃冰棍儿、买零食……经过调查核实，我不仅教育了他，还让他在操场跑步，补上这两天因泡病号而落下的训练。开学后，第一次背诵语文课文，他就背不上来，我让他回家去背。谁知他第二天就把我告到了政教主任和电视台某知名栏目，理由是——高老师管得太严了。当我得知此事后，从教 8 年来，我第一次流下了眼泪。我对他采取的每一项措施都是合法的，有理有据的，是为了他好的，为什么换来的却是 100%的抵触、不理解和报复呢？我一直信奉“严师出高徒”的信条，难道错了？

恰在此时我看到一则报道：一位多年被评为“优秀”的老教师，批评学生太调皮，并把他的书包没收，说：“你明天不要来上学了！”这个孩子不敢回家，在外流浪了 4 天，最后被活活冻死了。当记者采访这位老师时，她还说：“我没做错，当他上课不听讲、捣乱时，我特别生气，要是我的孩子，我早就揍他了。”听到这些话，如同一声闷雷在耳边炸响，类似的语言我们是否听过、说过？

学生需要严格地要求，更需要宽容和理解。教师应有“为了学生好的好心”，但更要有一个好的教育结果。我们的言行，要考虑未成年人的心理特征和行为水平，特别是那些与众不同的学生的接受能力和心理感受。教师对学生的爱要以对学生的尊重和信赖为前提，对学生的严应当是严中有爱，严中有章，严中有信，严中有度。

此后，我对王某的教育态度转变了，做到严中有爱。当这个身高 1.8 米，体重近 150 公斤的“大块头”吃不饱时，我帮他向送饭的师傅多要些饭菜，把班里女生的饭菜提前给他拨出来一点；当他上课频频睡觉时，同意他带茶叶到学校来喝，并和老师、周围同学打招呼，帮助他、提醒他；当他信奉基督教，课间当众跪在地上祈祷时，帮他一起分析教义，一块学习《中学生守则》，引导他树立正确的人生观、世界观；当他参加校法制培训班痛哭流涕时，我帮他一起写体会，给他改发言稿……经过长期的民主平等的沟通，现在的王某不再是那个偏激、充满仇恨的困难生了。他曾在区历史期末统考中，取得了 100 分的好成绩，他写的文章曾发表在《北京晚报》上，他在校观摩班会上的主持工作获得了一致的好评，代表学校参加区跳绳比赛时，不仅奋勇夺冠，还主动为老师同学们准备了 20 多瓶矿泉水……

“高老师，我知道这两年来，我为您添了不少麻烦，您别生我的气啊……我知道您严格要求我，是为了我好。”听着王某诚恳的话语，我百感交集。严与爱，位于师爱天平的两端，我们要想方设法使之平衡，既不能毫无原则地一味表扬、姑息迁就学生们的错误缺点，又不能刻板僵化地只会批评。要做到严肃里见慈祥，爱之有理、爱之有方、爱之有度、爱之有效……这其中的艺术，恐怕我要用一生去领会。

以人为本，尊重为先。只有满足学生受人尊重的需要，才能很好地体现以人为本的教育理念。教育的艺术，说到底是师与生的磨合，心与心的交流。师生心灵相通，便能弹奏出优美的教育乐章。

将爱心进行到底

北京市海淀实验中学　周志花

爱的力量是教育中的重要力量。有位科学家说："人类在探索太空、征服自然后，终将会发现自己还有一种更大的能力，那就是爱的力量，当这天来临时，人类的文明将迈向一个新纪元。"而心中有爱才能向别人施爱。

作为一位班主任老师，我一直将"爱"字贯穿于整个教育过程的始终，并上演了许许多多有关爱的教育故事。我认为，班主任是一个班级的灵魂。有人说，一个好的班主任就是一个好的班集体，此话不无道理。班主任每天都要和学生打交道，每天都要面临班级发生的形形色色的事件，既要做学生求知的引路人，又要做学生进步的引导者。现在，学生中独生子女的比重较大，面对他们身上所具有的狭隘、偏执、任性和个性张扬等特点，班主任老师所做的工作既繁重又复杂，在对学生实行教育的过程中，单纯的强制性的训教方式，常常显得不能够适应学生群体复杂、个性突出的特点，而"和风细雨"式的爱的教育方式却起着不可缺少的作用。博大的爱会让学生刻骨铭心、永生不忘。

班主任的爱是打心里疼爱学生，这种"真爱"，不讲代价，不计得失，不图回报，只求孩子成人成才。这种爱是天地之间至纯至美的爱，是崇高和伟大的。一个老师有了对待学生如同对待自己子女一样神圣的情感，就会多了一种责任、一份压力。一直以来，我就是心怀这样的想法去面对我的学生，时刻铭记：奉献爱心，立足本职。

我是第一次从事班主任工作，在接班之初，我听说了有些家长对我的担忧：一个教小科（历史）的、年轻的、从未有过班主任经验的老师，我的孩子交给她能行吗？带着这样的顾虑他们想到为孩子转班，我知道后心里真的很不是滋味。我不服气，从那时起我就暗下决心，一定要成为学校中的优秀班主任。经过一年的工作实践，我用实际行动证明了我的价值，实现了我阶段性的梦想。如今我仍在从事班主任工作，我深知，带好班级必须开好头，首要一点就是要稳住学生的心，让他们尊重我、喜欢我，这样他们才会和我心往一处想，共建优秀班级。所以，我以"学习中的严师，生活中的大朋友"这一双重角色走进他们的队伍，也就是"严中有爱，爱中有严"。"严"的教育不多说，在此只想谈我这篇文章的中心——"爱"的教育。

一、用爱的细节感染学生

细节，最容易感染人。一部小说，催人泪下的往往不是那恢宏的大场面、大事件，反而是一些小小的细节，把爱的细节施给被爱的人，他就会时刻充满热情。当学生感受到老师的关爱时，他们就会把爱化为对生活、对学习的热情。

一天早上，我班居然有 7 名学生迟到了。天不是很冷，出现这一情况，也许是星期一上课，学生思想上不重视。可是，高一就这种拖拖拉拉的样子，真是让人气愤。我站在教室门口，把迟到的学生一一带到办公室。

走进办公室，我很生气，狠狠地把他们训了一顿，其中的一位女生还掉了眼泪，但另一位名叫张一的男生就非常不屑，他拿起书包就往外走，我的火气"噌"地上来了："谁让你去上课了？这个时候去教室敲门、开门不影响别的同学吗？""这是语文课！"他理直气壮地回答我。“那谁叫你迟到了？”我的声音也高了。“我不是故意要迟到的，我们住在一起的 3 个人，就我来得最早了！”“你整整迟到了 20 分钟，你还有理？”这孩子这样强词夺理，我被他气疯了，就把他从开学到现在所有不良行为一一陈列出来：“张一，我们班学生中就你最有一套了，开学第一天你没来；第二天缴费你迟到；前几天开运动会，都快入场了，还不知道你在哪里，全班同学就等你一个，然后，两天的运动会，你没有请假擅自不来，你给我说说看，你还有什么理由？在你眼里还有没有纪律？”“我有我自己私人的理由，我不想说。”天哪，这孩子怎么这样蛮不讲理的，我很激动：“好，我来说，我要是擅自不来上课，也不请假，领导问我为什么不来上课，我就说我有私人的理由，你是高一的学生，你来说说看我想干什么，我是不是想回家去了。”

我一边说着一边去找家长联系册，此时，张一开始告饶：“不要，老师，我错了，我下次不再迟到了。”下课铃响了，我让其他几位学生去上课了，但我没有让张一回去。一则我想让他心悦诚服，再则，我也要让自己心安，万一他很脆弱，承受不了我刚才的批评，那我不是跟自己过不去吗？我记得一位前辈说过，对学生的教育批评很多时候是不能较劲认真的，睁一眼闭一眼，不就什么都过了吗？这真是经验啊，我要息事宁人。我让张一坐在我的旁边，开始检讨自己刚才太激动了，同时十分诚恳地让他说说我的不是。“你对上课纪律、卫生这一切太计较了。有一点不好，你就批评。譬如，卫生没做好、谁没穿校服，班级文明分被扣了，你马上就在班级上讲了又讲，我很反感这些。”“可这些是日常行为规范，每个学生都必须遵守的啊！有个别人是敷衍了事、不认真才做不好，那你说要不要批评呢？”“你应该私下里找他谈话才好。”我点点头，让他继续说下去，直到确认他不再记恨我的批评为止。

此后几天，我一直在困惑和反思：现在教育思想的主流是民主、平等，要爱字当头……这一切，我相信老师都可以做到。譬如，接下去再发生迟到现象，我不会这样痛心疾首地当回事，完全可以做到从学生的角度去理解他们迟到的原因，了解一下情况，然后提一下自己的希望；学生不管怎样不遵守校规校纪，我都可以从学生的角度出发，相信他们的理由并予以适当规劝；我可以按捺自己的火气（虽然我是个正常人），面对犯错误的学生不伤其自尊地私下里约其“谈谈”……可这究竟是不是爱？这样的教育究竟是否和社会合拍？为什么学生服从某个老师的管理才算是这个老师的成功，而不是在教育中提倡服从的理念——服从行为规范的约束而不是服从某个人？人是要走向社会的，有些服从是做社会人必须有的底线。为什么学校的教育不能强硬地对学生说：错了就是错，没什么理由可讲，而是要承认错误并承担错误行为带来的处罚。难道这不是责任心的培养？我不知道自己该怎么做，如果再面临以自我为中心的学生，我不知所措。现在的学生真难教？现在的老师还有严厉的权利吗？现在的学生要不要讲“规则”？

二、用爱的感觉滋养孩子

人生最先应当接受的就是教育。没有情感和感情淡漠的人，他的人生肯定是没有光彩，不幸福的。现在，很多学生患有“感觉缺乏症”，对什么事物都没有感觉，对亲友、老师、同学以及各方面给予他的爱全然“没感觉”，孩子的“没感觉”，很大程度上在于我们的家庭教育和学校教育对孩子的感情培养上有欠缺。这样的学生会走向自私，即使他经济上很富有，但仍然不会幸福。我总教育学生：只要你们尽力了，无论你做到什么程度，只要和自己过去比进步了，我都会认为你是好学生，会一直以你为骄傲，不在乎你将来是工人、农民还是教授。通过这种方式，在孩子心中播下爱的种子。值得欣慰的是在我的班级中许多学生告别了自私、冷漠，而变得大度、热情。这无疑是因为爱的存在才产生的效应。

三、用爱的行为影响孩子

行为的作用，胜过千言万语。俗话说，榜样的力量是无穷的，榜样胜过言语。作为班主任，我应该是学生行为规范的领路人。因此，我力求成为学生心中的楷模：如果希望自己的学生品德高尚，自己就不要做不道德的事；如果不想让学生欺负别人，自己就不能打骂体罚学生；如果希望学生仪容仪表符合学生身份，你自己的仪容仪表首先符合教师身份……简单一句话，为人师表，时刻培养学生的规则意识，这将决定孩子的素质。如为了修正学生的仪容仪表，我首先拿掉了所有饰品，穿衣着装也都是以得体大方、符合教师身份为标准。回顾起来，这种榜样行为的确能够给学生带来无形的影响，这种方式的影响胜过言语的说教。

四、用爱的理由拒绝学生

爱学生是有原则的，迁就学生不是真正的爱，娇生不能惯养。学生的欲望是无止境的，你不可能事事都能迁就和满足他。总有一天，你会拒绝他，而此时的拒绝会比当时的拒绝给学生的打击要大得多。当学生放纵的欲望被拒绝时，轻者会造成学生的焦虑恐惧，烦躁不安和悲愤绝望的心理，他会觉得世界上谁都跟他过不去，严重的情况下，还会引起学生的轻生行为。

有人说："如果想培养一个无赖，那就尽情地去放纵他、迁就他；如果想培养一个很棒的学生，那么，面对学生不合理的要求，就要坚持用爱的原则、爱的理由拒绝他。"这方面我深有感触。

我所管理的班级中曾经有一个很不易管理的学生。初中 3 年打架、旷课等成了他的家常便饭，几乎成为所有老师的大难题。他总是表情很冷漠、目中无人的样子，被熟悉他的同学封为"打架单挑王"。到我的班级后，我本着当众表扬优点，背后谈缺点的态度靠近他，然而我的这种爱心教育对他并不起作用。终于有一天，在我和他之间发生了一件教育转折的大事。事情就发生在一个下午，中午午睡时间到了，这位男生还在操场的健身器上有说有笑地运动着，我把他叫到教室外面和他谈话。还不到 3 分钟，他就被从走廊经过的校值周老师叫到政教处，原因很简单，仪容仪表不符合学生身份。后来，情绪激动的他决定以放弃学业为代价来发泄对老师的不满，并且不顾老师的阻拦跑出了校门。

我知道情况后，当然要对他的这种冲动给予制止，可还是没有成功。他像一匹受惊后挣脱缰绳的马不顾一切地冲出校园。就这样，他在前面跑，我在后面追。我本不善于长跑，但基于责任，我还是得坚持下去。我也不知道跑了多久，鞋跑掉了，穿上再追。我只是凭着一个信念支撑着——一定要把他找回来，我不可以让我的学生从我的班级里掉队。终于，他的身影进入了我的视线。就在我快达到生理极限的时候，他忽然出乎我意料地回头看了我一眼，然后就停下来了。当我把脚步艰难地挪到他面前时，也不知道是焦急还是心痛，我情不自禁地掉下了眼泪。他看我哭了，他也哭了。我们没有马上回学校，而是坐在地上谈了 1 个小时。谈话时他说："这是我第一次在老师面前哭，在跑的过程中我想了许多。我原以为我做的已经比初中时好很多很多了，可还是总感觉谁也看不上我。其实，我一直一边跑一边回头看看您有没有在后面，我也没想到老师您一直追随在我背后，因为自从我上学以来，所有老师都是以纵容的方式放弃我。当我看到您的一刹那，我发现我错了，我如果还跑，那我还是人吗？……”说着说着，他已经泣不成声了。我听后及时给予了爱的回应。但这种回应是有原则的、理智的，让他感觉到即使犯错了，也是用爱的理由拒绝他的。渐渐他的情绪稳定了，辍学的念头也打消了。

这次“痛苦的赛程”经历，使他已经从心里完全接受了我，并且把我当作朋友，和我讲述了许多他的隐私。最后，他心甘情愿地让我陪他去美发店剪短了头发，并笑着说：“老师你真厉害，你是我上学以来第一个能够说服我的人。”当我把他带回学校后，他还顾虑着自己是否因为冲动而受到学校的处分，这时我告诉他，即使有这种结果你也得和我去值周老师那里接受检查，你是男子汉，要敢作敢当。但是，当我把他带到值周老师面前时，他却受到了许多老师的表扬，而这无疑给他带来了意外的惊喜。他本人在爱的感召下，主动表态：以后头发长了自己主动剪掉。后来这个学生步入了正轨，每当做事冲动时，他说他就会想起和我的那次“赛跑”经历。

谈了这么多，我觉得，教育应该是心的教育、爱的教育、责任教育。教师不仅要成为知识的传播者，也要成为他们喜欢的大朋友，做到“爱生如己，教生如子，待生如友”。为了学生的身心健康，让我们舒展博大的胸怀吧！爱，是心灵的呼唤，在师爱的呵护、熏陶中，学生便没有心的荒漠。我在班主任工作中，深深感受到：班主任要有一颗慈爱之心，“从心开始”。在处理学生间的偶发事件及规范学生的日常言行举止时，用爱去沟通师生情感。古人云：“动人心者，莫先乎情。”在班级管理中要注重师生情感的沟通和情感的投入，因为在班级人际关系中，情感能起到一定的感化作用，成为潜移默化的心理动力。注意用爱的雨露洗涤恶的行径，这是班主任卓有成效地完成思想教育任务的有效手段。

最后，我想引用一段话来结束我的文章：“教孩子一时，要为孩子考虑一世，教孩子 3 年，要为孩子考虑 30 年，要为国家考虑 300 年。这就是对孩子的一生负责！”

做“示以美好、授以希望”的幸福教师

北京市海淀实验中学 胡 芳

作为普通中学里一名最普通的教师，我每天面对的是成绩和表现平平的孩子们，但在我心中却始终有个不甘平凡的理想——做“示以美好、授以希望”的幸福教师！人生短暂不可重来，青春年华稍纵即逝，怎样才能帮助孩子们打造一个无悔高中？已有的经验方法很多、科学理论也不少，然而“道虽通不行则不至、事虽小不为则不成”，在平凡的点滴小事中不断积累，久而久之一定能看到润物无声的美好改变。

一、“女巫”百变成“天使”

曾经有个叫依依（化名）的学生，虽然长得不漂亮但却十分有灵气。才开学一个月她就先后主动“追求”两位男生。第一个男孩子性格内向不善言谈，无论是同学还是老师都不能理解依依这样的“疯丫头”为什么会“喜欢”与她性格迥异的木木（化名）。没过多久她就有了新的目标，这一次她盯上的竟然是与木木性格完全不同的武武。依依这样的表现激发了我了解依依家庭背景的冲动。经过了解才知道，依依活泼、聪明，但平时却没有人关心。了解到这样的情况，我对依依不禁产生了十二分的怜惜，还增加了一份责任感，我想给她更多的爱。此后，我经常有意地接近她，会时不时地拉拉她的手，抚摸抚摸她的头，让她感受我对她的关心。遇到她不会的题无论多晚都会给她讲。日子没过多久，一天，因有位男生逃值日我“大发雷霆”，她特意走到我身边：“老师，不要生气，他逃了罚他就是，但是您气坏了身子就不值了，要想开。”我知道我已经在她心里了。

二、做有错就改的人

我曾经对班级第一名崔佳佳（化名）总是不断地提出“更高的要求”，本意希望其不断进步、逐步超越。但是，孩子却不能理解我的做法，甚至因此伤心，给我写了两页的信“诉苦”。我立刻意识到：每种教育的方法都有其适用的特定人群，不是每个孩子会对同一个方法有相同的感受，这件事我有错！那么，我必须向孩子道歉，所以写了一封真诚的道歉信。真心换来了这个孩子的理解，也帮我赢得了全班孩子的尊重。

三、事虽小不为不成

经常看到教室里空无一人却开着所有的灯；总能发现学生椅子周围散落的水瓶、被随手丢弃的垃圾；几乎每节体育或音乐课时教室多媒体都开着；教学楼摆放的钢琴总是有人弹完不记得盖上琴盖儿……其实，这样的现象看过很多次了，但每次看到这些情景内心都有些隐隐作痛：我们的国家还需要几代人才能真正杜绝浪费？还需要多少年我们国家全民的公德素养才能真正全面提高？

为此设计了《我最渴望看到你……》主题班会：

一走进教室就看到了讲台上“显眼”的食品袋和打开的方便面调料。所以，晨会一开始老师讲：“上周五老师去海淀教师进修学校学习，台上是清华附中的老师在讲解这学期的教学安排，台下你们猜怎么着？”学生好奇地问：“老师们都睡着了？”老师继续说：“有位老师迫不及待地“咔咔咔”剪起了指甲，没过一会儿另有一位老师的手机铃声嘹亮地响彻全场。”学生发出唏嘘声……

“同学们鄙视这样的教师对吧？今天早上我一开办公室的门就看到办公室热水器开了一夜没有关，公用电脑也整夜亮着。”学生问：“谁干的？查查谁最后一个走的？真没素质……”

“同学们一定在想：我们的老师可真没素质，甚至有的同学还对这样的老师非常厌恶鄙视，对吧？”

老师接着说：“每天放学后我都会检查班级值日生的工作，发现讲桌是非常干净的，垃圾桶也是冲洗一新的……可是……（举起讲桌上早晨发现的垃圾），为什么第二天早上讲桌上总有吃完的小吃袋子？垃圾桶里为什么有少半桶的垃圾呢？我们班的废水瓶箱里为什么总有没喝完的水？究竟是谁这么浪费？当物理课上老师演示物理实验失败的时候为什么总能听到一个声音说：“漂亮！”实验失败了究竟“漂亮”在哪里了呢？周一升国旗的时候是谁在国旗升起的瞬间还要聊天甚至打闹呢？”

有的同学低下了头……

我们的学生不是不听话，是我们做老师的还没有找到那句真正能走进他们内心深处的话；我们的学生不是没有素质，是多少年的生活习惯造就了他们一些坏习惯；我们的学生不是做不好，是他们还没有发现努力做好的理由。作为老师我们最在乎的应什么？是学生的成绩，还是他们作为社会接班人应具备的素养？

年轻的时候也希望自己能有机会为学生做些轰轰烈烈的事情：为他们挡挡子弹、替他们应对歹徒或是把他们从飞驰的车轮下救出……但是，做了十几年教师后发现大部分人的生活是平淡无奇的，中国好老师千千万，有辉煌事迹的很多，但平平凡凡工作的是大多数，能在平凡中为学生“示以美好、授以希望”也是非常幸福的事情。

将梦想变成现实

北京市海淀实验中学 马艳红

2014 年 9 月 9 日，习近平总书记和北师大师生代表座谈时说，教师重要，就在于教师的工作是塑造灵魂、塑造生命、塑造人的工作。一个人遇到好老师是人生的幸运，一个民族源源不断涌现出一批又一批好老师则是民族的希望。

怎样才能成为好老师呢？习总书记说："有理想信念"帮助学生筑梦、追梦、圆梦；"有道德情操"做以德施教、以德立身的楷模；"有扎实学识"给学生一碗水，教师要有一潭水；"有仁爱之心"要用爱培育爱、激发爱、传播爱。

一、用细心逐梦——教师有梦想才能助力学生实现梦想

我于 2001 年参加工作，在平凡的教育教学岗位上辛勤耕耘已经 15 年了。在同事眼中，我始终是一个为人正直、朴实真诚的"小马"。我责任心强，凭借多年班主任工作经验从容走上年级主任岗位；我力争上游，曾被评为"北京市青年岗位能手"称号；我勤于钻研，是海淀区青年教师基本功大赛教学设计一等奖获得者，被评为海淀区数学骨干教师。

荣誉的取得都源于我对教育事业的热爱，源于我对自己一个优秀教师梦的追求，正像习主席说的那样，做一个帮助学生筑梦、追梦、圆梦的教师，首先自己就得有梦想才行。

在研究中获得专业发展。2012—2014 年，我连续 3 年承担高三毕业班班主任和数学教学工作，兼任文科数学备课组长。我研究学生学习特点，学习教育教学理论，认真用心备好每一节课。我的课注重培养学生的思维品质，得到了海淀区教研员的充分肯定认可，参与编制了海淀区一模、二模试题。虽然是小小的进步，但是每一份成绩都是我前行的动力。

在多年高三数学教学中，我不断超越自己，创新教学方法。了解到学生面临较大的学业负担和学习压力，独创了"一道题作业"，精选习题，针对个体，而且对每名学生面批面改，找准学生的疑难点、"卡壳点"，帮助学生从一道题入手搭建知识网络，极大地鼓舞了学生的学习积极性。在 2014 年的新老高三交流会上，我把自己的成功经验对全体新高三老师做了交流。

2013 年，我撰写的论文《怎样上好复习课》获得了海淀区一等奖；2015 年 3 月，在中国教师教育网国培视频课程建设中，我的专题讲座《数学学习习惯的培养的案例》入选，被聘为 2015 年《课堂里的教学问题——解析与应对》高中数学学科网络远程培训课程项目团队专家。

教育案例《走进学生的心灵世界》《真情、真心、真爱学生》《可持续发展教育观下的教书育人》入选学校优秀案例；2015 年 1 月，获海淀区中学社会主义核心价值观主题班会课三等奖。

"问渠那得清如许，为有源头活水来"，我一直坚信：教师要做专业的专家型教师。教师只有不断提升自己的专业素养，钻研业务，努力提高自己的教育教学水平才能真正提升教育品质。

二、用爱心筑梦——“有道德情操”做以德施教、以德立身的楷模

爱心是教育的良心，是教育的基础。没有爱心的教育只能是教学而不是教育。

热心公益，从我做起。读大学时，我就参加中国红十字会无偿献血；汶川地震、玉树地震、南方冰冻灾害，我积极捐款捐物，奉献爱心。作为班主任，我以实际行动支持和鼓励学生做公益。

2015 年暑假，我所带的高一（1）班学生参加全国妇联组织的反映“打拐”主题的话剧公益演出《回家的希望》；2015 年 10 月，我组织高二同学举行纪念钱学森逝世 6 周年主题教育活动；2015 年上学期，组织高二年级学生到天云听力言语康复中心开展志愿者活动，并结成长期联系的对子。以身作则，从我做起，用自己的实际行动形成一种特殊的感召力，这样更能赢得学生和同事的信任与尊重。

我认为，班主任不仅要有学识，更要有道德、理想和情操，要把塑造学生正确的人生观、世界观、价值观作为首要任务。我的班有一个独特的惯例——早间演讲。每天早晨 7:20 准时进班，风雨无阻。每天清晨 7:30，早间演讲开始了。

根据主题，每天一名同学轮流进行 10 分钟演讲，要求内容积极、阳光、有意义。演讲结束，同学相互评论，我再适时地加以点评，引发共鸣。同时，安排一名同学对每月进行的演讲内容进行整理，印发全班同学，相互学习借鉴。早间演讲目的是让学生每一天的学习生活从滋养心灵开始，从观察社会、关注热点开始，学会正确评价周围的人和事。全班同学共同讨论，为的是形成一个积极、健康、向上的良好氛围。

做学生的“知心大姐姐”。从参加工作开始，我连续 10 年担任班主任。2014 年，又开始带新一届学生，首次担任高一“钱学森班”班主任。虽然已经是一位经验丰富的老班主任了，但毕竟遇到了新的集体，我更加注重深入了解学生。军训期间，学生顶着烈日完成一天的训练，回到宿舍的时候，每人都在自己床上发现一张小纸条，是“知心姐姐信函”。短短的信，记录了当天他们表现最为出色的瞬间，写着对他们鼓励和赞赏的话语。孩子们霎时忘记了疲惫，丢掉了烦恼，内心升起一种自信和向上的力量。

每天，每位同学都能收到一封“知心姐姐”的来信，这是多么大的鼓励啊！因为要给每人写一封短信，我认真了解每位学生一天中的表现，观察他们的闪光点。这封信，迅速增进了师生之间的感情，赢得了学生对老师的信任。一个力求上进的班集体，一下子就凝聚到“知心大姐姐”周围。

班集体要能持续成长，需要家庭教育和学校教育形成合力。我启用了“家校联系册”沟通模式，得到了学生和家长的认可。每名学生一本“家校联系册”，每周一页，学生记录一周来的感触、收获和不足，我逐一给每个孩子写下赞赏、鼓励的话，或改进的建议，写下老师印象最深的一件事。

这本特殊的小册子，是师生心灵沟通的重要载体。周末，学生非常愿意看到自己一周的收获，尤其是自己在老师眼中的进步。孩子的家长阅读后，也写上他们的感触和想法。这本不起眼儿的小册子，因为真诚而珍贵。学生毕业时，我将“家校联系册”作为一份特殊的礼物送给他们留作纪念，孩子们的感动之情难以言表。

我用责任心和工作态度为孩子们树立了榜样，用智慧赢得了孩子们深深的爱。长期坚持下来，我成为孩子们心目中无可替代的知心人，班集体有着无比强大的凝聚力。他们收获了

运动会一等奖、艺术节一等奖、主题班会一等奖、诗歌朗诵会一等奖……

三、以协作之心助力团队成长

2015 年 9 月，我担任高二年级主任。梳理了年级阶段性培养目标，和老师们一起开展“群星闪烁——身边的榜样”评选和表彰活动。每个月，年级评出智慧之星、体育之星、劳动之星、纪律之星……每月“群星闪烁”评选，引起全年级学生的关注，为同学们树立了自己身边距离最近的榜样。

在“群星闪烁”评选过程中，年级确定了一整套确保公开、公平、公正的评选机制，由同学集体确立评选标准，公开推荐。高二年级在每月“群星”评选中形成了独特的管理模式，“群星闪烁”也成为一项品牌活动。

2014 年暑期，我和卢明老师参加由中国青少年研究中心组织的“领越”青少年领导力课程培训。此后，我和卢老师在年级开设了“青少年领导力培养”校本课程。经过一年的实践，我们共同合作，编写了适合海淀实验中学高中学生特点的“青少年领导力培养”课程教材。目前，已列入学校重点建设的校本课程，我们开发的校本教材即将投入使用。

同时，我带领高二年级全体班主任启动“主题活动的设计与实施研究”，正在申报为海淀区“十三五”课题。

长期的教育教学实践让我更加热爱教育事业，我的心愿就是在自己平凡的岗位上，做学生健康成长的引路人和筑梦人。我会不断在教育教学中追逐自己的梦想，与我的学生一起，共同努力，共同成长，为实现伟大的中国梦贡献自己的力量。

选择教育事业，我无怨无悔；选择教育事业，我骄傲！

帮孩子丰满羽翼，他会飞得很高

北京市海淀实验中学　郑常艳

高二暑假补课期间，为了尽快了解学生状况，作为中途接班的高三新班主任，我让学生以自己的方式给我写一封信——“老师，我想对你说”。当我接到曹磊同学（化名）用电子版精心书写的长达 1 000 字的信时，我感动中带着惊讶。现将部分内容摘抄如下：

我是从普通班来到（3）班的，（3）班是我校的理科实验班。我怀着很强的上进心以及很强的荣誉感进了（3）班。我的目标就是坚决不能给（3）班丢人！我努力学习。自己已经努力了，可成绩却总是不理想。寒假中我接触了一本关于佛法的书，让我顿觉有了强大的精神支柱，于是运用它及自身感悟来为人处世。可开学后的考试成绩令我瞠目结舌，班级倒数，随之而来就是极其烦躁、郁闷、混沌的心情。不过我是幸运的，在本学期期末考试前我算是想明白了，努力不一定成功，但是不努力一定不会成功。对佛法的感悟也进了一步，以随遇而安的态度去付出百倍努力；以不求收获的心去享受过程中的喜悦；以痛苦、枯燥无味去磨炼自身意志，从而达到以苦为乐的境界。现在目标很明确，我要上一本。我相信自己有这个实力。虽然离目标有很大的距离，但我只需做到付出努力就好了，即使结果不如意，也可问心无愧！

这是一个力求上进而成绩始终不理想，内心矛盾、无法自拔，只能从佛法中寻求自我安慰、寻找失败借口的孩子。我无法相信一个孩子能够陷入佛法之中！我必须让他尽快地从所谓的佛法中解脱出来，转移注意力，让他树立正确的人生观！

第一次与曹磊的谈话是看了信之后的第二天，我结合他高二整个一学年的学习状况来谈。谈学习、谈高考、谈希望并鼓励他。临走送给他一本书——《四点三程主动学习法》。可是，第一次谈话时，他手上拿了一串佛珠在数，当我与他之间的情感没有达到一定程度时，我不想过早地触及敏感话题，我装作未看见，但这个孩子已经进入了我的视线之中了。

课堂上，当我满怀激情地把简单问题抛给他，期望能唤起他的自信时，换来的却是他游离的眼神；课后，当我准备对他进行晓之以理的谈话时，却发现他依然无动于衷、我行我素；曾经，我的心一点点冷却下去，甚至有说不出的恼火、伤心，但教师的职责告诉我不能放弃他！

我扪心自问：我对他倾注了我的爱心吗？当他遇到困难时，我用热情的话语鼓励他了吗？当他受窘时，我说句解围的话语了吗？当他自卑时，我用他的“闪光点”燃起他的自信心了吗？当他痛苦时，我设身处地地为他着想了吗？“金凤凰”人见人爱，而“丑小鸭”更需要爱。唯有爱满天下才能换来桃李芬芳。我面对的不是一个孩子，而是一个家庭，甚至是整个社会，是中华民族的伟大复兴！我再次追问自己：我爱学生吗？

我从《中小学教师职业道德修养》中找到了答案：爱岗敬业精神是师德的核心内容。教师应该热爱教育事业。教师的劳动是平凡的，教师的生活是清苦的。但教师在知识结构的完善方面有自求自得的充实感，在精神寄托方面有育天下英才的自豪感。教师的工作，使无知的顽童变成了优秀学生，使迷惘的青少年成为祖国的栋梁，使我们的社会主义建设事业后继有人。多么崇高的一份职业！但这事业只有用我们的爱心去做，才能做好。

教师对学生的爱，与一般的人与人之间的爱有所不同。它不是来源于血缘关系，也不是来源于教师的某种单纯的个人需求，而是来源于人民教师对教育事业的无限忠诚，来源于教师对教育对象的正确认识、满腔热情和无限期望，是教师所特有的一种宝贵的职业情感。苏霍姆林斯基曾说过："我一生中最主要的东西是什么呢？我会毫不犹豫地回答：热爱儿童。"的确，当教师必不可少的，甚至几乎是最主要的品质就是热爱学生。只有给予学生爱，让学生感受到爱，体会到被爱之乐，他才会学着去爱别人。

"爱"是建立良好师生关系的催化剂，是良好的师生关系得以存在和发展的坚实基础。我开始每天微笑着面对他，利用课余时间与他谈人生，谈理想，与他制定切实可行的学习目标；和他一起探讨学习数学的重要性和必要性及学好数学的有效方法；每次考试后，我都会在试卷上写上几句鼓励的话语："祝贺你这次考试成功！""别灰心，你肯定行！老师相信你！""不懂多问，老师愿意帮助你！"给予他积极的心理暗示：你就是老师喜欢的孩子。同时，我在他身边安排一个学习成绩比他好的同学帮助他，影响他……

逐渐他手上不再有佛珠，成绩开始出现及格科目，年级名次开始靠前。一学期下来，这孩子的表现让我有欲罢不能的欣慰和感动，他的进步一次次地温暖我的心田。高考前，班里组织师生聚餐，我一落座，就有很多学生来敬酒，曹磊也在其中。他一直等到最后一个，对我说的第一句话是："郑老师，感谢您没有放弃我，还有 3 天就高考了，相信我，一定能给您交份满意的答卷的。"作为一名教师，我还奢求什么呢？当时，我在心里对自己说："在日后从师的日子里，我绝不会放弃每一个孩子，要做好学生成长道路上的引路人！"

想当初，高考填报志愿，我义无反顾地选择了"学高为师、身正为范"的三尺讲台，开始了用粉笔书写人生的历史。然而，面对当今社会各方面的压力，我也为是坚守岗位、成为广大教师的表率，还是为"脱贫致富"而跳槽改行、下海经商，或身在曹营心在汉而苦闷过、彷徨过。我深信，没有"爱"就没有教育，只要我们心中装着"爱"，我们就能甘守清贫，爱岗敬业不犹豫。面对教育改革的考验，面对实现"中国梦"的重任，我们坚守当初的选择，无怨无悔而乐于奉献，愿做孩子成长道路上的引路人！

师爱之“魂”之我见

北京育英学校 胡金辉

随着教育实践的时间越来越长，我越来越深刻地认识到，教师是一个播撒爱的岗位，深沉而真挚的师爱，是每位教师的力量之源，成功之本。师爱是朋友之爱、同志之爱，因为师爱的基础是平等。以感情赢得感情，以心灵感受心灵，教师真诚的爱是开启学生心灵的钥匙，老师的爱同时又是一种艺术，内容非常广泛。我和我的学生的故事就以“师爱之‘魂’是什么”为主题来谈谈我个人的一些深刻体会，希望能与大家共勉。

一、接纳与宽容学生

人和人从根本上是不同的，我们每一个学生观察世界的方法都不同，每一个学生都是与众不同的人。我们不仅应接受，更应珍惜每个学生的特性。这往往会给我们带来巨大的挑战，这需要我们教师有一颗宽容的心。

一次上物理课，发现王雪阳同学没有认真听讲，而是低头在桌面下用小剪刀在剪“手拉手跳舞的小人”的剪纸，并得意地递给了旁边的同学欣赏，自己拿着另一张纸又开始了创作。当我走到她身边时，她一下面红耳赤，很是紧张。我接过她剪的小人看了看，情不自禁地用欣赏的口吻说：“你的手好巧哦！这小人剪得太可爱了，有时间教教我吧。”然后把剪纸交给了她。我能看得出她的惭愧、内疚和感动。课后她主动找我承认了错误，还真教我学会了不少剪艺，更主要的是，从此以后，她像变了一个人，上课专心听讲，作业也很认真，成绩不断上升，各方面进步非常快。

没有厉声训斥，没有唠叨的说教，而学生的心灵却受到触动，错误却得以改正。这就是宽容的力量。我们要相信“无论多么寡言、腼腆和平庸的学生，在心灵深处都珍藏着一颗渴望他人肯定，渴望进取的心”，要相信“每一个学生都有其闪光的地方”，要相信“三百六十行，行行出状元”。只有这样我们才不会忽略每一个学生，才能接纳每一个有特性的学生，才能帮他们找到并发扬自身的闪光点，使他们克服缺点，不断前进。

二、理解与尊重学生

对学生来讲，师爱的最重要的含义就是理解与尊重。这就要求我们教师要尽量使自己具备“学生的心灵”——用“学生的大脑”去思考，用“学生的眼光”去看待，用“学生的感情”去体验，用“学生的兴趣”去爱好。当我们真正这样去做时，我们会惊奇地发现学生越来越乖，越来越聪明，他们正在朝着我们理想的方向茁壮成长。

在我当上届初三（3）班的班主任时，我班上有一个叫沈钧钎的男孩，我至今还记忆犹新：瘦瘦的个子，俊俏的脸庞，大大的眼睛转个不停，酷爱打篮球。那时候他老给班里捅乱子，还经常逃课，承认错误比谁都快，但总是转身就忘。有时，我实在无法控制自身情绪对屡教屡犯错的他大喊大叫时，他就会变得非常蛮横与我顶撞，导致我们的关系非常紧张。后来我经过反思自己的教育方式，改变了不管什么场合、不管当着多少人都直接训教他的做法。我通过其他同学侧面了解了他，才知道他是个离异家庭的孩子，有自残的倾向（胳膊上经常有自咬的伤痕，指甲经常咬得流血），因而造成了他现在这种状况。了解了他的这些情况后，我觉得心里很难受，很愧疚，为自己对他了解太少，关心太少，对他的训教过多而感到深深的自责。于是，我再也不当着全班的面批评他，而是寻找一切的机会，满腔热情地从各方面接近他，找他聊天，教他学习，给他单独讲解物理题，跟他交流身边生活中的一些事和人的看法，借给他喜欢看的一些课外书，学校班与班之间的篮球比赛活动中让他当我们班篮球队的队长，使他在全班面前有展现自身优势的机会，等等。慢慢地笑容洋溢在他的脸上，他不仅上课不再捣乱，副科不再逃课，而且还学会主动承担责任、愿意帮助别人，成绩也一天天上升，后来中考还考上了自己理想的高中。至今，我还记得结业式当天，班级所有学生离开之后，他特意留下给我深深地一鞠躬，感谢我一年来对他的教育和帮助的情景。也许这就是当老师最感动和最幸福的时刻！

可见，每个学生都是有潜力的，而能否发挥他们的潜力，关键在于老师能否从他们的角度理解与尊重他们，走近他们并走进他们的心田，从细微处发现学生某一方面的闪光点，进而鼓励他们，激发他们克服困难的勇气，让学生对未来充满希望和斗志。

三、信任与引导学生

林崇德教授在写给中小学教师的书中也说过这样的一句话：“我的学生一定能成才。”还有像“我的学生一定会进步，会成才”“我一定能教好学生”等类似的话语都反映了教师对学生的一种期望、一种信任，也体现了教师自身的一种教育观念、态度和坚定的信念。而教师的教育观念或信念是其从事教育工作的心理背景，对他们的教育态度和行为有显著的影响。

如我现在班里的马阅頔同学就是个很有个性的男孩子，他聪明好动，性格外向，但老师们都不太喜欢他，原因是个性强，不服管。我在与他的接触和对他的观察中发现他思维特别敏捷，而且特别要强，他好表现自己，有很强的号召力，有时不懂得谦让，常常引起老师和同学的不满。课间我还经常看见他从同学中间走过时总是不时地用手挨个拍打男孩子们的头，与他们逗着玩，特别好动。于是，在一次课堂练习中他抢先解答完之后，正低声讽刺和嘲笑周边同学思维慢时，我把他叫了起来，他以为我会对他大声训斥一通，所以他装着对老师不屑一顾的样子正玩世不恭地故意左顾右盼呢！而我却当着全班同学的面表扬了他：“你们看马阅頔同学不仅自己解题快而正确，而且还知道热心帮助旁边不会的同学呢。”我看他的脸一下红了，然后我还让他到黑板上把他巧解此题的过程给大家展示了一番，全班同学还为他鼓掌叫好呢。最后，我当着全班同学的面对他充满信心地说：“老师相信马阅頔同学以后能用更多更好的方法来解决学习中的问题，同时更好地帮助学习基础弱的同学。”给学生充分信任，其实就是给学生最大的鼓励。自从这以后，他的纪律观念明显增强，而且特别乐于助人，成了老师和学生都喜欢的优秀学生。

人最根本的持久的内心动力是人所追求的自我价值，这需要有一个良好的信任孩子的环境和相关的发展主体性的教育条件，有了对孩子的信任、引导，孩子就会形成健康的自我价值并具有为之奋斗的原动力。

我国著名的教育家陶行知先生也曾说过：“真的教育是心心相印的活动，唯独从心里发出来的，才能打到心的深处。”就让我们用真诚的爱心去开启学生的心灵，去滋润学生的心灵，让我们的学生在爱的阳光下健康快乐地茁壮成长吧！

让我们心中充满爱

——我的教育教学故事

北京育英学校 贾 燕

岁月迈着匆匆的脚步永不停息地向前走着，它企图以时间的距离让人们淡忘一些往事。它永远都不会明白，有些往事已经被人们用感情的方式保存在自己的记忆深处，又让人怎么能够忘却呢？回首在学校的这几年里，我的身边发生过很多很多的故事。这些故事是我们这些做教师的在教育教学过程中的一个个“小插曲”，伴随着我们一点点地成长。记得有一位教育家曾经说过：“教学的艺术，不在于传授本领，而在于激励、唤醒、鼓舞。只有兴奋的情绪才会激励人，也只有主动性才能唤醒沉睡的人。”只有我们坚信学生一定会成功，学生才会从教师的爱中获得一种信心和力量，才会情不自禁地投入学习的过程中来，从而迸发出智慧的火花，激起学习的欲望。教学是一门艺术，也是一门科学。作为科学，它要求教育者善于发现和利用教育规律；而作为艺术，它要求教育者要以人为本，善于春风化雨、润物无声地启迪学生的心灵，激发他们的创造力和探索兴趣，帮助学生通过学校生活构建起属于自己的完整的精神世界。对于我们老师来说，要做到：对待学生要有爱心，辅导学生要有耐心，教育学生要有诚心。只有一心一意善待每一个学生，才会在教育教学上喜获丰收。下面是发生在我的教育教学过程中的一个小故事。

那是 2013 年的秋季，学校让我担任初二（8）班的班主任，同时担任他们的物理老师。物理是起始学科，而我又是新班主任，学生们对我和这门新的学科都有着新奇感，在我的课上表现都很积极，唯恐自己在老师那儿没有留下什么好的印象。也正因为如此，我也就很快地掌握了本班学生哪些上课爱思考问题，哪些在学习上很用功，哪些上课喜欢“捣乱”等基本情况。其中有一个学生引起了我的注意。他的名字叫伟。在开学的第一个月里，我已经见识了他的超级个性和不可低估的影响力。有一次，我给班里的学生布置了一项作业，就是用白纸打印几个题做。第二天早上，我看作业的时候发现，他的作业就像是美术作业，搞得特别夸张，我实在无法接受，就很生气地在班里说了这件事。但是他却不以为然，当场和我顶撞起来，一点儿也没有觉得自己有错，于是我就对他大呼小叫了一番，彼此谁也没有让步。在这之后的几天里，我们两个冷战起来。为了解决我们班的这个大“难题”，我也多次向其他任课老师请教缓和我们师生关系的方法。同时，我也在积极地想对待他的方法。

首先，我对他进行了认真的分析。伟特别聪明，而且很有才华，和同学们相处还算融洽，有一定的影响力。上次作业的事情，其实他想表现自己的个性或者说想引起我的注意。而我没有给他表现的机会，或者说他没有想到我会批评他，因此，我们之间就产生了隔阂。伟不是老师眼里的中规中矩的好学生：个性很强，爱发表自己的意见，而且必须是自己的观点永远是对的；上自习课的时候从来都是我行我素，说话非常随意，其周围的同学也很受影响。如果能很好地发挥他的才华，让他和同学之间多传递些正能量，少些“个性”，对我们这个班还是很有好处的。想通了这一点，问题就好办多了。

接下来，我开始寻找方法，对伟的问题进行转化。我私下和伟的家长聊了几次，从侧面也了解到了他的家庭环境和教育情况。伟很要面子，也很要强，不会很轻易地佩服别人。他开始对待我的态度说明，他还没有信服我。我只有从这点出发，才会使我们的关系得到缓和。于是，我开始由慢慢地疏远他，到找各种的机会使他和我接近，让我们彼此有更多的了解，让他体会到我的善意，让他觉得我是可以信服的一个班主任，是可以和他做朋友的。当然，这个过程是很漫长的，大概过了半个学期，我们之间紧张的关系才逐步有了缓解，我才渐渐得到了他的认可。于是，他的有些“个性”就开始收敛，当他上课或上自习说话的时候，我的一个眼神或者一个表情就可以给他传递信息，他也就会自觉地收敛。就这样，我们越来越有默契，关系也越来越好。

这个案例让我学到了很多。作为老师，我们要经常从孩子的角度去考虑问题，只有这样才会融入他们的世界里。同时，一个班主任要想做好班级工作，一定要有爱心，用心去感化每一位学生，用爱去关心每一位学生。当我们这样去做每一件事情的时候，你就会发现，所有的事情都可以迎刃而解。

有人说：“老师不经意的一句话，可能会创造一个奇迹；老师不经意的一个眼神，也许会扼杀一个人才。”老师习以为常的行为，对学生终身的发展也许会产生不可估量的影响。作为一名老师应该经常回顾自己过往的教育历程，反思一下自己：我造就了多少个遗憾，伤了多少颗童心，遗忘了多少个不该遗忘的角落。教师即便没有能力点燃火种，也绝不能熄灭火种！面对眼前充满好奇和天真的孩子们，要珍惜，更要努力让每一个孩子的心中充满阳光，让每一个孩子在爱的抚慰下快乐成长。

伴你一路成长

北京育英学校 陈亚丽

2015 年 9 月 10 日，教师节，办公桌上鲜花朵朵映笑脸；而 9 月 11 日，星期五，才是属于我的教师节。因为那一天，毕业的学生约好要回来看我。2014 年的教师节也是如此，辛辛苦苦 365 天，可能那一天是我们老师们最有成就感的。我们相聚在一起，像当年开联欢会一样，笑声不断，共同回忆着初中的美好生活。我要请大家吃大餐，可孩子们执意要吃凉皮，并眉飞色舞地说："和喜欢的人在一起，吃什么都是幸福的。"很晚了，又要分别了。孩子们都要求送我回家，我家离学校很近，平时走路不过 10 分钟，但大家似乎很珍惜这段路程，漫步中依然是欢声笑语。到了小区门口，嘱咐孩子们路上注意安全，早点回家，可孩子们执意让我先走，他们站在小区门口，目送我回家，就像我当年天天目送他们放学回家一样。然后他们又一次大声喊道："祝老师节日快乐！我们爱您！"随后，身后响起了那首经典不衰的班级金曲——《七班的日子》，那一次，我疯狂泪奔了。我没有转头，不想让孩子们看到我的眼泪，我背对着他们挥挥手，继续前行……3 年的相伴，一世的情缘！难忘和孩子们在一起的点点滴滴……

为什么我们的学生年年都回校看望老师，一定是我们的学校，我们的班集体，我们的老师给了孩子们足够的尊重与爱。正因为集体给了孩子爱，孩子才会爱集体。

在平时的班主任工作中，我总结出若干个"宁愿……也不……"的管理小策略，如：

① 宁愿事前立 100 个规矩，也不事后埋怨学生。

② 宁愿与学生远一点儿，也不近得没有距离。

③ 宁愿夸学生夸到"肉麻"，也不批评得"体无完肤"。

④ 宁愿分批"整治"，也不迁怒全班。

⑤ 宁愿比赛不得第一，也不与孩子们对立。

⑥ 宁愿彻夜未眠想办法，也不轻易惩戒学生。

⑦ 宁愿制造美丽的谎言，也不随意伤害学生的心灵。

……

每一个小策略背后都有一个小故事，下面与大家分享其中的 3 个小故事：

故事一：宁愿比赛不得第一，也不与孩子们对立

我们学校每年都会举办"红五月"歌咏比赛，这是学校的大型活动，各班都很重视，从选歌、服装到道具都很拼。初一时，学生还比较小，而且刚来学校也没有参加"红五月"的经验，比较好引导，我就引导他们选了《保卫黄河》《北京精神》这样适合合唱、适合分声部、适合男生比较多的班，能够唱出气势的歌。事实证明，选歌很重要，我们经过努力获得了第一名。到了初二，又要开始歌咏比赛了。这次我依然引导他们，可是不管用了，他们改编了《北京东路的日子》这首歌，创作了一首《七班的日子》，歌词确实很感人，但歌曲舒缓，力度不足，没办法钢琴伴奏，也很难分声部。凭我的经验，这首歌不可能得第一名。于是，我就开始找说客，找到语文、数学、物理、政治老师，甚至是音乐老师，劝他们换歌，可还是不管用。作为去年的第一名，我特别希望我们班今年依然可以一举夺魁，他们不换，我也有点生气了。

一天放学后，我还在和办公室的老师探讨怎么才能让我们班学生换歌的事。这时班长来办公室找我，让我回班看看，孩子们要唱一遍给我听。只见，每一个孩子都唱得那么认真，声音都特别洪亮，平时唱歌不张嘴的都扯着脖子使劲唱，也不管在不在调上。听了一段，我就被震慑住了，同时感慨团结力量的强大。而这时，我想自己必须立刻转变：不能和孩子们站在对立面。孩子们放学了，还不回家，就是为了唱一首他们想唱的歌。我在干什么呢？第一名就那么重要吗？于是，我对孩子们说："听了你们刚才唱的歌，老师顿时对这首歌充满了信心，我觉得你们唱出了对班级的热爱，唱出了浓浓的友情，唱出了对初中生活的那份眷恋，如果大家这么认真地练习，我们一定会唱好这首《七班的日子》，老师支持你们！"同学们掌声欢呼。

接下来，我和孩子们一起身心投入地去唱这首他们喜欢的歌，热了我去给他们买冰棍，饿了给大家订凉皮。事实证明，我之前的担忧是对的，因为没法钢琴伴奏，曲子过于舒缓，没有气势，所以只得了二等奖。但已经不重要了，这首《七班的日子》已经深入人心，每当我们有重大的活动，都会在再次唱起这首《七班的日子》。《七班的日子》已经走进了每一个孩子的心，这是他们用心在唱的一首歌。

宁愿比赛不得第一，也绝不与孩子们对立。支持孩子们，让孩子们做他们喜欢的事情，让他们成为他们的样子。

故事二：宁愿彻夜未眠想办法，也不轻易惩戒学生

当班主任，好多时候不得不处理学生出现的问题，在处理问题时，我始终坚持"宁愿彻夜未眠想办法，也不轻易惩戒学生"的原则。

记得初三的一次化学测试后，有同学特别委屈地来找我："老师，我觉得这次考试特别不公平。"我说："为什么啊？"她说："好多同学都是抄的。考的是 2012 年中考原题。咱们那本模拟题里就有，答案也有。"我说："好的，老师知道了，你别着急啊！我了解一下情况！"

其实，真正着急的是我。经过调查，这个孩子说的是对的。怎么办呢？法不责众，大家都有答案，如果大面积都抄了怎么办呀？两个月就中考了，因为孩子这种情况下的作弊惊动家长也不合适啊。学生已经来找我了，处理是必需的啊。怎么办？

那天晚上我彻夜难眠，心情很复杂，一方面，我们不能要求所有孩子都做道德上的圣人——手里拿着答案都不看一眼。另一方面，不论怎样考试作弊都是不对的，都要给孩子们一个说法。经过一夜的思考，我决定，必须处理这件事，传递正能量。

第二天早读时间，我问大家："昨天的化学考试大家考得怎么样啊？能得多少分啊？"起初他们没感觉，然后我就在黑板上写下了一个大大的"honesty"（诚信）这个单词。"昨天的化学考试你做到了吗？说完这句，好多孩子都沉默了。昨天晚上你们睡得好吗？我一夜无眠，特别痛心，辛辛苦苦带了 3 年的学生竟然在考试中这个样子（煽情的话，此处略去 1 000 字）。好，现在拿出一张纸，不必署名，诚实地把你昨天看到的，在化学考试中，有不良行为的同学的名字写下来，希望不管你昨天是否做到了诚信，都请你今天能诚实地写这张纸条。"同学们写得差不多了，班长收上来交给我。

然后，当着他们的面，我把刚才写了名字的罪证扬了几下，然后撕成了碎片，潇洒地扔进了垃圾桶。并告诉他们："过去的你也许没有讲诚信，我相信那是一时糊涂，今天把它像垃圾一样丢掉！希望从现在这一刻开始，在座的每个人都要诚实，有尊严、有价值地生活！"教室里鸦雀无声！

后来，语文老师给我看孩子们的周记，孩子写道："本以为老师会念作弊同学的名单，

给作弊者以严惩，揭露其丑陋嘴脸。当老师撕掉字条的那一刻，教室里像立了 40 尊雕塑一般，静得能听到彼此的心跳声。那一刻，我看到了老师眼中噙着的泪水。老师在教育我们的同时，也在用她的爱保护我们。”

很高兴，我的学生如此懂我。

故事三：宁愿制造美丽的谎言，也不随意伤害学生的心灵——青春的纸条

作为班主任，我们都应该处理过学生上课传纸条的事情。要么是自己亲自抓到，要么是科任老师来告状，说某某同学上课传纸条，人赃并获。而纸条的内容呢，也无外乎就是谁喜欢谁。

作为英语老师，有时我会开玩笑地对孩子说：“英语老师告诉你啊，这个年龄有喜欢的人很正常，但是最好藏在心底不要太高调，如果你想起 ta 就写一篇英语作文，等毕业时把写满英语作文的本子放在 ta 面前，告诉 ta 你多喜欢 ta，不信 ta 不感动。这个主意真的很好，当你写到第二篇作文的时候你就不喜欢 ta 了。”

有一天我在上课，看到学生在传东西，我下意识地觉得是字条。继续讲课，让孩子们朗读语段，同时也已经漫步走到了纸条所在的位置，俯下身，伸出手，对那个女同学轻声笑着说：“分享！”女孩儿特别紧张，目光中带着哀求，冒汗的手心里那张没来得及打开的纸条，在我说出“分享”的那一瞬间掉在了地上。我俯下身，拾起那个纸条，严肃地对大家说：“这是小亮给小丽的纸条。”然后，我转身问同学们：“这样的纸条被发现该怎么办啊？”大家异口同声地回答：“读。”两个孩子低着头，红着脸。

我打开纸条，瞪大了眼睛。这个年龄的孩子们都很兴奋，都起哄道：“读，老师快读。”然后我字正腔圆地读起来：“hi，做完型有啥神器，下课传授一下呗。”

读完，大家都好失望啊。我就说：“你看啊，这么正当的请求，为什么要上课传纸条说啊，弄得我们都想多了！有些爱热闹的空欢喜了吧？”我一方面批评小亮传纸条，一方面责令小丽必须传授做完型的经验，互相帮助，共同进步。而且，当时我就预言，小亮和小丽一定都能考上重点高中。接下来初三的日子，这两个孩子天天讨论学习，成了大家学习效仿的对象。孩子说：“不仅仅是因为我们成了学习互助小组，更因为，陈老师在班上为我们打了保票，说我们一定能考上重点高中。”

那一年，我们（7）班中考考得出奇的好。两个孩子也都如愿以偿考上了理想的高中。中考后返校那天，我把那张纸条还给了小丽同学，纸条上写着：“小丽，周末一起看个电影吧。”我说：“老师让你少看一场电影了。今天你有时间吗？我请你吧。”我们相视大笑……笑声中充满了释然。

宁愿制造美丽的谎言，也不随意伤害学生的心灵，用爱呵护孩子们，给他们力量，陪伴他们迎接阳光灿烂的每一天。

有的时候，我们真的也要感谢学生，正是这一届又一届的学生，让我们体味到幸福感的同时，也让我们积累了越来越丰富的教育教学经验，也正是这一届又一届学生与我们的共同努力才成就了一个又一个优秀班集体，成就了今天的优秀班主任。我们托起了孩子们美好的未来的同时，孩子们也成就了我们的教育事业。感谢孩子们，在他们最好的年龄，邀我与他们同行，让我伴他们共同成长！

从青葱时代到不惑之年

北京市海淀实验中学 裴武卫

我当初若干个理想里没有一个是教师，但因为酷爱体育、身体素质好、“体育师范专业能天天玩儿”等原因，报考了北京体育师范学院。很幸运，我顺利地考上了“体师”的教育专业本科。本科4年，没有什么特别值得记忆的，要说有的话就是贪玩的我幸运地得过一回三等奖学金。几年的大学生活使我对体育教育有了深层的理解，毕业后就选择了教师这个职业。

一、被动地进步

第一个月拿到工资，很高兴——“嘿，7月、8月没上班还给钱！”我开始喜欢上我的教师职业了。

我们提前几天上班，开会、开会、开会，布置工作、布置工作。我最讨厌开会了，因为我坐不住。开始发牢骚，当老师开那么多会，我的老师是怎么熬过来的。

第一关，写教案。学校规定新教师上课要有教案，每周老教师要检查，合格方可上课。写东西，这我不怕，不管写得怎样我不怵。

第二关，上课。虽然经过实习，且实习成绩优秀，没了指导老师的依靠，我自己还有些不知所措。学生呢，对我也不熟悉。麻秸秆打狼两头怕，大家都在试探中度过了45分钟。当天下班，我与大学同学聚会，说起大家的第一次课，都感受颇深。于是，各种对策就着酒精出炉了。第二天，上课，对着教案逐条实施，严格要求。可是学生不买账，不是不执行，就是完不成练习要求。于是，我就发火，列队后对他们呵斥、讲道理，学生见我真的发火了，他们也暂时安静了，整个一天的体育课，学生、老师都在不愉快中度过。一个月下来，学生皮了，我也累了，课上得一塌糊涂，虽然学生依旧怕我，但是内心透着不服气。

我遇上了贵人，我们区重点中学的体育老师——区兼职教研员李老师。我和李老师是在一次聚会时朋友介绍认识的，我把我的困惑和他说了。他说：“教学要知己知彼，而你是知己不知彼。”经过李老师的讲解，我明白了，我的体育课只是考虑到教学内容、教学要求、组织形式，没有考虑到学生的年龄特点、身体发育特点、运动技能形成特点，没有考虑到因材施教。我终于找到上不好课的原因了，决定请李老师看看我的常规课。

一天，我在上完一节课后，李老师从学校浓密的垂柳下走了出来，跟我要本次课的教案。看了教案，问我：“这节课的组织形式是什么？爬杆的重难点是什么？如何保护与帮助？”我照本宣科地背了背。李老师很满意，但又指出了我本次课的诸多不足，听得我坐立不安。等我陈述完我的上课小结后，李老师对我讲：“上好课是功夫，教好书要下功夫。除非你不做教师，要做就做最好！”这句话我现在也记得，督促着我不断进取，教好书做好人！

后来我成了他的徒弟，在李老师的严格要求下，我认真准备教案，剖析教学重难点，分解降低教学难度，做教具、画图片使教学更加直观，便于学生观察记忆。专项技术上，更加精益求精，我们区多次组织青年教师基本功竞赛，我多次参与，多次名列前茅，决赛我是一等奖第一名。我还在1999年参加了北京市青年教师基本功竞赛，也取得了不错的成绩。

第三关，第一次带学生参加篮球比赛，我们输得一塌糊涂。回来后我很懊恼，骂学生，没有道理，只恨自己大学时为什么没有专修篮球。于是，找我师傅去寻求办法。李老师告诉我，许多老师没有专修过篮球、足球，可是带的球队成绩相当的不错，这你要学习。我不服输，找我师傅告诉我的一些名队教练，一了解，还真是如他所说。于是，回到家里，顾不得看电视和哥们聊天，就找来篮球训练方面的书籍，边看边模仿。第二天回到学校找来体育骨干，组织球队从技术到战术系统训练。就这样，我的篮球队开始起步了，第二年我们拿了区里的篮球赛男子组亚军。我们的足球队也是这样发展起来的，现在，我曾经的足球队的替补都当了体育老师，在他的学校也带了一支很不错的足球队，令我很欣慰。

我和我的搭档，每天太阳没出来就开始了运动队的训练，接着吃饭、写教案、上课、上操、再上课、再训练，等太阳下山了，我们才收拾器材，拖着疲惫的身躯回家。5 个寒暑，每天都是这样过来的，没有寒暑假。我的付出得到了回报——一大堆奖状、荣誉称号。我 1999 年就被评为区骨干教师、兼职教研员。

二、主动地提高

我的思想和年龄总是不相符，我贪玩，从不想安安稳稳地工作、生活。但是，我赶上了第一届北京市教育系统人才招聘会。我的应聘也是很随意，根本就没有想过成功。结果，偶然应聘到海淀区一所学校，这个学校，我的同学很是诟病，但是，这所学校的校长眼光比较长远，广纳人才，短短几年间就与一所大校合并，成为海淀区一所蒸蒸日上的名校。

我觉得我和同行们比什么也不是，我认为在技术上确实比不过同行。同行们也会在不经意间蔑视我的术科水平，这使我感到很不适应，为此我“一日三省吾身”。可现在，我成了体育老师，这条路还要走下去。怎么能继续下去呢？唯有在工作中学习、改进、提高自己的素质，才是出路。同行们的批评声少了、小了，当面、背地里的表扬声多了，我很欣慰，这碗饭我吃定了！

不经意间，岁月沧桑变幻，我在愉快地度过了若干年之后，决定做点事。做什么？我自认为，体育教学是我的根本，所以上好体育课、教育好学生，是我人生价值的体现。

我开始在意我的名声——学生、同事、领导对我的看法。

我批评最狠的学生在年终“评教评学”活动过后对我说：“叔，我给您评的是优。”我很感动！“叔，我给您评的是优。”这就是最好的奖状！

我把我的故事，在北师大在职研究生班上进行交流时，引起了激烈的争论，结论是：教无定法，积极发展是最佳。

不论是主动地进步，还是被动地提高，我都在前进。究其原因，我出身农民，我有一颗善心！我曾是运动员，我有上进心！我是一名教师，应有一颗育人之心！

赏识的力量

北京市海淀实验中学 高 艳

美国著名心理学家罗森塔尔，曾经做过一个著名的心理实验。他在考查某校时，随意从每班抽 3 名学生共 18 人写在一张表格上，交给校长，极为认真地说：“这 18 名学生经过科学测定全都是高智商型人才。”事过半年，罗森塔尔又来到该校，发现这 18 名学生的确超过一般学生，长进很大。再后来，这 18 人全都在不同的岗位上干出了非凡的成绩。这就是著名的罗森塔尔效应。这个实验给我们一种启示：赏识、信任和期待具有一种能量，它能改变人的行为，当一个人获得另一个人的赏识、信任时，他便感觉获得了他人的支持，从而增强了自我价值，变得自信、自尊，获得一种积极向上的动力。

马斯洛的需要理论提到：人有尊重需要和自我实现的需要。而罗森塔尔效应的本质就是对人性的尊重和对个人自我实现的成全，而赏识教育的真谛也是如此。

曾看过一则绘本故事：一个小男孩在美术课上，一动不动地坐在椅子上，图画纸上什么也没画，老师看着他的图画纸说：“你画的是暴风雪中的北极熊吧？”孩子生气地说：“真讨厌，我什么也不会画。”老师笑了：“那就随便画一笔。”孩子拿起笔，狠狠地在纸上一戳，“完了”。老师看了看说：“嗯，请签名。”一周后孩子惊奇地发现，他的作品被老师用金色的相框装裱好并悬挂在办公室，孩子想：“我能画得更好！”孩子尝试画出了各种颜色各种大小的点。两周后，学校画展展出了孩子的画，引起了巨大的轰动。孩子发现一个小男孩仰慕地望着他：“你真是个伟大的艺术家，我就不会画画。”孩子鼓励他：“我敢打赌，你也可以！”绘本中的男孩在老师“画一笔”的鼓励下重新认识了自己，激发出内心无限的潜能，并能用赏识的心态去鼓励他人，我想这就是赏识的力量。

作为一名教师，如何能像绘本中那位智慧的老师一样，给予学生赏识的、鼓励的、积极的心理暗示，帮助学生增强自我价值、乐观自信地成长呢？

我认为老师首先要具备一双善于发现美好事物的眼睛，要用全面的、发展的眼光看待学生，要善于找到学生身上的闪光点，及时地给予鼓励和肯定。

曾有一名上届休学留级到我班的学生，这个孩子认为自己相貌平平，学习成绩一般，所以总是显得自信心不足。为了让她树立自信，我关注她的每个细节，期待找到机会帮她树立自信。

从与孩子平时的沟通中，我发现她是个追星族，而且喜欢拍明星的照片，照片拍得很好，她拍的照片经常被搜狐、爱奇艺等网站采用，她也常常被邀请参加明星的发布会，负责拍照。我思考怎么样让她的这份爱好带给她自信呢？开学初，年级准备开个年级大会，主题为《金色梦想，青春飞扬》，我想这是一个让她展现自我、树立自信的好机会。于是，我与她沟通，希望她能将她拍摄的明星照片和拍照的故事与全年级的同学分享。她略带羞涩地说：“老师，我行吗？这么多优秀的同学，您为什么选我呢？”我鼓励她：“每个同学都有自己的个性和闪光点，你的照片拍得多棒啊！你拍的照片能够被杂志选用，就说明了你拍照的实力了，你想想你是怎么喜欢上拍摄明星的，怎么能够抓拍得那么好，你的家长是否支持你，你是怎么与家长沟通的，等等。把你的故事分享给大家吧，你先写个演讲稿，再将你拍的照片做成幻灯片给大家播放。”经过准备彩排，孩子的演讲很成功。结束后，她发微信说：

“今天收获好大呀！好开心！大家讲得真好，从来没想过有一天会这样讲述自己的故事，真的觉得很幸运，大家都一起加油！”从她的话中我感受到了她的开心，我回复她说：“你今天表现得很棒，照片照得好，讲得也很自然、吸引人，让大家对你有了崭新的认识。”她回复了我流泪、害羞、欢喜3个表情，并感谢我。

让学生充分感受到老师对她关注，对她的认同，对她的赞赏，对她的鼓励，对她的期望，对她的爱，被暖暖的爱包围的学生的内心就会产生积极的心理暗示，认为自己的存在是有价值的，她就会向着教师期待的方向去发展。后来这个孩子摄影技术也获得了同学们的赞赏，成为我班和我们年级的明星摄影师，大型活动都有她摄影的身影，她越来越自信，越来越积极。

其次，教师要善于设计，借助于合适的情景，努力创造互相赏识的环境，让赏识不仅发生在老师和学生之间，也发生在学生和学生之间。例如，我们年级组开展群星闪烁的评选活动，让学生们选出班级的智慧之星、体育之星、劳动之星、文明之星、自律之星、纪律之星。在评选活动中鼓励学生多角度、用欣赏的眼光看待同学，我班最默默无闻的同学当选为纪律之星，说明即便很不起眼的学生，同学们也还是可以从他的身上发现他的美好和价值。而被评选为各项星的同学在某个方面受到同学的赏识、认可，其内心是欣喜的、快乐的。再如，我在班级开展课前十分钟的演讲活动，不设主题，学生对什么感兴趣都可以说。有的同学喜爱阅读就介绍一本书；有的同学喜欢制作糕点，就讲提拉米苏的制作工艺，还带来自制的糕点请老师和同学们品尝；有的同学喜欢篮球，就讲其热爱的球星。在演讲的过程中，同学们都展示了他们与众不同的一面。同学们发现，一些看似不善言谈的同学原来这么幽默，看着粗犷的小伙子还可以这么细致。通过活动的展示，孩子们不但获得了老师的赞赏，也获得了同学的肯定，每位同学都收获了自信、收获了成长。在平时课堂教学中也可以采取让学生发言讲解，让学生到讲台上做演示实验，鼓励学生多种方法解题等做法，给学生展示的空间，对学生的表现及时肯定和赞赏。

再次，老师在赞赏鼓励学生时一定要用发自内心的、真诚的、一语中的语言，而不是流于表面的、敷衍的语言，如“你真棒、你做得不错、你挺聪明的”之类的语言，因为敷衍的语言不能真正触及人的心灵，也就起不到改变人的心理由此改变人的行为的作用。记得有个同学曾与我交流她很努力学习物理，可是上次考了50多分，这次还是考了50多分，觉得努力没有见成效，失去了学习的动力，我把她两次的成绩都做了年级的排名，让她看到第一次的50多分在年级排263名，第二次在年级排名185名，分值虽然没有明显增长，可是进步了 70 多名，这就是努力的结果，这是明显进步的表现。孩子看到这个对比心情瞬间就阴转晴了。老师要给孩子一个新的角度看问题，使孩子自己看到希望，有希望才会有学习的动力。

当然，鼓励赞赏学生不是一味地赞美学生、不能批评学生，而是要让学生感受到批评是帮助他看到自己不足的一面，发现不足从而更好地完善自我。批评要对事不对人，只要批评是站在利于孩子成长的角度，学生是能够接受的。曾经有次班级换座位，有个学生对我说：“老师，我要和某某坐一起。”我顺口开玩笑地说：“不行，你会影响他的学习的。”孩子听了我的话生气地走了。看着他的背影，我感到我的话伤害到他的自尊心了。第二天，我请他到我的办公室谈话，他说：“老师您对我有偏见。”我耐心地听完他的诉说后真诚地为伤害了他的自尊心而向他道歉，我解释了我当时说话的初衷是想用玩笑的方式告诉他，他上课有些爱说话，并与他交流了提高课堂效率的最佳方法，告诉他上课要认真听讲，在倾听的过程中体会老师传达的知识，积极思考、发现自己需要掌握的学习方法是什么。在老师提问时再积极回答问题可能学习效率会更高。经过深入地交流，学生能体会到老师对他没有偏见，老师对他有更高的期望，他需要对自己有更高的要求。他接受了，并努力改变了。

在教育教学中，我深刻体会到了赏识是有力量的，它不但能改变学生的情绪与行为，更能改变教师的心态。真诚的赏识，与其说是在帮助学生，不如说是在帮助我们自己。心存赏识，不只是为学生点亮心灯，更是为我们自己的世界点灯。只有心怀赏识，我们自己才能于琐碎中发现细节之美，于忙碌中发现充实之美，于平淡中发现生命之美。

立志教育讲四有，当好学生引路人

——以人育人，饱含生命的热度

北京市海淀实验中学 张 琪

作为一名新晋教师，不免总会被问到“你为什么选择当老师？”“以你的能力可以从事一些更具发展潜力的职业，为什么偏偏选择了教师？”每每被问及于此，我的回答都很简单，源自我的教育背景。我生于海淀，教育最强之地；长在海实，心中最暖校园。是海淀教育，让我理解了什么是“以人育人”，在海实求学，让我感受到了何为教师生命的热度。

我是一个被海实培养和塑造 6 年的老学生，是一个高考非要报名首师大的“轴孩子”，现在更是海实的一名新教师。与我同期进来的新教师们，他们来到这里为的是丰富经验，或是展现自己的专业特长，抑或是完成教师工作。而我是回来圆梦的，是兑现我 6 年前离开海实时对这里许下的承诺，是为了我的海实情结成为一名海实老师。

重回海实，初为人师的我，憧憬着教育的美好，可美好却如同泡沫，一击就碎。作为今年市级新项目“1+3”的班主任，面对一群十四五岁的孩子，一直致力于构建我理想的班级，想要优秀是毋庸置疑的，可似乎一切都不那么顺利，在立班规上阻碍重重，只因有他。他是我们班的循宝宝，军训我与他初识，虎头虎脑的样子，惹人喜欢。可我万万没想到，就是他给我这个新任的班主任重重一击，军训时，他闹着不吃早饭，假装生病，不去训练。孩子闹些情绪，可以理解，我想着安抚、劝导一下也就没事了。开学一周来，每天都会接到来自不同任课老师对循宝宝的投诉，就连体育课也能把老师气个够呛，轰到办公室让我看着。上课嘴里必须要咬着点东西，不是瓶盖，就是卫生纸；喝些饮料也能弄得班里满地黏黏的；做操、集会时总是左摇右晃，嘴里念念有词。他似乎成了个大难题，成为班级 5 项评比的漏洞，班中其他同学一见到我就跟我哭诉。弄得我不管不行，管了不见成效，每天对他，就像看着个长不大的孩子，我真是愁。

静下心来，仔细想想，当付出了很大的努力，学生的成绩仍不见起色时，当强调了一遍又一遍的常规总有人违反时，当重复了一遍又一遍的练习题学生还是做错时，当提问一次又一次都没人回答时，是不是我们的教学过程太快，孩子的能力跟不上？我应从自身的反思中寻找答案。正如古人有云“亲其师，信其道”，进而才能“乐其道”。

除了循宝宝的“不懂规矩”，班里还会存在学习上吃力的孩子，唉，这也是让人糟心的事，可我万万没想到的是他。大炅，一米九几的大个，孩子长得十分憨厚，有正义感，大事小情都能给予班级和我很多的帮助。可，人似乎总有短板，在学习方面，他总向我诉说着他的无力感。就在这个月月考的前几天，放学后，他叫住了我，站在我面前，眉头紧锁，眼里含着泪水，低着头，弱弱地说了句：“老师，您说我怎么办啊？我真的是学不动了。”一米九几的个子，平时，我们都得仰视的大男孩儿，干事雷厉风行的得力助手，此刻却是那样无助。我拍了拍他的肩膀，想借此能够给予他力量与温暖：“孩子，别灰心，学习就是存在一个瓶颈期，当你学得特别吃力、困难的时候，就是你在穿越瓶颈最窄的部分，马上就能见到光明了，要相信自己，要能够耐得住寂寞，才会有从量变到质变的过程。别担心，物理这一科，只要肯学、肯练，老师再告诉你一些小秘诀，没问题。”孩子问道：“老师，那我什么时候才能见效呢？才能收获好的成绩呢？”“快了，快了。”我坚定地回答他，并给了他一个大大的拥抱。我把大炅送出校门，临走前，我说道：“明天记得拿着物理卷子找我，咱俩一起聊聊。”

当老师看到学生有十分明确的目标，也很是刻苦，就是无法收获理想成绩时，我的心情比他还要着急，时时刻刻都想伸手拉他一把，竭尽自己所能帮助他。第二天，大炅如约而至，我拿着他以前的考试卷子和作业，一点一点帮他分析，教会他列公式清单，传授他画思维导图的技巧，看着孩子认真记着笔记，眼里慢慢地亮了起来，这一刻，我知道他入门了，这次考试一定成。结果的确是好的，孩子突破了瓶颈期，这次进步了 20 名。当他知道成绩后，再次把我叫住了，大喊道：“老师！”这声音是那样的坚定，那样的自信，更是那样的阳光。瞬间，我觉得，我那个一米九几的阳光小助手又回来了。此刻的我幸福感爆棚，终于懂得，教育就是为每一个孩子筑梦，用你的知识引领他们走向更广的世界。

现在，回过头来反思，教育要以人为本，人需要什么？生存，生活，温饱，还要追求舒适。但如果只追求这些，人和动物没有本质的区别。人除了需要动物也需要的东西之外，其实和其他物种更重要的差别在于我们人活着还要追求意义。我们有情感、心灵和精神上的需要。所以，我们今天的教育、教学，就不只是让学生掌握词汇和句型等具体的知识，而是通过这样一种过程让学生完成自己作为社会人的成长。无论是现在还是将来，我们都要为学生在未来面对伦理道德上的困惑时能做出正确的抉择而付出实际行动。

当孩子们能为美景凝神落泪，能知道这世界上每个人都特别有意思，从而拥有对大千世界的温情与好奇，能拥有安身立命、强国安邦的一技之长，在内心深处充满求真求善的渴望，我想，这便是教育的成功。

当我们能在学生们的青春记忆中存留对成长的包容与尊重、关爱与美好，能和一群志同道合的同人一起老去，能看着孩子们不断成长而心安理得地老去，我想，这便是教育的幸福。

我愿为此做一名拥有境界的老师，可以向学生展现教育者对待生活、社会和世界的态度，反映教育者的职业操守与职业精神，体现教育者对理想与崇高的追求，从而提升学生的自我认知、社会认知。

展示美好，拉近距离

北京市海淀实验中学　邓光娅

作为一名高中教师，不知从何时起，传授给学生更详尽的知识，培养学生更强的能力成为日常教学永恒的主题，把更多的学生送入一本、二本的大门更是我们追求的最实际的目标。对于一名从事了 20 多年高中地理教学的老师来说，几经锤炼之后，针对高考的传授知识和培养能力已是轻车熟路、收放自如的事，但同时我也发现，随着教学经验的不断丰富，我与学生的兴趣、爱好差别越来越大了，和学生之间更多的只剩下传授知识的关系，我对学生的了解越来越少，和他们不再能聊到一起、玩到一起了。这让我有些困惑，甚至是苦恼，过去不是这样的！

很多年了，由于学校工作的需要，我经常同时担任不同类型的很多个班的地理教学工作，其中有的班是我们学校的钱学森班，学生基础好、能力强，成绩优秀；有的班是双培班，和钱学森班正好相反，学生基础差、能力弱，成绩多数位于年级的最后；还有的班是国学班、普通班，介于两者之间。我从平时 4 种程度迥然不同的教学过程中感悟到了拉近与学生距离的方法，那就是在教学中不管面对什么样的班、面对怎样的学生都尽可能地去展示最美好的东西。

一、展示生活的美

地理学科和我们的生活联系非常紧密，很多的章节就是在讲我们的生存环境，从宇宙环境讲到地球的自然环境、人文环境。

我从 2005 年调入我校的时候，各班教室就都早已安装了多媒体的教学设备，每节课前专管电教的学生会为老师做好使用的准备，这为我们日常的地理教学提供了直观展示的条件。

我在地理教学中一直注重利用各种教学资源去充分展示生活的美，如每节课通过 PPT 的形式把精心挑选的有关图片适时地展示给学生，无论是哪方面的美，都会给学生很强的视觉冲击效果。这样，学生在感受美的同时加强了感性认识，对教学的内容也就更容易理解、掌握了。

另外，我喜欢旅游，全国的省级行政单位都走遍了，我国所有的世界遗产地也都参观了。所到之处，我拍下了不少的照片，特别是最近几年，使用了数码相机后积累的资料就更多了。因此，在教学中我会选取一些自己拍摄的图片或录像，虽然图片的质量可能不够好，但收到的教学效果却很好，尤其是展示我们身边的景物或人物的时候效果就更好了。比如，我讲《寒潮》一节的时候，一上课我就展示了一组北京头两场因寒潮过境导致下雪的图片，有北京市民堆雪人的，有我们校园雪松的，还有我赏雪的照片。随着照片一幅幅地被翻过，学生发出一声声的感叹，当出现我赏雪的几张照片时，学生更是惊呼一片！这时候我也很兴奋，我感觉和学生的距离一下子就拉近了。同时，学生的学习兴趣立刻也被调动起来了，甚至寒潮带来的影响老师还没讲学生已经知道了一些，真是一举多得的事情。

二、展示教师的美

1. 语言美

中国的语言太丰富了，表达的形式还多样。很多的时候如果能用不同形式或风格的语言去描述所表达的内容会收到很好的教学效果。如引用一些诗歌或采用散文的抒情方式来介绍会使学生产生更多美好的感觉，特别是老师带着感情色彩讲授自己熟悉的内容时，学生也会被感染。我感觉这时候老师在他们心目中的形象是有变化的，当然他们也会觉得老师更亲切了。

2. 行为美

（1）对自己要求严格

所有的行为符合教师的身份，努力做到为人师表。比如，很认真地备课、上课；比如，上课不迟到；等等。

（2）对待学生尽量宽容

我始终遵循这样一条原则：学生无心犯的一些错误不去过多地指责。在我校钱学森班以及成绩突出的普通班的教学过程中，我发现有很多的事例证明这样做是成功的，成绩的取得和教师的宽容是分不开的。如平时上课时经常有学生忘记带课本和练习册，我就把点名的批评变成了下节一上课给大家表演一个节目。这种纠正错误的方式，密切了师生、同学之间的关系，淡化了学生的逆反心理，调节了班级的气氛，另外还有意外的收获呢，那就是一上课不再用课代表或老师检查教学用具了，学生高高兴兴地自己就互相检查了，而且查得还很彻底，真是一举两得。

3. 形象美

教师随时表现出的从里到外的各方面的形象对学生的影响都是很大的。如学生是很在意教师的穿着打扮的。当我偶尔穿出一件比较好看的新衣服时，就会得到很多学生的表扬。因此，我虽不能很频繁地换新衣服，但是我会每天穿得比较得体，起码不会让学生觉得不舒服。

三、展示学生的美

学生的美是多方面的，只要老师注意观察，每个学生的身上都能找到值得表扬的东西。我坚信这样一点：你表扬什么就会有什么。

教师随时有目的地把发现的学生身上美好的东西毫不吝啬地表扬出来，既有导向作用，还可以拉近与被表扬学生的距离，效果会比批评好得多。

生活是一面镜子，我们发现美、展示美，美好的东西就会出现在我们的面前。而面对着美好事物的时候我们就会有美好的心情，就会有美好的气氛。尽管年龄有很大差距，爱好、习惯也都不同，但是彼此之间心的距离是近的，这样的话教育效果才会更好。

用一颗善良的心换四十颗心的善良

北京市海淀实验中学 谢 岚

孟子曾经说过："爱人者，人恒爱之，敬人者，人恒敬之。"法国著名作家罗曼·罗兰也说过："善不是一种学问，而是一种行为。"作为一个班主任，有技巧地利用善良，让学生体会到老师的真心，和对他们的严格要求结合起来，学生就会以真心回报你，并且从心底里拥护你。

这个学期，我接的是（9）班，一个普通班。开学初期，学生的常规管理是一项很重要的事。学生在试探老师，老师也在观察学生，是一个试探和慢慢适应的过程。这个时候如果把规矩立起来，对于班集体的班风和学风都是很重要的。但是一味地严格要求，会使学生反感和逆反。

开学初的第一个班会，我除了强调学校班级常规要求之外，面对这 40 个学生，还加了一条：不管你遇到什么问题，一定要让老师知道，老师才能尽快尽早地帮助你。哪怕你早上睡懒觉起晚了，也要和我说一声。他们有些吃惊，可能觉得老师说了一些没有用的话，谁会起晚了还和老师说一声？

开学的第一个月，学生们很守规矩，按时上课，没有迟到，上课秩序良好，任课老师很满意，卫生打扫得很好，任命的班干部都很尽职尽责。我知道，一切还没有开始，大家的神经都是绷着的。

开学一个多月后，学生们渐渐熟悉了，大家都有了自己谈得来的朋友。渐渐地，就有几个女生组成了我所谓的："四人帮"，做什么事情都一起，哪怕上厕所也要一起，而且女孩子的那种张扬和活泼，有些影响了班级正常的秩序，有些学生颇有不满。我观察了一些日子了，其实她们是下课比较闹，上课还是挺有规矩的。她们是前后桌，所以才会玩到一起。我决定把她们分开，就从她们领头的那个开始。其实高中的女生不太好管，要面子。果然，我说完安排座位的事情，领头的女生就不干了，大声地说："我不换！为什么让我换啊！"和我预料的一模一样。我没有生气，事后我把这个女生单独找来，让她通过班级监控录像看其他 3 个女生在班里的言行举止和上课状态，她低下了头。我问她："如果我不管会怎么样？"她说："会影响学习，也影响班级。"其实通过观察，我发现她是一个号召力很强的孩子，我想给她更重要的任务，但是她的表现不足以服人。通过她的话我知道自己的判断没有错，她是从班级集体考虑的，没有从自己出发，说明心胸宽阔，只是在日常表现中她没有意识到自己的不妥之处。结果，她不但同意调换座位，还对班级的事情样样上心。放学后的卫生，篮球赛的服务，艺术节的排练，红五月歌唱比赛，她都会主动承担。包括班级的建设和问题，她都会及时地给出建议，为班级的发展起了很大的作用。我认为，作为班主任我没有因为她对我的不礼貌或者嚷嚷而生气或者心怀不满，对她从关爱的角度出发，从班级的利益出发，她就接受了。

所以，我总结的第一个经验就是：不要把班主任的面子放在第一位，任何一个人都不是完美的。事情从不同的角度就有不同的看法，对于不同的看法，要给予认可，理解学生的脾气，是善良的第一步。

随着师生越来越熟悉，学生上课迟到的现象断断续续地出现，对于他们的迟到，我总是问清原因，然后让他们赶紧进教室，别耽误上课。一些自觉的学生，第二天就不会迟到了，或者以后就不会迟到了。而有那么几个，生活习惯不太好，早晨老想睡懒觉的同学，迟到次数比较多。等他们第三次迟到，我就不说什么，打开教室的门，让他看看：还有谁没有到？他自然是不好意思地迅速看一眼全班，全班自然也看着他，他会小声地说："就我一个。""那就进去上课吧。"这种方法都很有效。我不会采取极端的方法，我理解他们平时也很累，所以，有学生早上给我发短信，太累了，休息一会儿再上课。那真是好学生用功的学生才会那样做；也有因为睡懒觉向我请假的，但是班里没有第二次因为这个原因请假的。

所以我的第二条经验就是：对待学生，不管什么事情，用对他们的善良激发他们的责任心，让他们把注意力集中到学习上，一切以不耽误学习为准，时间长了，他们就会养成好习惯。

逐渐，学生们课下都愿意和我说话，一些跟家长不说的话也敢和我说，班级的事情无论大小，无论是谁，他们都愿意和我说说，我虽是看似无意地听着，看似无意地给出一点评价，但是我知道对他们的影响是非常大的。学生甚至会要求我和他们的家长谈谈他们和家长解决不了的问题。

对待学生，只要你真心地付出，学生都会看到、感受到，并且会给予回报。所以，在我们班里，学生之间特别团结，对待老师、同学都很和气、善良，就算面对的是自己很不喜欢的同学，也绝对不会恶语相向。对待老师更是尊重有加，能为班级做的事情绝不含糊，而是会认真地、高兴地去做。这个班，尽管是一个普通班，但却是每个都老师喜欢的班级，是一个有凝聚力的班级。每次的比赛，都是第一名。那是学生们团结一致的汗水换来的。听学生说别的班有一个对话是这样的，某老师问："歌唱比赛哪个班是第一名啊？""（9）班！""为什么他们班这么厉害啊？""他们的班主任好！"我自己当然高兴，这其中确实有我的努力在里面，但更多的功劳是孩子们的。

善良有时候会遇到"热脸贴到冷屁股"的情况，我从来不纠结，因为不是所有的人都能看到你的善良。江山易改，禀性难移。下回遇到这样的情况，我还是不会袖手旁观。

善良是一种美德，是与生俱来的，是不能伪装出来的，只有愿意付出的人才会拥有。在教育这个岗位上，我要恰当地驾驭这个美德，为学校和社会贡献自己微薄的力量。

用情感激活学习的渴望

北京市海淀实验中学　范燕翼

从教十余年，学生千余人，教过有悟性、有积极性和自觉性的优秀学生，也教过基础薄弱、缺乏学习兴趣和积极性的学习困难生。作为教师，职业道德和精神操守都要求我们不能亲此薄彼、听之任之。因此，如何提高学习困难生学习英语的积极性就成了我们必须面对和解决的难题。

学生小凯就是一个典型的英语学习困难生。从高一入学我就注意到他对英语学习缺乏兴趣，甚至厌烦英语，把学习英语视为“受罪”“煎熬”。“冰冻三尺，非一日之寒”，要想改变他落后的现状，提高他学习英语的积极性并不是一件容易的事，只有让他产生发自内心的醒悟和心灵的触动才能使他改变现状。因此，作为教师，我想尝试利用情感教育来提高他学习英语的积极性。

俗话说：“亲其师，信其道。”我想只有用我的真诚先得到小凯的认可，才有可能逐步提高他的学习积极性。所以，我在任何时候都注意控制自己的情绪，不急躁、不训斥、不向家长及班主任告状。同时，平时的英语课上我会用信任的目光、赞许的微笑关注到他，当发现他注意力分散时，用目光去暗示、提醒；当他回答问题胆怯、畏缩时，用目光去鼓励支持，会把简单的提问留给他，一旦回答正确，给予热情的鼓励和引导。在日常生活中，我会真诚地表达出对小凯的关心和爱护，对他的点滴进步给予鼓励，让他感觉到教师的关心和赏识。不知不觉中，我感觉到我们已经成了朋友。

在和小凯建立起融洽的师生关系之后，我的话他不再逆反，能听进去了。我利用周五放学后他心情比较放松的时机跟他进行了一次平等的、面对面的交流。我想如果和他讲大道理，他肯定听了就烦，根本没用。所以，我结合他的实际情况向他讲述学习英语的重要性：首先是高考，要让他明白高考英语占到 150 分，而高考成绩决定着他能否进入理想的大学；之后在大学，直至研究生阶段甚至出国深造的求学过程中，每一个环节都离不开对其英语水平的测试；即使就业，无论是进外企还是搞学术研究都离不开英语。所以，要想让自己的人生有更好的发展，对英语学习采取放弃或逃避的做法是完全行不通的，英语学习没有退路可走。既然无法逃避，那就要积极面对。小凯听后心服口服，意识到了学习英语的重要性，同时对英语学习的态度从思想根源发生了巨大的变化。

自信心对于小凯的改变太重要了。然而，通过平时的沟通，我发现小凯总是把自己同学习优良的学生进行比较，从而觉得自己样样不如别人，越比自信心就越低。我想如果让小凯变为用自己的现在同自己的过去比，就能使他从自己的进步中获得成功的体验，增加自信心。因此，在对小凯的课后辅导中，我帮助他制订了个人的目标与计划，并制定出落实这些计划的具体措施。在实施过程中提示他发现自己的进步，帮助他通过实现自我参照目标来体验成功，最终改变了他对英语学习无能为力的不良心态。

小凯由于基础差，课上有时听不懂我的讲课和同学的发言，这种情况很容易导致他注意力分散。我利用小组活动鼓励其他同学多帮助小凯，使他感到自己不再是受冷落的个体，使他变消极被动的态度为积极主动的学习，融入课堂学习的氛围中不再走神。这种乐观、向上的课堂气氛对他产生了虽然微妙却潜移默化的积极影响，让他的心灵在“润物无声”中受到感染，远比空洞的说教有效果。

我还利用作业中积极的评语促进师生情感的沟通，如：Your handwriting is wonderful! / You are creative，but why not be more careful next time? /Failure is mother of success. Try again，and you will catch up with others.我的评价都以鼓励、表扬为主，希望使他能够经常体验到成功的喜悦。

经过高一一年的共同努力，小凯的英语成绩已经从三四十分进步到及格了，最难能可贵的是小凯对于英语学习不再有畏难情绪了，相信他的状态会越来越好。

所谓英语情感教学，就是指教师在英语教学过程中，充分发挥情感因素的积极作用，以完善教育目标，增强教学效果。

心理学研究表明，学习者的情感态度会直接影响到他们的学习行为和学习效果。凡是符合人的需要或能满足人的某些需要的事物，就会引起人们积极的情感，包括兴趣、动机、自尊、自信、愉快或惊喜等心理状态。积极的情感对英语学习会产生直接或间接的促进作用。与此相反，不符合或妨碍人们某些需要满足的事物就会引起消极的情感，包括焦虑、抑制、害怕、愤怒、胆怯、沮丧、厌恶等。在英语学习中，消极情感是不利于学生潜力的发挥的。因此，情感教育与语言学习有着密切的联系。

情感的力量是无穷的，我们教师应充分发挥人的情感潜能，通过情感教育对学习困难生自信心的培养，激活其内在的学习积极性和主动性，从而不断提高学习困难生学习的兴趣和积极性。

教师的欣赏让学生的自信飞翔

北京市海淀实验中学　高　珊

马克·吐温曾经说过："只凭一句赞美的话，我就可以多活两个月。"特级教师王炎斌也讲过："用苛求的眼光看自己，用欣赏的眼光看别人。"得到别人的尊重和赏识是一种幸福和满足，它能够为自信心的形成和增强起到"助推"作用。若用在对学生的教育中，它不但能够减少师生间的摩擦，而且还能促进和激发学生的学习兴趣和热情，使之变成巨大的学习内驱力，从而让学生的自信飞扬。虽然我的赏识也许是不经意间的，但是在 2014 届高三（6）班王子叶同学的身上却产生了让我都感到意外的"化学效果"。

初识王子叶，他只是我当时开设的英语选修课"英语报刊阅读"课上的一名学生。第一节课上这个高高大大的男孩对于英语课外知识强烈的求知欲，与老师之间自然的互动以及与生俱来的语言感觉立刻给我留下了深刻的印象。每周短短的 45 分钟并没有让我们有太多的交流机会，但是对于他主动的课堂呼应，我或用"very good"或用赞赏的目光给予了积极的回应。他是一个很外向的大男孩，每次得到肯定，灿烂的笑容立马浮现在脸上。

再次接触王子叶是在他高二的下学期，我临时接手了他们班的英语课。接班伊始我倍感头痛，因为班上的外语学习气氛不太浓，整体外语成绩比较差，上学期期末考试全班只有 3 名学生在六十几分，王子叶是其中之一。可是以我对他之前的印象，我觉得他绝对不是只能考 60 分的学生。于是，随着我与他课上课下的交流增多，我毫不掩饰对他外语能力的欣赏、赞美和期许。他也慢慢改变了对于英语学习的不屑、不满和懒散，开始关注每次测验和考试成绩，在班里始终名列前茅而且开始进入年级英语优秀生的行列。

进入高三以后，王子叶的外语成绩并不稳定，因为他的理科有短板，因而外语方面投入的时间和精力都不够多，几次考试下来整体成绩不太理想，他情绪有些低落，我也挺为他着急。这时也临近上学期期末，各大学的自主招生活动开始了。有一天，王子叶很犹豫地问我能不能帮他写一封自主招生的推荐信。我当时心里的第一反应是拒绝，因为通常班主任可能写得更全面些。但是看到他原本阳光的脸上竟然出现了少有的不自信，我立刻把到了嘴边的"No"收了回去，痛快地答应了他。而当我开始写推荐信的时候，我觉得这是一个给他打气鼓劲的好机会。利用周末休息时间，坐在电脑前，我把对王子叶的肯定和希望都写进了那封信里。我写道："很高兴能以这样的形式向您推荐我的得意门生王子叶同学。王子叶同学品学兼优，爱好兴趣广泛，尤其英语成绩很突出，是一位心态积极、阳光上进的优秀中学生。虽然他之前的英语成绩还没能考到年级第一名，但是，我相信，凭借他的悟性，绝对可以有更大的突破。王子叶同学是我遇到的最自信的学生之一，但这种自信并不盲目，似乎在他身上永远涌动着一种积极面对挫折和挑战的精神。"王子叶在拿到信的第二天，跑过来找我，脸上又洋溢着之前我很熟悉的自信的笑容，随后还不时地把他面试的一些消息带来跟我分享。

王子叶同学作为一名来自普通班的孩子高考英语考了 129 分，并且如愿考入了川外的英语系。毕业前夕，他站在我的面前真诚地说："老师，您是我遇到的最好的英语老师。"虽然我知道我并不是，但是我清楚地意识到教师的赏识真的可以让学生的自信飞翔。

"横看成岭侧成峰，远近高低各不同。"看物是这样，看人又何尝不是这样？随着新课程的实施，作为教师的学生观必须有一个根本的改变，那就是，用欣赏的眼光看学生。每一个学生都有自己的长处和闪光点，有的也许连教师都无法与之比拟。学生作为发展中的个体，固然存在这样或那样的不足，尽管如此，教师也要保持用欣赏者的眼光看待学生，让学生感受到教师对他的关怀、爱护和肯定，让学生感受到教师对自己的欣赏。欣赏是一种美德，是一种修养，是一种智慧，也是一种教育方式，教师的欣赏是学生勤奋学习的精神支柱和勇往直前的动力。也许教师的一个赏识的眼神，一个动作，一句话语，一次不经意的行为就是一个学生充满自信踏上成功的基石。

“世上没有两片相同的树叶”。同样，学生的禀赋、品行也各有差异，要使学生的潜能在各自的起点上得到充分发挥，教师就必须善于发现，用“欣赏”的目光去捕捉学生身上的闪光点。一个学生总会有他闪光的地方，发现这些闪光点，随时对学生所表现出来的闪光之处加以欣赏和赞美，对学生将是一个莫大的鼓励。在日常教育教学中欣赏学生往往会带给学生转化的重要契机，关键就是要找到他们的闪光点。只要教师善于用其所长，掩其所短，就能给学生创造闪光的机会，然后再抓住其闪光点照亮全身，教育何惧不成功呢？

欣赏学生贵在真诚，学生从欣赏中得到的应该是一种被关注、被欣赏的愉悦，一种成功的体验。愿我们都拥有一颗真诚地欣赏学生的心，可能也会同时意外地收获来自学生的欣赏，这就是教育的双赢。

问渠那得清如许，为有源头活水来

北京市第五十七中学　王艳坤

鲁迅在《狂人日记》中说：“救救孩子！”此言振聋发聩，引人深思。于我而言，“救救自己”4个字一直在头脑中萦绕轰鸣，催我自省，唤我奋进。

从事语文教学十多年来，学生对我的称呼已由原来的“坤姐”悄然变成了现在的“老王”。时光的飞逝是一件个体不可掌控、无能为力的事情，但对自我的发展定位及力求达到的人生境界却是每一个生命个体可以谋之远、思之深的。

所谓师者，传道授业解惑也。本着这样的职责及使命感，自踏上三尺讲坛以来，扪心自问，我是钻研的，勤勉的。认真研读教材中的每一篇文章，带着清晰的思路和充分的准备去上好每一节课，在课堂上与学生进行积极有效的互动并对他们进行有针对性的指导。我觉得我已经能够站稳课堂，练就作为一名教师所应该具备的教学基本功和学科素养。但我发现，某些时候，面对有些阅读视野开阔的、颇有见地的学生，我开始感觉惶惶不安，甚至羞愧难当。因为有些他们读过的书我没有读过，他们有些时候表达的观点出乎我的意料。尤其对学生的作文进行指导或针对某些话题进行深入剖析时，我感觉自己的思想见地、认知水平迫切需要提升，自己的思考、关注的视野迫切需要拓展，做一个“上知天文，下知地理”的博学多识、有思想、有见地、有情怀的教师才能更好地驾驭自己的教学工作，尤其作为一名语文教师。

常看到一些学生不愿意写老师布置的语文作业，但是他们愿意抱着一本书偷偷阅览，津津有味。常看到一些学生面对老师布置的作文题目抓耳挠腮面红耳赤，但是他们在推介自己喜欢的文学作品时却能够侃侃而谈，一如滔滔江水。看得出，这里有他们自主阅读的兴趣与坚持，这里也有其自主阅读后倾诉与表达的渴望与自信。学生们的阅读热情让我心中窃喜，同时也让我反躬自省，自己每天除了研读教材，阅读一些相关的专业参考书籍，是否还有读书的热望？对于自己的教育工作是否做到了从容应对就可以裹足不前？人过中年以后，自己是否还要与时俱进，向更挥洒自如的教学状态、更高层次的教育境界迈步跃进？

孔子曰：“其身正，不令而行。其身不正，虽令不从。”又有人说：“教师无小节，处处是楷模。”教师自己在专业方面提升的过程就是对学生教育的最鲜活的展现。春风化雨，润物无声。教师不仅仅传授知识，更重要的是以自己高尚的人格和职业生涯中的实际行动为学生树立榜样，最重要的是沉潜下来，不为名利所累，不为各种诱惑所牵绊，克服人性中的疏懒懈怠，广泛读书，勤于思考，深入研究。不断丰富自己的知识结构，培养自己的兴趣爱好，提升自己的情趣境界。这一切，诉诸行动就是——多读书。正所谓“君子如欲化民成俗，其必由学乎！”徜徉在书的世界中，我才能够脱胎换骨，大有可为。不仅为指导学生，提高教学，更为涵养自己的人生，提高自己的鉴赏品位，追求更高的生命境界。

我的读书原则是要有品位，要有选择，要持之以恒，要落实思考。读书要有精力的投入，时间的保障，观念上的重视，习惯上的稳固。我要求自己每天晚上睡觉前至少读30分钟。背包里装着书，以备等车时排解闲极无聊。每个月都争取要读完一本100万字以内的书。和学生一起推介好书，并用口头或文字的形式进行交流。看自己喜欢的书，这样就会有持久的热力并能够用自己的品鉴引导影响学生。看学生喜欢的书，这样有师生平等交流的平台和亲切对话的机会。读整本书，读专题系列书，这样有深入研读和思考探究的必要知识储备。

扪心自问，自己在阅读方面观念的转变源于北京市语文高考方向的改革，因为外在的教学及评价变化会成为一种不可抗拒的工作压力，每个教师都要适应这种变化，而被动地适应只能是一种痛苦。但幸运的是，我从自身发展需求的角度，想明白了这个问题，消解了外在的压力。读书，现在甚至已经变成一种内心的渴望，成为我每天生活中最亲切的一部分，成为我生活的节奏韵律，成为我生命中最自我、最精致的组成。

记得《语文的诗意》里面谈到语文教育的三重境界“人技教育”“人格教育”和“人生教育”。教师自己读书，引导学生读书，多读书，读好书，不仅为了我们自身所从事的教育事业，也为了让我们自己的生命长河更磅礴，更久长。

“问渠那得清如许，为有源头活水来”，八百多年前的朱熹不是早就耳提面命地教诲过我们吗？

就要向“急功近利”说不！

北京市第五十七中学 吴 琼

2015 年 9 月，我的岗位由初中语文教师变为高中语文教师，暂时不担任班主任工作。这项变动于我意味着：可以全心投入语文教学工作中，然而，高中教材及高中学生在我的教学生涯中，都属于初次接触。一年多来，我忐忑过，迷茫过，但还好，努力一直在，探索一直在。此时，我任教高二年级，对于高中语文教学，对于教育，这一年多来，有了更多的体会和反思。

一切都是零起点，但其实不变的是，自己一直秉持的教育情怀以及对教育真谛的理解。无论身处哪个年级，最终的教育教学目标都是一致的，因为教育的最终目的就是让人有健全的人格、健康的心态，就是让人自由生长，是让人性升华。

在高中教学的这两年，尤其是教授理科的实验班，看到学生每天沉迷于理科试题演算带来的快感时，作为语文老师，我有话说。曾经我给语文学科在我教学的理科班级的定位是“夹缝中生存”，但就是在这样的夹缝中，我也必须要让学生在我的语文课堂上收获一种乐趣和几种能力，就是一种读书的兴趣、读“闲书”的乐趣；一种在探究性阅读中的“思辨能力，审美能力，文化感受能力”。这些兴趣和能力对学生来说，应该是受益终生的。

我在反思学生的语文学习和自己的教学中发现，学生之所以不爱读书，是因为读书在学生的眼中成了极其功利化的任务，只做于高考有利的试题，只读与高考有关的文字，只关注网络上碎片化的信息，他们语文学习的情趣和阅读的兴趣就这样被“急功近利”扼杀了。呜呼哀哉！

于漪老师曾说：“教师如果有本领把学生学习语文的兴趣与求知欲激发出来，教学就成功了一大半，学生学习语文就有了良好的起点，就不以为苦，从中获得乐趣。”

于是，这一年的时间，我一直在探索一条可以激发学生阅读兴趣，可以培养学生在学习过程中思辨能力的语文教学之路。作为年轻的没有高中语文教学经验的我来说，这条路很艰难，也无法预测未来，但在周围同事的支持和帮助下，我的确在认真用心地实践着。

于是，每节课的课前 3 分钟演讲，每天限时 10 分钟日记写作，每个月班级图书角的图书更新，每学期至少一本的学生文集，这都是我的语文课堂教学外，雷打不动的几项。

1. 课前 3 分钟演讲

从高一的“时事面对面”，《国人“素质”》《今天你刷朋友圈了吗》《中国人的“万圣节”》《双十一购物狂欢节》《老人的扶与不扶》《碎片化阅读及整本书阅读》《对名言的断章取义》等每一个话题的制定都是根据社会上的热点话题筛选而出的。学生们从写脱口秀文稿开始，独立思考，对社会时事进行有个性的思考评判。作为演讲者，能够脱稿自然流畅地独立表达出来，建立了语文学习的自信，更有兴趣去学习语文，学生的思维能力和口语表达能力及书面表达能力都得到了切实的提高；作为倾听者，能够静心倾听，在交流中捕捉重要的信息，让自己对社会现象的思考在交流中碰撞出智慧的火花。

高二这一个学期，学生的演讲话题为“我推荐××”，推荐自己喜欢的作家作品，讲出自己的感受及推荐理由，学生在准备演讲时梳理自己读过的书及阅读感受，既对自己阅读之路有一个客观的审视，又可以在听演讲时拓展自己的视野，找到阅读的共鸣或激发阅读的兴趣。

一年半时间过去了，课前 3 分钟演讲一直在持续，我会坚持下去，并且随着学生年龄的增长，在形式和内容上进行适当的改变，让脱口秀这一教学实践活动真正让学生有所思，有所获，有所成长。我愿意坚持的目的就是想真正在语文教学中，为学生搭建一个展示自己、自信交流的口语表达平台，由此提升学生对语文学习的兴趣，让高中生真正自主地去关注社会，关注生活，关注人生，提高社会认识，学会学习，以适应未来社会发展的需求。

2. 每天限时 10 分钟日记写作

语文素养的两大要素是阅读和写作。要想提高学生的写作能力，除了观察和阅读之外，勤写作是其不二法门。写作的过程是学生关注身边人事物的过程，是学生思考的过程，也是学生固化思考成果的过程。

于是，我为学生每人准备了一个精美的日记本，要求学生每天必须进行限时 10 分钟的日记写作。天天写，时时记，通过写日记的方法提高他们的写作水平。之所以限时 10 分钟，是因为这样既不会成为学生的作业负担，也不会让学生有太大的写作压力。日记的内容可以是观察描写、探究分析，可以是叙事议论、事物说明，也可以是阅读感悟、生活体验，表现方法可以是叙述、描写、说明、议论等，篇幅长短不限，手法不拘一格。写日记最大的敌人是懈怠，最重要的法宝是坚持，所以，我一直坚持不管每日的工作多么繁忙，学生每天的日记我一定会看会评，并保证不泄露学生的隐私，与学生真正进行心灵上的交流。从高二开始到现在，我和学生的日记本上满满一本的每日 10 分钟感悟，就是我们最宝贵的语文学习财富。

与此同时，日记也成为我和学生进行情感沟通的桥梁，正是因为日记，让我更能体会到学生在现阶段的所思所想。有时候我们单纯地认为，孩子的世界简单而美好，但是事实上，孩子们的世界，有时候既不简单，也不美好。正因为不美好，才更真实。所以，在日记中通过文字和孩子们沟通，引导他们去正视成长中的苦与乐，这样的教育润物无声，却很有效。

日记，让我和孩子们的心走得更近。

3. 班级图书角——师生共读“闲书”的圣地

把培养阅读兴趣和习惯，作为语文阅读的头等大事。这是北大教授温儒敏先生一直倡导的。的确，学生读书兴趣和习惯的培养，读书方法的掌握远比面向考试精读精做、反复操练的做法要高明，也更加重要。于是，让学生爱上读书，爱上读闲书，成为我的语文课的教学重点。

在我的理科教学班，墙角上有一个不起眼的图书角，4 层的简易书架上都是各类的“闲书”。古今中外的文学作品，评论、哲学、诗集、古文等陈列其中，构成了班级独特的一道风景线。这个书架和其中几十本图书都是我自己为学生购买的。不是为了向学生邀功，不是为了告诉别人我如何为学生付出，我的做法，只有一个目的，让学生在繁重的学习之余，走到班级的后面，随手拿起一本小书，翻上几页、十几页，然后驻足读下去，那么我的目的就达到了。

为了让学生真正爱上读这些“闲书”，还需要教师的引导。我利用近一个月的时间，带着学生阅读了课标之外的小说，进行了胡赛尼小说专题阅读：《追风筝的人》《灿烂千阳》《群山回唱》。然后在学生阅读后利用课上时间和学生一起梳理情节、分析人物形象，一起分析意象、分析作者的叙事视角，一起探讨胡赛尼的写作意图，一起发现作者的悲悯情怀，一起探究三本小说的异同，一起构建小说阅读的思维路径，一起学习精读、略读、泛读的读书方法。

就是这样一步一步地尝试，我和学生一起读书，不浮躁了，心静了，学生坐得住板凳读书了，课桌上有课外书出现了，他们能畅快地读闲书了。

对于读书问题，作为教师，我认为，既要照顾考试升学等现实的利益，更要从长计议，着眼于为学生的终身学习做准备，为他们走向社会之后的发展，以及生活质量的提升打底子。这才应该是教育的本质，教育的初心。

教育路漫漫，作为一名年轻的语文教师，我一直在学习，在努力探索。为学生在语文课和语文学习之间提供一条通道，给予他们最大的尊重和关注，培养他们对待语文的兴趣和能力，培养一种适用终身的阅读习惯。

我始终坚信，只要坚守自己的教育初心，用爱、责任和身体力行去践行自己的教育教学理念，一切都会水到渠成。

最后，附上学生在日记中表达的语文学习的感受，这也是让我坚守初心的动力！

“我终于找回了消失已久的对读书的渴望，不仅是沉浸于对一本好书爱不释手的热情，更是一种对世界最深刻的认识。闲暇时的消遣，烦躁时的静心，压抑时的鼓励，快乐时的共享，书真的可以带给人们这些。当主人公在书中照亮了他人的人生，他也同时照亮了我们的心灵。书让我由世界之大看到了自己的渺小，却也让我在偌大的世界中不再孤独。”

我的教育故事，在路上，一直都是进行时。

池塘底畔的天籁之音

——学会在班级管理中尊重每位学生

北京市第五十七中学 王 丹

尊重是教育的基础，尊重教育是班主任应该确立的教育理念之一。在实际的班级管理工作中，班主任老师应秉承这一教育理念，重视学生个人的因素，重视学生的个体差异和自身需要；以学生的发展为本，调动学生的积极性和创造性，充分挖掘和发展学生的心智和潜能，促进学生全面和谐发展。

正如苏联教育家苏霍姆林斯基所说："亲爱的朋友，请记住，学生的自尊心是一种非常脆弱的东西，对待它要极为小心，要小心得像对待荷叶上颤动欲坠的露珠。"自尊心是学生的重要情感，作为教师应给予更多的理解、呵护，让每个学生都能够健康快乐地成长。作为资历空白的新任班主任能否做到真正尊重、关爱每个学生，是自己在班级管理中需要特别关注的问题。

我的班级是一个普通班，相对而言，有很多"问题"孩子，厌学、淘气、撒谎、爱打架、学习成绩太差等，这些问题在开学后的第一个星期就崭露头角，给我这个新上任的班主任来了一个"下马威"。最开始面对这些问题，我非常着急，特别想一下子就解决问题，然后就通过办公室批评、找家长、故意给他"难堪"，甚至一些"不留情面"的言语来"教育"他们，结果，不但收效不好，反而使这些学生产生了急躁、反抗的情绪，越是管着越"嚣张"，这曾一度让我非常困惑。直到有一次课后放学，一些学生因为没有完成作业被我留了下来，由此竟发现了我苦苦寻找的解决问题的良方。一位同学对待写作的态度很有问题，大多数同学都能按要求完成的周记，他只写了不到 100 字，而且明显是在应付。所以，那天我"严肃地呵斥"了他，并要求他按要求完成周记。接下来的半个小时，他一直盯着周记本，可只写出了十几个字，我非常生气，也很无奈。由于天气原因，担心他们回家时会遇上暴雨，只能让他回家补完。接下来我就去辅导别的学生了，等我再回过头看他时，只见他拿着笤帚正在扫地，全班的椅子摆得整整齐齐，今天明明不是他值日啊！"你怎么还没有回家？"我疑惑地问。"我在做值日，小学的时候完不成作业，老师就让留下来值日。"那一刻，我愣在了教室门口，瞬间语塞，难以言表的心情在心头涌动，原来我一直都没有发现这些"问题"——学生心理受到的创伤。

"你跟我来。"我把他带到了办公室。

"你一直都在做值日吗？从让你回家开始？"

"嗯，老师，是我做得不好吗？我小学经常这样，习惯了。"又一次，我语塞，不知道怎么回答他。

"以后不会这样啦！作业是作业，值日是值日，这是两个问题。"

"可是我真的不太会写作文。"

"那就一点点来，今天先写 100 字，可以完成吗？"

"嗯。"

"以后别再这样值日了。"

“真的吗？！王老师，您相信我吗？真是太好了！我一定尽力完成100字！”

他回家了，我却很心酸，心疼这个“被惩罚”习惯了的孩子，心疼他们不被尊重的人格，更反思并认识到我的斥责与恼怒与惩罚他值日的老师又有何区别？我们很容易站在高处俯视孩子，却忽略了对他们真正的尊重。归根结底，有问题的学生都肯定都有原因，如果对他们更多的是粗暴的言语和不关心，他们的问题会更加严重；如果从心里开始尊重并关爱他们，从感化他们的心灵开始，那结果会不会不一样？

所以，这件事让我认识到遇到有问题的学生，首先要认真了解问题，以尊重与关爱的态度走进学生的内心，才能发现问题的症结，这样才能解决问题。

每一朵花都有自己的花期，有早有晚，我们要尊重花期才能见到最美的花开；每一个孩子都有自己的花期，有先有后，我们要尊重他们成长的自然规律。作为班主任，在班级管理的过程中，我们应该尊重每一个孩子的成长。

教育成功的秘密在于尊重学生，只有尊重学生，才能使学生健康、全面地发展。特别是对于中小学生，班主任的作用极为重要。台湾作家三毛因为冷漠的数学老师，曾付出了沉重的代价，几乎毁掉了一生。事例虽然有些极端，但是在一定程度上警示我们：学生自尊心受到伤害，人格受到侮辱，会对他造成严重的消极影响。

正所谓：善为师者，既美其道，又慎其行。

曾经有一部著名的影片《放牛班的春天》，影片中马修老师的心灵教育可以概括为：尊重、关爱、宽容和鼓励，通过尊重和关爱学生的心灵引导其身心健康地成长，让爱的歌声永久回荡在了学校上空。所以，带着这种尊重的教育意识，我开始慢慢调整自己在班级管理工作中的理念和行为。

首先，从细节入手。让自己的心更加细腻敏感，抓住机会多与学生交流，全面地了解学生。一个鼓励的眼神，一次亲切的问候，一声温暖的嘱托，让学生感受到我发自内心的爱。一名细致的老师才能知道学生的需要，懂得如何更好地引导学生发展。

其次，多一点肯定。卢梭曾说过：“表扬学生微小的进步，要比嘲笑显著的恶迹高明得多。”我努力更多地鼓励和肯定他们身上的闪光点，引导他们重新定位和发现自己，增强他们学习的动力，以及对自身的信心和满足感。

最后，方法要恰当。犯错时批评的话语，成绩下滑时善意的提醒，使用的方法要对学生产生的负面影响最小。在不影响他自尊心的前提下告诉他自己的问题在哪里，如何改善。

渐渐地，我发现越来越多的学生上课时注意力更加集中，开始真正地思考、学习，开始主动帮老师开关电脑、抱作业……

“随风潜入夜，润物细无声。”尊重与关爱带来的不仅是学生越来越多的信心和满足，更重要的是在这样的引导下，他们逐渐学会尊重他人、关爱他人。

“闲寂古池畔，青蛙跃入水中央，扑通一声响。”蛙入古池一声响，惊起久远天籁音。作为普通班，我们有很多方面需要努力提高，我相信，在充满尊重和关爱的和谐气氛中，池塘底畔依然会有天籁之音。

看着你的盈盈笑颜

北京市第五十七中学 刘 艳

午夜正准备睡觉时，婧发来了这篇“我眼中的好老师”征文，10 点半还没有构思的她在不到两个小时的时间里写下了这一篇上乘的佳作。我被文字背后的老师深深打动，同时又有些心虚地将自己与这位老师进行对比。我的内心充满了担忧和茫然，一个 3 年来我悉心培养的才女学生，对我的印象也许并不深刻吧！

她笔下的语文老师课上不搞一言堂、不讲考点甚至不讲中心和段落大意，会把课堂还给学生，会跟学生讲自己读书的故事，还会精心排练课本剧，给学生以展示的机会。那言下之意，我这 3 年的初中语文教学是不会吸引到她的，而她对语文的兴趣和爱发端于那位好老师，而我也许只是她生命中的一个过客。

作为班主任，那位老师“没有老气横秋的长篇大论，也没有老套的心灵鸡汤，只是短短的几句话……”却可以成为学生爱戴的好老师。而我貌似长篇大论的微信稿，在她看来全无意义的心灵鸡汤自然成为不入心的文字游戏而已。是我太敏感？还是我太多疑？我不知道，总之在这中间我似乎看到了一个自己很少看清的为人师的“我”。格局不大，还很高调，这能成为一个学生敬爱的好老师吗？我不觉汗颜起来，但又觉得有一些委屈。

优秀学生与生俱来的优秀特质会让他们觉得自己的优秀与老师无关。或者说一个平庸的老师是不容易与优秀的学生之间擦出心灵碰撞的火花的。以前我总纳闷：为什么作为班长又是语文科代表的婧逐渐变得和我若即若离了？看到她的征文，我才找到了真正的原因。不是她不够优秀，而是我不够好。

于是我懂得了为什么我在她班级工作不主动时给她的那封长信，她始终没回。执着的我还以为是她没有收到。记得那一次她主动向我打听考试成绩时，我弱弱地问她：“我给你的信收到了吗？”她淡然告知收到了。我追问：“怎么没有回复？”她不经意地笑着说：“不知道怎么回。”

于是我懂得了为什么我多次让她找我面批作文，她总是不积极。初三第一次大作文《在水一方》。她写的是歌咏古人屈原和苏轼的题材，我给她用心批阅并写了评语，写出修改建议，打印成电子稿让她修改。也许是她太忙，忙得无心思量那几句修改的建议吧，我至今没有等到她对那篇作文的修改。

我的真心换来的是无动于衷，在这个渐渐寒冷的冬季我感觉自己就像那雪花一般满腔热忱地扑向大地，而大地却不为所动。岁月的珠帘将回忆串起，我在记忆中搜索与她交集的一幕幕。

我们结缘于初一时的阳光（6）班。我在假期时让新接班的孩子写读书笔记，我把婧发给我的读书笔记打印下来，带到我新生家访的每一站。只是因为我觉得她是个很有才情的孩子。

军训中，她一束马尾辫，总是轻盈地甩来甩去。我对于她的初印象就是一位爽朗的才女。

开学的班干部竞选，大家都十分踊跃，而她竞选班长一职也着实让我吃惊。平时不见她显山露水，实际上却是胸怀大志。当了一个学期的轮流班长，终于到尘埃落定的时候，而她的票数位居榜首，自然是班长的不二人选。

她屡次考年级第一，由同学眼中的“婧格格”到学霸，令我倍感欣慰。仿佛她就是班级的金字招牌，不论在高潮还是在低谷，她始终都是那么淡定。可是作为班主任，我更期待满园芬芳。从第一本班刊《最初一》的苦熬加班与等待到她成为少代会代表，到运动会上不管不顾地为班级荣誉而战，再到家长会上带病坚持演讲。每一个细节，每一次付出，我都细细品味，品味我的班长，她的学识，她的人品以及她的成长。

可是不知从什么时候开始，这位我一直欣赏的班长却与我有些隔膜。慢慢地我发现以前热心的婧变得有些冷漠了，甚至有些焦躁了。更甚至，不愿多说一句话，不愿多做一件事。我不知道这些微妙的变化是从何时开始的，也不知道这些变化对整个班会有什么样的影响。这样低迷的状态一直延续到初二结束，全市“1+3”政策的出台。在一个阴冷的午后，她兴冲冲地来到办公室告诉我：“老师，我要报北大附惠新西街校区的 1+3 直升班。”我有点猝不及防，难掩内心的惊讶，问道：“为什么？这个校区是新建的，好不好的还有待考证，你和家长商量好了吗？”她坚定地点头。我感觉头发蒙。在与家长取得联系后，我才知道她因为心中一直向往北大附中，有些迫不及待了。第二天，我在楼道临窗的一角与她谈心，告诉她中考是人生的一次历练，为了心中的目标要奋力一搏。她若有所思地点点头。

当天晚上我就收到了她家长发来的孩子决定不报 1+3 直升班，要奋战中考的短信。在那一刻，我明白了那个优秀的婧，她人在我身边，但是心却奔向了一个更远的远方，而我还停留在那个初一的阳光的午后。想到这些不免有些感伤，而这感伤又必须由自己来消化。作为她的老师，我只想她在这 3 年的时光中能够转身面对我，哪怕她最终给我的只是背影，我也希望她现在给我的是一如当初的盈盈笑颜。

很多事情就是这般无奈，并不是你付出了就一定会收获。为人师者在陪伴学生的过程中，要用真心和爱心，去灌注一个开花的生命。不去想是否给了学生期待的远方，只需做一个静默的麦田守望者。也许作为老师终究要与自己的学生离别，你只需静心修炼并淡定地望着那渐行渐远的背影，告诉自己：不必追！

教师的职责

北京市第五十七中学 谭小东

教师的工作职责在于教育教学，教育是教学的基础，在知识传授的过程中，我们既要传授给学生知识，也一定要让学生学会做人的道理，重要的是给学生良好的教育，让学生感受到老师是真正理解和尊重他们的。这样的教育是有温度的教育，是理性的教育，能让学生感受更多的爱，这才是教育的重点和根本。

当然在与学生打交道的过程中，总会有着这样或者那样的故事，下面我就介绍两个与大家分享。

记得是 2012 届的高三，我们班有一名叫张若均的学生。他是一个非常聪明的孩子，对于所学习的知识总是有着自己的独到见解，在上我的数学课时，他总是积极地发言，发表自己的看法，作为老师我当然是非常喜欢和欣慰的。但是，在高三第一学期快期末考试的时候，我感觉到这个学生有一些不对劲：第一，上课的时候，不认真听讲了；第二，在班级活动中也不认真参加了，非常的消极。基于他以上这些表现，我及时地找他谈话。通过交流，我了解到他是因为和班级里另一名女同学谈恋爱，而且还分手了，自己的情感上受到了很大的打击，所以人就变得非常消沉，学习的劲头不足了，精神状态也非常的不好。基于这样的情况，我和他积极地沟通，给他讲自己上学时的一些经历，让他深深感受到老师对他的关心，让他有更多的信心面对自己现在的问题，解决好自己的问题。通过这次交流之后，他改变了很多。利用家长看晚自习的机会，我又积极地和他的家长做了深入的交流，对于他的问题，有了更进一步的了解。在家长的配合下，孩子的情况逐渐好转了。他从思想上有了新的认识，端正了学习态度，学习也更加努力了，又像之前那样爱发言了，并且积极地参与到班级的各项活动中来了。

通过努力，他考取了河海大学物联网专业。考上大学之后，他回到学校，真诚地向我表达了感谢。一句感谢，真真切切地打动了我的心，让我感受到作为老师的成就感和责任感。学生在某一阶段犯一点错误，这个完全可以理解。要教育好我们的学生，需要很多的付出。对于我们的学生，一定要发自内心地帮助与理解，让他们坚定信心，相信自己是最优秀的学生。

实际上，教育工作就是这样，平常而又普通，但这种普通中却是我们教师对于自己工作的一份热爱。

下面我再介绍一个我的教育案例吧。

记得是我带的 2014 届高考的那个班有一名叫张松竹的学生。当时在高三一模考试的时候，她的总分没有到一本线，数学只考了 99 分，应该说这个分数不高，对于她来说，这是个非常大的打击。因为她平时的学习成绩还是不错的，没有想到这次考试是这样的结果，而且班级其他同学都已经到了一本线，所以这样的对比，对于她的打击实在是太大了。

基于这样的情况，我马上找到张松竹同学，与她交流。首先我先肯定了她的能力，让她一定要有信心，坚定信念，相信自己在以后的考试中一定会有很大的进步。之后，我开始与她分析这次考试成绩不好的原因，这里面有对知识理解不足的原因，有她自己心态不好的原因，主要是没有掌握正确的答题思路。把自己可以解决好的问题先解决了，这样才会有高分的可能，她也非常赞同我的想法。

之后，在她的努力和老师的帮助下，成绩终于有了很大的进步，在最后的高考中，更是考取了非常好的大学，考上了她非常擅长的语言专业。作为老师，对于学生出现的问题，一定要及时地解决，尽快处理。特别是对高三的毕业班学生而言，这一点更加重要。

以上就是我所介绍的两个教学案例，通过教学案例的分析，我深深地感受到，教育无小事，只有最基本的小事情做好了，我们才可能取得更大的教育成绩。只有坚定教育信念，我们才会取得更好的教育成就。

巧妙构建和谐的同学关系

北京市第五十七中学 杜 昕

关于校园欺凌事件的文章在很多教育同行中引起热议。作为一名教师该如何教育学生杜绝欺凌别人，同时避免被别人欺凌？我在教育故事中与大家一起讨论。

去年某个周五的晚上，小宇说自己的头部有瘀伤，感到头晕。我大为震惊，仔细询问后，小宇告诉我因为总是受到班内同学张龙的欺负，而这次更为严重。我坚定地告诉他，作为班主任我一定严肃处理此事。

接下来，我展开了一系列的调查。首先，我从孩子的性格特点入手。被欺负的小宇是我班一个瘦瘦的男生，为人老实。他说话不多，轻微口吃。据班内同学讲，他下课时也总是坐在自己的座位上看书，或者是听别人聊天。张龙是我班的高大男孩，据我家访了解，家庭成员经常一语不合就要动手。不过，好在张龙为人仗义，本质不坏，我决定先调出班内监控录像再做处理。从录像中看，午休时张龙带头和其他几个同学一起挑逗小宇，小宇一直坐在位子上偶尔反抗一下。张龙确实把小宇的头部撞到墙上，导致瘀伤。这时我心中已有了一些教育想法，我认为张龙的行为确实是欺负同学，但如果只是批评甚至校际处分对孩子本身的教育意义不大。张龙犯错，惩罚一定会有，如何教育他和其他跟着一同起哄的孩子不再做出这种行为是我需要认真思考的。

经过一番斟酌，我决定利用好班主任的阵地——召开班会。主题为“感谢有你，亲爱的同学”。班会分为 4 个环节：

第一个环节，是每个学生回想初中生活中与同学一起最难忘的经历。很多孩子回忆了军训、外出社会实践、一同上体育课……这时我提问道：“每个人都有自己美好的回忆，如果你的初中生活是在恐惧中，天天受欺负中度过，那将会怎样？”很多孩子都说，那真是太可怕了，我不要那样的生活。我又追问：“你会欺负同学么？”这时我发现，那些跟着张龙起哄的孩子都低下头，内心有触动。

第二个环节，是每人向同学说出心中的感谢。这时，很多孩子的话语让我很意外，他们所感谢的事，在成年人看来都微不足道。比如，感谢好友每日在公交车站等候，两人一同上学放学；感谢同桌每日陪伴他一起吃午饭；感谢班长在自己难受时递过来的一瓶矿泉水……大家各抒胸臆，我要求学生拿出手机，马上写微信把自己的感谢之词发给亲爱的朋友。孩子们认真地编写微信，不一会儿，很多人收到了好友的感谢，脸上露出幸福的微笑。

第三个环节，是同学们各抒己见如何维系友谊。大家都谈到了决不能欺负同学，也不能给同学起外号，不能在肢体上、语言上伤害自己的同学和朋友。此时，我想我的教育目的达到了，大多数孩子明白了如何对待同学。这时我请爱欺负人的张龙谈一谈他的体会。张龙明白了老师的用意，承认自己的错误，并保证不再欺负同学。令我欣喜的是，张龙说他要保护班里的同学免受他人欺负。我认为班会的力量要比老师说教强 100 倍。

第四个环节，是我作为班主任来发言，我向同学们提出要“心怀感恩，感谢同班同学的每日陪伴，互相帮助，不要欺凌”。并且我请来了学校负责德育的主任，由校方领导讲述了校园欺凌的定义和范围。这样一来，震慑那些平时欺负人的学生，也为受欺负的同学撑起一把安全感的大伞。

班会后，我及时整理了孩子们的感谢微信，并发公众号文章：主题班会“感恩有你，亲爱的同学”记录了这次有意义的班会。班内家长对这个主题班会十分认可，小宇的家长也感到孩子受重视，积极配合教育小宇，和老师一起帮助他更加自信。渐渐地，小宇消除了恐惧，他在学习和与同学交往方面更加自信了。我们班同学的关系也越来越融洽，再无欺凌事件发生。

做情绪的主人

北京市第五十七中学 吴 萍

记得马克·吐温在关于“什么是人最重要的信条”的言论中说：“毫无疑问，成长是人最重要的信条，我们必须坚持不断地改变自己，一直到生命的结束。”的确，人的一生就是在不断接受教育、不断反思与完善中超越自我，成为对社会、对他人有用的人。中学阶段是一个人的人生观、世界观、价值观形成的关键时期，中学生也正处在叛逆期，常常因意见相左出现分歧，甚至情绪冲动，说了过头话做了过头事而后悔。可见，情绪管理在学生人格、品行的锻造中是不可或缺的一部分。人人都应学做自己情绪的主人。

一、主题背景

今天，案例的主角是一位反应敏捷、成绩较好的男生，但他常以自我为中心、不懂得尊重和关爱他人、不知如何对待他人的批评、不懂宽容，常和师长、同学产生冲突，在生活学习中不懂如何控制自己情绪。

姓名：秦旭（化名）

性别：男

年龄：17 岁

年级：高二理科班

二、情景描述

由于刚接任班主任工作，对本班学生的学习、生活、家庭情况以及脾气、性格等还不太熟悉。在刚开学的这段时间中，便发现了秦旭这个典型案例，让我们先把镜头拉回到过去的“秦旭”：

镜头一：物理课上，秦旭忘戴眼镜看不清黑板，于是找前面的女生借笔记看，由于说话影响了课堂纪律，老师说道：“秦旭，听讲别说话！”于是，他“理直气壮”地和老师辩解，说是在借阅笔记本不是说话，仿佛受了莫大冤枉似的，在课堂上公然和老师顶嘴，气势汹汹，出言不逊，和老师争执不休，甚至摔门而出，严重影响了班级的教学秩序和其他同学的学习。

镜头二：生物课堂上回答问题，因为和同学意见出现分歧，他全然不顾这是上课期间，不怕影响老师的教学进度和其他同学，在课堂上和另一名同学争执起来，老师批评他，他再次极力为自己辩解。

镜头三：在班级卫生值日表上，秦旭负责擦黑板。但是据我观察，他常常是预备铃响起，才意识到该他值日，甚至有时非要人提醒才擦。等到晚自习放学了，他通常都是只管擦了黑板就背着书包走人，从不顾及同组值日生的忙碌，有时还会忘做值日。

三、问题探究

仅在开学一个月的时间里，秦旭身上发生的这几件事就让我陷入了深深的思考之中，我强烈地感觉到在他的成长过程中忽视了心理健康教育，使他的学习生活中极易出现适应性问题、人际关系问题，缺乏责任感和感恩意识，有着青春期学生容易出现的一些心理问题，表现为自负、任性、急躁等，不能正确对待他人的批评，抗挫折能力差。从本案例可以看出问题的症结在于：

1. 学生人格个性发展缺陷

结合前面提到的几个事件分析，需要指出秦旭同学心理上的几个问题：第一，不能正确对待他人的管教和批评，喜欢找借口，找理由，不能审视自我，缺乏换位思考。处理事情显得极不冷静成熟，过于任性和冲动。第二，不懂礼貌。在与他人交往时，过于骄傲，不能放低姿态，不虚心，不尊敬师长；在和同龄人交往中求胜心过强，太过强势，不善于处理好同学关系。第三，值日问题也反映出其以自我为中心，责任感不强，缺少集体主义精神，缺乏团队意识。第四，旷课事件恰恰反映出其幼稚的一面，以为借此就可以表达对老师的不满，不懂珍惜时间，不顾学习就要“赌气”。

2. 教师忽视心理健康教育

作为教育工作者的我们是否在教育教学过程中也有所缺失？我们是否也过多地强调了学习成绩而忽视了学生的心理健康？别忘了，现代生活幸福感的获得不仅需要有健康的身体，更需要有健康的心理。纵使你再有学问和本领，没有阳光的心灵也是万万不行的。所以作为教师，我们应当充分利用每一个教育的契机，对学生及时进行心理疏导，帮助孩子们塑造积极向上、健康乐观的心理。

四、评析反思

通过上述分析，我决定采取“换位思考”、家校合作的方式对该生进行心理辅导，主要从以下 4 个方面着手：

① 知己知彼，促进“学生”和“家长”换位；

② 因势利导，促进“学生”和“老师”换位；

③ 倡导协作，促进“学生”和“学生”换位；

④ 达成共识，促进“学校”和“家庭”共为。

五、结语

此后，我欣喜地看到秦旭同学的点点变化，他慢慢学会和睦地与人共处了：上课比过去更专注了，能够积极对待老师的批评，不再随意顶嘴了，和同学也打成一片，并且他还主动承担了为班会下载视频，制作、播放幻灯片等任务，愿意挤出自己宝贵的学习时间积极为班级服务，有了责任感和主人翁意识。难能可贵的是随着脾气性格的改变，他的成绩也大幅提高，高考中稳定发挥考入首都师范大学。

青春期的孩子要学会“做自己情绪的主人”，懂得设身处地地为他人着想，理解他人，逐渐培养自觉性、自制力、自我调适、忍耐性等。只有学会控制和管理好自己的情绪，建立和谐的人际关系，才能实现自我提升。同时，我们相信中学生具有极大的可塑性，完善的人格和心理是可以通过后天的培养来发展和提高的。

平凡树人

北京市第五十七中学 郑 集

班主任工作是平凡琐碎的，这里没有惊天动地的故事，没有感人泪下的情节，有的只是在外人看来不值一提的忙碌，但正是这点点滴滴，滋润了一个又一个学生的心田，使他们踏上成材之路。

一、爱是教育的基础

高尔基说过："谁爱孩子，孩子就爱他。只有爱孩子的人，他才可以教育孩子。"要想建立良好的师生关系，关键在于老师要有爱心——爱学生之心，这样才能成为学生的良师益友，才会取得育人的主动权。

十六七岁的中学生正处于身心迅速成长的阶段，作为班主任我不仅在学习上、生活上关心他们，更重要的是在思想上、政治上关心、关注他们的成长和进步，为他们创造良好的学习氛围。

在具体的班主任工作中，我首先会全面深入地熟悉班级每一位成员，通过平时的观察与交谈，了解他们的内心世界，掌握其思想脉搏。同时我还会满腔热情地帮助他们，用爱的甘露去滋润学生的心田，少指责、多引导，真正去关心爱护每一位学生。

一次我刚接班不久，班上的一个男生刘翔（化名）和同年级的一位同学因为都喜欢一个女孩而发生冲突。晚上放学时，那个学生在校外找了几个人，在校门口将刘翔截住。我下班出门时发现这些情况，立即阻止了可能发生的殴斗，并将刘翔从事发现场带走，遣散了聚在一起的学生，然后亲自护送刘翔送回家。到家后，我立即打电话联系本年级的其他老师和当事学生的家长，分头了解情况做工作，在年级组老师和家长们的通力合作下，这件事得到了较好的处理。后来我找他谈话，师生间就爱情和友情话题展开了讨论，使他明白了这份美好的朦胧感觉应该珍藏在心里，当务之急是将主要注意力集中到学习上来。后来，经过努力，他考上了市重点中学。

渐渐地，学生们愿意跟我说他们之间的事情，遇到事情也开始找我商量解决，我就成了学生的主心骨，无论大事小情，学生都愿意和我交流、探讨。这样，我获得了学生的尊敬和爱戴，这对我管理好班级非常有利。因此，我想说，要做一个真正优秀的班主任，就必须善于把爱心作为与学生沟通的法宝，既做学生的老师，又做学生的朋友。

二、公平、公正对待每一个学生

对学生，不论是学习好的还是学习差的，不论是学生干部还是普通学生，不论是家境好的还是差的……在我这里都是平等的。我对他们会一视同仁，因为班级是一个复杂的微型社会，角色关系是一个敏感话题。班主任如何对待情况各异的班级成员，不仅会影响学生的成绩，甚至可能会影响他们的身心健康。因此，作为班主任一定不能感情用事，厚此薄彼。班主任要实事求是地评价班级每一位成员，该表扬的一定要大力表扬，以弘扬正气；该批评的一定要选择恰当的方式批评，一点不要袒护。这样才会赢得学生的信赖与爱戴，有利于良好师生关系的建立。

特别是对于学习差的学生，我通常采取鼓励与辅导相结合的方法，尽力发现他们的闪光之处，以此作为突破口来引导他们迎头赶上。我班樊金红（化名）同学入学时分数较低，她很自卑，上课从不敢主动站起来回答问题，老师提问她，她也总是低着头小声地回答。经过观察我发现该生很踏实，而且做事认真，因此我就从这两方面表扬她，引导她。逐渐，她上课敢于回答问题了，期末考试时成绩也由期中的后几名进到了中等名次，于是我就在班上给了她“学习进步奖”。这以后，她学习更勤奋了，见了老师同学也能面带笑容地问候了。

因此，班主任公正无私地对待每一个学生，既是教师道德良心的一面镜子，也是避免人际矛盾、建立班级和谐人际关系的关键。

三、让学生在自我管理中求发展

学生是班级的主人，班主任的职责应该是协调引导全员参与，而不能包办一切，也不能幕后操纵，应该给学生最大的自主权。今年，在接班伊始，我和同学们一起分析我们班的特点、长处和短处，向他们介绍我带的上一届班级所走的路，以及取得的优异成绩，然后和同学们一起酝酿讨论班集体发展规划，要求他们都投身到班级的管理中来，对于班干部，重新进行民主选举，让原来一届班委与新评选出来的进步分子一起参与竞选，谈自己的工作计划，竞争上岗。如今年的李洋（化名）同学，成绩很差，脾气也不好，但他参与了体育委员的竞争。他在竞选中提出，如果他做了体育委员，不但班级的体育活动有声有色，同时自己的学习成绩也一定会进步。果然，通过半年的努力，我班各项体育活动一直在年级中领先，校运会上夺得团体总分第一名，他本人成绩也有明显进步，和同学、老师的关系也融洽多了。

在班级管理中，我还实行班干部们每星期举行一次例会，反映班级问题，抓好个别学生的思想、纪律和学习，等等。这些都体现了他们的主人翁意识，“上下同欲者胜”，这句话对班集体建设同样适用。

四、严于律己、率先垂范

我国有句古语“身教重于言教”。有经验的老师也常说：“有什么样的班主任就有什么样的学生。”教师高尚美好的行为会给学生以潜移默化的影响，这就是发挥了表率的作用。我在具体工作中，以亲身的示范，引导学生树立起正确的道德观念；开展尊重教育，以身作则地关心、尊重学生，教育他们要懂得关心、理解和尊重他人。

这一年龄段的学生有很强的“向师性”，教师的一言一行都会潜移默化地影响着他们的发展，教师是学生做人的重要参照对象。善的，被学生效仿，使学生求真、从善、臻美；恶的，会对一些学生带来消极的影响或错误作用。作为一名教师，我非常注重自己的言行，严格要求自己，要求学生做到的自己一定带头做到。平时，我处处以身作则，如请学生帮忙，向学生借东西时我会道声“谢谢”；一旦做错了事时，我会直接向学生“道歉”。当我发现教室地面有纸屑时，我会默默地捡起来；看到卫生角杂乱时我就会主动整理，等等。学生看在眼里，慢慢地也会自觉主动地去做这些。

实践证明：以身作则的效果要比强令要求学生如何做好得多。因此，要培养优良班风，老师要处处以身作则，严于律己，很好地发挥自身的表率作用。榜样的力量是无穷的。心理学家班杜拉通过大量实验研究发现，学习者所观察到的“榜样人物”的行为结果乃是决定模仿学习的重要因素。在率先垂范的同时，我还经常从学生的日常行为中挖掘闪光点，及时表扬好人好事，树先进，让大家学先进，使班风向良好的方向发展、形成。

五、调配好各种资源，为学生拓宽发展之路

（一）发挥家庭对孩子的作用

学校是学生受教育的主要场所，但我们绝不能忽视家庭的影响。因此，仅在学校管好学生还不够，班主任应利用家庭方面的有利因素，消除不利因素。每学期，我把家访作为一项重要内容，每学期家访人数不少于学生总数的 1/2。我认为家访的目的至少有 4 种：一是通报学生的学习、生活等各方面的情况。二是了解学生在家中表现（不仅限于学习情况，比如，做家务情况，人际交往情况等）。三是倾听家长的心声（对孩子的评价，对学校、老师的希望）。四是传播家教知识，协调家长与学校老师的关系，研究共同教育的方案。除此之外，我还努力开好每一次家长会，与家长交流家教体会，介绍家教知识，受到家长们的热烈欢迎。

（二）发挥科任老师的作用

要使班级工作整体化，必须各科教师齐心全力。作为班主任，对各科老师的工作我会全力支持，经常了解各科学习情况，配合老师做学生工作。例如，去年我带的初三（3）班，几个科任老师都非常敬业，对学生抓得很紧，对作业的数量、质量，改错是否及时都要求很严，但学生难免偷懒、耍滑，有的人被发现后又觉得下不来台，跟老师犯小性子，或找各种理由来搪塞老师。这时我坚决地站在科任老师一边，做学生的思想工作，督促他们完成该做的作业，同时协调好学生和科任老师的关系，让学生明白老师的良苦用心。同时，对于偏科的学生，我劝他们去找老师补课，并请老师为他们指导；我自己的课尽量在课上完成，不占用自习时间，保证其他科目作业的完成。有班主任做老师的坚强后盾，想耍滑的学生也没辙了，只有把精力放在学习上，通过自己的努力来回报老师，证明自己。经过努力，我班的学生在历次考试中均取得了较好的成绩。

（三）注重学生差异，鼓励学生多方面发展

在实施素质教育的过程中，我认识到：知识的掌握情况是学习评价的重要内容，但不应是评价的重点，更不应是评价的全部内容。素质教育要全面评价学生的认知、能力、态度和情感，根据学生的个性差异设计多元评价体系。多一把衡量的尺子，就会多出一批好学生。我的班中有几个学生，人很聪明，也很活跃，就是学习不用功，纪律涣散。虽然靠着小聪明，成绩还说得过去，但是对自己要求不高，一旦认为自己听懂了就开始说话，干扰课堂纪律，有时还和老师、家长顶嘴。如果按照传统的标准衡量，这些学生应该划入“差生”的范围。然而就是这些学生，参加各项活动非常有积极性、有组织才能，在同学中较有威信，一呼百应。学校举办的运动会、艺术节等活动，根本不用班主任费心，他们就能组织得井井有条，取得好成绩，有的还能在北京市的比赛中为学校争光。我认为，从素质教育的角度去衡量，这些学生很有潜能、综合素质很高，教育这样的学生要调动其积极性、扬长避短。平时，我尽量给他们创造施展才能的机会，在运动会、艺术节等活动中让他们参与组织、课间

操让他们带操、值周时让他们参与负责管理。这样不仅调动了他们的积极性、发挥了他们的特长，而且进一步提高了他们的能力，使他们产生了成就感和荣誉感。当他们中有人不能正确对待老师的管理教育，违反纪律时，不是简单地批评训斥，而是引导他们换位思考，站在管理者的角度去认识老师的管理。渐渐地他们开始乐于接受老师的教育了，违纪现象逐渐减少了。在学校组织的各项活动中，他们带领全班同学多次夺魁，教室挂满了奖状。成就感促使他们高标准地要求自己，于是，学习成绩也有所提高。当他们的一切都很优秀时，师生关系也由不和谐变得融洽而亲密了。

十年树木，百年树人。培养真正的人才需要爱心，需要公正，需要垂范，需要开明……而这一切都蕴含在平凡的工作中。因此，我想说：为了学生，我今生甘愿平凡！

生命因学生而精彩　事业因学习而绚丽

北京市第五十七中学　沈　平

古今之成大事业、大学问者，罔不经过三种境界：“昨夜西风凋碧树。独上高楼，望尽天涯路。”此第一境界也。“衣带渐宽终不悔，为伊消得人憔悴。”此第二境界也。“众里寻他千百度，蓦然回首，那人却在，灯火阑珊处。”此第三境界也。这是清朝美学家、文学思想家和国学大师王国维在《人间词话》中描述的成功者的三种境界。体味其中的精髓可以概括为确立目标，潜心求索，期盼辉煌未来。在长期的艰苦历练中，作为一名普通中学地理教师的我，一直有着这样的志向和追求，一直向往着经历这样的三重境界，并以此来勉励自己、鞭策自己。

从教二十余年，我始终坚信：工作平凡，但意义不平凡；“对象”年轻，但责任重大。我总是把学生看成“明天的太阳”，而我自己是用双手托起明天太阳的人。教育工作是艰苦的，但是我从中获得了耕耘的快乐；教学路程是漫长的，但是我从中获得了园丁的自豪。

一、用双手托起明天的太阳

视学生为教师成长的朋友，视学生为教学相长的伙伴，这是一名教师应该具备的教育教学理念，我一直以此为准则和动力。

“如果教师把对事业的爱和对学生的爱融为一体，他就是一个完善的教师。”这是伟大的作家、哲人托尔斯泰告诫我们的。由此启迪了我——爱是教育教学中最关键的因素，最不可缺少的“润滑剂”。一位经验丰富的老教师曾形象地总结出关于看待学生“四面镜子”的理论。用“显微镜”看“学困生”的优点，用“放大镜”看“优等生”的缺点，用“透视镜”看教育教学的本质问题，用“望远镜”来看学生一生的发展。正如“尺有所短寸有所长”一样，在我的“四面镜子”下学生呈现出各自的特质和潜能，成为一个个鲜活的生命个体。

在教育实践中，我总结出一套与各类学生交流的方法，不仅成为学生的朋友，还常常被学生称为“姐姐”。我在课上与学生的教学活动是愉悦的，在课下与学生交流思想是快乐的，在学校对教师的调查中年年都被评为“受学生欢迎的教师”，受到学校和家长的高度评价。在关爱学生身心发展过程中，我好像感到自己和他们融为一体，他们是我生命的延续，是我的希望所在，是明天的太阳。

二、用勤奋构建个人的知识库

未来社会是终身学习的社会，对于教师来说，应该成为一个会学习、会创造的人。陶行知先生曾讲过：“时代在进步，社会在发展，偶一停留，就要落伍。”教师要担当起克服人类无知的重要使命，就应不断更新自己的教学观念，努力提高自己的教学水平，认真学习课标的教学理念，奋力共筑师生爱的小巢。我热爱教育事业，更热爱学习，努力使自己站在学术的前沿，把学习看成终身的自我教育。1988 年，我于首都师范大学毕业后，就积极参加各类业务培训、学历进修，从不放过任何学习机会，并且利用一切机会，参加区、市学科教研活动，虚心向优秀教师和专家求教。在这些教师当中我特别难忘的是人大附中的王海玲老师。那年我第一次带高三班，老教师调走了，我托人找到王海玲老师，一直跟随她听了一个学期十余节课，现在回想起来每节课都是一种享受。她在学术上高屋建瓴，在教学上细致入微，在工作上不断进取的精神一直鼓舞着我，为我树立了榜样，促使我持续不断地学习，不断完善自我。在不断深化的课程改革实验中，我更是以满腔的热情，积极投身课改，切实转变教育观念，进一步完善知识结构，不断改进教学方法，努力向学者型教师靠拢。

我不仅向身边的老师学习，还从各方面、各领域猎取知识，时常徜徉于书海之中。知识让我满足，让我充实，让我得到快乐。东尼·博赞的《思维导图》，王金战老师的《英才是怎样造就的》，另外还有《世界文明史》《中国国家地理》《中学地理教学参考》《中学地理》等各类教育教学著作、杂志摆满了我的书架。空余时间，我不是上网浏览最新教育教学资讯，就是翻阅图书。我汲取了丰富的教育教学营养，生命也因此变得绚丽多姿。

无水无以成江河，无知无以成教师。“科研出名师”，是我校的口号，更是我的目标。我一直认为只有把教育教学同科研结合起来，才能跟上教育发展的需要；教师只有以研究者的心态去对待教育教学，才能充分发挥教师的积极性和创造性，才能获得工作的激情；只有自觉投入科研，才能不断进取，提高自己的知识水平，不断改进教学方法。教研不已，笔耕不辍。多年来，我参与了多项各级各类课题的研究，有数十篇论文、教学设计在市区、全国评比中获奖或在刊物上发表。

二、用智慧让工作绚丽多彩

刚参加工作时，讲授中国地理和世界地理，这对于我当然不是难事，但对于学生来说这门课可是绝对的副科，根本不放在心上。为了调动学生的积极性，我阅读了大量书籍杂志，寻找图片补充学生感兴趣的课外资料，设计众多的小活动，联系他们的日常生活，学生兴趣很高，师生关系和谐。

几年后我升为高一地理教师，一方面为学校对自己的信任感到自豪，另一方面面对突然长大的学生、新的课程、北京市的会考感到沉重的责任。有压力才有动力，我首先告诉学生自己是第一轮教高一，没有任何经验，教材对于我来说是新的，和他们一样，我要学习，并且展开竞赛，看看谁先把重要内容记下来。然后我在课下认真学习教材、会考说明、教参，以前的大学课本。在温故过程中，逐渐发现过去的知识越来越熟悉，不太明白的知识点逐渐清晰起来，对自己更加自信了。经过一年的努力，我带的学生以 100%的及格率通过了北京市地理会考，面对成绩我感受到了成功的喜悦。之后连续多年我所带的高一地理会考成绩都是 100%的通过率，成为当时学校中会考成绩最好的教师。在学生不断更新，成绩依旧突出的同时，我对教材的驾驭能力也越来越强了，上课时常常只带一本书，但是我的书从不打开，需要学生读书、画书落实时，张口说出页数、行数、图名。学生都被我镇住了，他们深深相信跟随这样的老师上课一定能够取得优异成绩。他们不知道这只是形式，我并没有刻意去记忆这些，只是熟能生巧罢了。到复习时我更是打乱章节，把相关知识通过结构图的形式带领学生绘制出来，让学生明白知识本是没有章节的，知识之间的联系有多么密切。

当我年复一年沉醉在优秀成绩中的同时，偶尔感受到英雄无用武之地了。我又一次迎来了机遇与挑战：带高三，备战高考。高考如何复习，考哪些知识点，如何考查，这些对于当时的我来说真是两眼一抹黑。但是经过一年又一年的历练，伴随着学生的成长我也感受到自己的成长，从一名地理教师到备课组组长，到学校地理教研组组长，到文综组组长，在学生的高考成绩持续稳定上升，连创佳绩的同时，也注重学生的身心健康，以利于其可持续发展。

当年轻人不断步入讲堂，我的角色中又发生了变化。在同年轻人一起备课、听课、评课、撰写论文等活动中，不仅帮助其尽快成长，还从他们身上学到了不少东西。看到他们屡获嘉奖时，感到由衷的欣慰。

虽然整天忙忙碌碌，但工作着永远是快乐的。我相信自己能用满腔的热情、炽热的爱心教好每个学生，我会努力使自己朝着“成为一名优秀教师，一名受每个学生喜爱的知心朋友”这一目标奋进的。一滴汗水，一级台阶；一分耕耘，一成秋色。我的生命因学生而精彩，我的事业因学习而绚丽，我将用师德来为学生导航，以奉献伴学生成长，努力做一名上善若水的学者型教师。

体会幸福人生从教育开始

北京市第五十七中学 陈舒翼

记得以前唱过这么一首歌："幸福在哪里，朋友啊告诉你。它不在柳荫下，也不在温室里。它在辛勤的工作中，它在艰苦的劳动里。啊！幸福，就在你晶莹的汗水里。"那时我只是随口唱唱，并没有体会歌词中真正的蕴意。自从走上教师这个岗位后，我学会了如何去思考，如何用心去体会。幸福的感受取决于人的价值观导向，是人的心理体验，是对自己工作、生活的认可和满意度的表现。回忆这二十多年，我有一个幸福的童年，人生的第一个转折点，我成功地迈入了重点大学，这是我的幸福。毕业后同学们互相电话问候是我的幸福。从一个小县城来到北京工作是我的幸福。如今从事教育行业，结识很多热心的工作伙伴，这是我的幸福。说到这儿，我似乎沉浸在幸福的海洋中。幸福太多太多。但我今天想说说我和学生们在一起的幸福。"你只是一名音乐教师，年龄才二十多岁，教龄仅仅两年。每周按部就班地给学生们上音乐课，能感悟到什么幸福呢？"当有人这么问我时，我会很自信地回答他："没错。事实告诉我，青春就是我的资本，正因为年轻，才能有他们类似的思想，能够很直观地感受他们所想、所求。一个甜美的微笑，朋友似的相互理解，兄弟姐妹般心与心的沟通，都能使我们碰撞出爱的火花。"和他们在一起，我感觉幸福时刻萦绕在身边。正因如此，我要做一个幸福的教育者，尽情享受无限华美的青春！

1. 幸福在微笑教育中孕育

两年来，不知听到多少句犹如风铃般的问候语："老师好。"每当学生这样问候我时，我都会给予微笑回应，并附上："嘿！你好！"简简单单的3个字，让我一直享受着。在这享受中我感觉到幸福。记得小时候每当向老师问候时，老师只是轻轻地点点头。而大学的一位老师让我感觉到，原来回应学生不仅仅只是点点头这一种方式。第一次对他说"老师好"，他回应了我一个微笑，这让我顿时感觉到他严肃的另一面——亲切。正因如此，我深知教学工作中微笑拥有着无穷的魅力。它不仅能消除教师在学生们眼中严肃、刻板的形象，更能创造出一种宽松的师生交流环境，使学生体会到教师的理解、关心、宽容和激励。教师常面带微笑，使学生愿意积极主动地与之进行心理的沟通。微笑教育为师生相互理解搭建了坚实的桥梁。在微笑教育中孕育着幸福。

2. 幸福在理解教育中成长

21世纪构建和谐社会少不了"理解"这一关键词。构建和谐的师生关系同样也需要理解。做一个合格的教师不仅要善教书，还要重育人。作为教师，我们要了解学生心理、了解学生苦乐、了解学生需求。只有了解才会理解。

2011年上半年，为参加北京市"第十四届学生艺术节"舞蹈比赛，同学们都紧张地排练着。作为教师，我深知同学们学习繁任务重，为了不耽误学生的学习，我利用大课间的时间组织排练。时间紧迫，比赛时间渐渐逼近。

记得有一天，一个学生对另一个学生排练迟到、耽误大家的排练进程而感到不满，两人便发生了口角。事情发生后，我及时找两个学生谈心，了解情况后，将该学生迟到的原因向同学们解释清楚。在一个大集体中，我们有着共同的目标，需要的是相互合作、相互理解。通过一席话，逐渐消除了他们之间的抵触情绪。学生们又很快地投入欢愉的排练之中了。

在理解中做教育，我体会到了成功的喜悦。同学们为共同的目标努力着，哪怕在过程中遇到不顺，通过相互理解也能达到和谐。体会着这种过程我感到很幸福。理解是和谐的基础，是成功教育的基础。理解的前提是对学生发自内心的爱，也只有理解才能达到心与心的触碰。

3. 幸福在心与心的交汇教育中成熟

都说做事用心做，交友用心交。想要干好一件事少不了用“心”。作为一名教育工作者更是如此。想要做好教育必须构建和谐、融洽的师生关系，而和谐、融洽的师生关系需要爱的土壤去培育，从而达到心与心的碰撞，情与情的交流。

指导学生们参加“第十五届学生艺术节”合唱比赛已圆满画上句号，但我一直回味着。回味着同学们认真的演唱；回味着他们的相互帮助；回味着他们为集体荣誉而付出的努力；回味着排练时当我指出个别女高音唱得音高不够，男高音的音色不够浑厚时，看到他们迷惘的眼神和表情，我不停地给他们鼓励来缓解紧张的情绪，并耐心讲解演唱技巧；回味着排练时个别同学状态不佳，我没有当场给予批评，了解到他是因感冒引起身体不适后而给予安慰，得到了学生一句真诚的谢谢；回味着比赛时他们的互相打气；回味着站在比赛舞台上那短短的 6 分钟，他们的目光集聚于我，让我体会到心与心交汇的震撼。就是这种交汇让情感的种子萌芽，为歌曲添加了华丽的色彩。当在合唱比赛中拿到一等奖时，看到学生们轻松、惬意、充满自信的笑脸，我真心地为他们喝彩。

捧着这些回忆我幸福着。我的幸福不仅仅是因为比赛拿到名次，而是因为脑海中留下这一段段剪辑的过程。反复播放着这些过程，让我体会到有些事情它不需要过多的言语述说，一个眼神、一个表情，我们就能读懂对方的内心话语。这就是心与心的交汇，它永远是爱的流动与交汇。

对一名教师而言，幸福是一种心情，是一种享受。在短短的两年教学工作中，我付出的是辛苦，是真心，收获的是快乐，是幸福。用一个人的真心去换另一个人的真心，这才是幸福教育的最高境界。这就是我对幸福教育、教育幸福的理解与诠释。

我和舞团的孩子们

北京市第五十七中学 位 莅

我是一名从舞蹈演员转型一年的舞蹈教师，初到第五十七中学第一项任务就是带领舞团的孩子参加艺术节群舞比赛。见到舞团的孩子们才知道舞团 20 余人舞蹈特长生才 4 人，剩下的学生都是从初中部各个班级里挑选上来，只学过一点舞蹈或是完全没有舞蹈基础，个头、形象好的学生，整体学生舞蹈基础很差让我有种“无从下手”的感觉。比赛已临近，原创作方案完全不适合这批学生，第二天就要开始进入排练了，我只能连夜修改排练方案。而真正进入赛前集训后孩子们的状态让我的焦虑慢慢消失了。孩子们的排练非常认真刻苦：一天连续 8 小时的排练，领舞京达更是早中晚近 12 小时的排练，中间休息坐下喝水的时间只有短短几分钟，连中午休息午饭的时间也只有 50 分钟，浑身疼痛已成家常便饭，但孩子们竟然没有一个人说过一个累字，铆足了劲跟着我的步伐踏踏实实、一步一个脚印地等待着最后的绽放。终于，我们不负众望取得了北京市第十八届艺术节群舞金奖的好成绩。经过这次比赛，舞团和我已凝成了一体。

舞团的金汇说：“在学习舞蹈的过程中，我有许多的改变，也有着许多感受。是舞蹈让我学会了自信。在学舞的过程中，我参加过许多的比赛，每次在表演之前，我都会很紧张，没有自信，但是老师和同学总是会鼓励我，为我加油，打气。我非常享受站在舞台上表演的时刻，因为那个时候，所有人的目光都聚集在了我的身上，这种感觉其实很好。来到了学校的舞团，我收获到了友谊，平时训练时，可以跟大家小打小闹，训练舞蹈时，大家会指出你的错误，并且给你改正。”

舞团的王佳玙说：“刚开始训练的时候，我的基本功很差。每一次压腿和压腰的时候都会感到无比的疼痛和不适，但经过长时间的磨炼之后，我发现自己的功底变得越来越有进步，原来压不下去的腿，现在已经可以压下去了，自己原来改不了的老毛病也经过训练改掉了。即使腿再疼，腰再痛也要咬牙坚持。因为我知道，自己要去为了梦想和为了舞团更加努力去练。在舞团里，虽然我不是最优秀的，但我要是最努力的。每一次的咬牙坚持和坚强的毅力最后都会有不菲的收获，所以我应该也必须完成舞团交给我的每一次任务和训练。在舞团生活了两年，收获了很多友情也学到了很多技巧。我爱这个大家庭，也爱着这个永远不会忘记的舞团。”

舞团的若卿说：“教室墙壁上挂着一张张照片，每张照片上的同学都洋溢着幸福的笑脸，殊不知这笑脸背后曾经历过多少艰辛，从刚刚来到舞团时的懵懂，到登上舞台的自信，又曾洒下了多少的汗水？而这些，只有我们知道，回想起那时的训练，既快乐又幸福。而挂在墙另一边的照片，则是我们的老师，老师是我们所有人的榜样与目标。我们每个人都在向这个目标奋斗前进着。参加舞团让我们收获甚多，大家的友谊、师生之间的情谊，是那青涩情感，也是那浓浓的爱。”

舞团的史卓说：“还记得初到舞团时，是您手把手地教我每一个动作，每一个位置，每一个眼神。还记得初到舞团时您总爱紧锁着眉头，只有我们终于做好了动作，那紧缩的眉头才会舒展开来。现如今，我们已经和您相处了近一年的时光，虽然不短，但也不长。仿佛那一件件往事还在昨天。在舞蹈团虽然只是一些琐碎的小事，可是每一件事情都让我们难以忘怀。在舞团我学到最多的便是坚持，每一次压腿，每一次下腰，每一次体能训练所体现的都是坚持。可能我们不是最美的，但我们一定是最认真的。可能我们不是最好的，但我们一定是最努力的！我们不会永远在舞团，可这份浓浓的师生情永远难以忘怀。”

我爱这些孩子，她们站在舞台上表演时，我比自己演出、比赛还要紧张。虽然她们离金帆舞团的苗苗还是有一定距离，但是在我眼里她们是最棒的，就像她们自己说的，她们可能不是最美的，但她们一定是最认真的。我是一个特别感性的人，会因为孩子们因为要中考学习紧张而离开舞团流泪不舍，会因为她们每一次的进步、每一次自信地站在舞台上而激动得眼圈湿润，有时会反反复复看着我和孩子们一起“战斗”的照片而感动，甚至一想到不久初二近十个孩子要离开舞团多次忍不住夺眶而出的泪水。

爱舞蹈的人都是坚韧的，如果没有坚持与忍耐根本跳不好舞蹈。爱舞蹈的人都是有耐力的，不断重复每个小段的舞蹈动作，这股子耐力，一般人是比不了的。爱舞蹈的人做事比别人更专注，舞蹈必须一心一意，跳得好的人做事情一定会全身心投入，会比别人更专注。爱舞蹈的人很善良，舞蹈是至善至美的艺术，常跟舞蹈打交道的人总能保持一颗天真烂漫的童心。爱舞蹈的人更懂得审美，跳舞的人长期在思考什么样的舞蹈动作更美，舞蹈就是追求完美，从身体到灵魂。

陶艺=数学？

北京市第五十七中学　杨英英

寻找优质高效课堂路径，让学生爱上自己所教学科的课，让学生对艺术有兴趣，愿意主动触碰拥抱艺术是我从教以来一直追求的目标。课改后提出要树立以学生为主体的教学理念，让学生成为美术学习的主人，突出学生的主体地位，改变以往的知识传递方式，让学生和老师之间互动起来，实现知识多向互动，让学生成为美术学习与创作的主体。

初中生正处在自我意识较强时期，小时候的“思想”时间长了已经固化。比如，一向画画很优秀的孩子会很乐于去尝试美术中的新技法，而美术不好的孩子就认为自己画不好，动手能力弱，不愿意动也懒得去尝试。其实，教师很重要的作用是引导孩子正确地认识自己，勇于探索与创新。在陶艺课上，我真正体会到了教师的智慧可以很成功地帮助孩子找到新的自我，体会到了教学中的分层教学、因材施教的重要性。改变对一门学科的认识，可以说是人生中一个新门类的开启。

新的学期开始了，我教授的初一年级为了体现学校的陶艺特色，特意把学生的美术课安排在了陶艺教室，我这个新任的美术教师为了快速而有效地做出成品，特意在课下的备课中费尽了心思，设计了很多丰富有趣的泥塑内容。“让学生喜欢上陶艺，就需要让他们喜欢上自己做的东西。”我很片面地认为自己喜爱的，学生也会喜爱，并且通过喜爱自己做出的东西而喜欢上这门课程，期待着很快我的陶艺教室就会有很多漂亮精彩的作品展示了。由于担心学生们可能初识或对独立完成觉得有些畏惧，我还特意安排成小组合作的形式，一来可以相互协调加快进度，二来可以减少畏难情绪。教学中范例欣赏，小组讨论分析，重点的反复强调，难点的教师示范，一切看起来都是那么的完美，学生们按照我的模式进行得不错。两次效果不错的小组合作做出的作品从塑造到上釉到烧成都非常的成功，很快新教室的架子就要放置过半了。

第三次的合作开始了，小王同学是以前一个组中非常认真的孩子，新授内容时永远盯着我的眼睛，但今天居然没看我。上课时我因为忙，整节课都在跑动，没顾得上看清楚，但课堂中已经有了一种小小的嘈杂声。第四节课小小的嘈杂声已经变得有点吵闹，说笑声已经让我的创作不得不停下来。回头看看，小王同学有说有笑，在说着自己关于其他科目的做题和考试成绩谁好谁不好之类的事，而手呢啥也没做，陶艺课成了他的聊天课。这下把我气坏了。我过去制止并引导他：你之前不是表现很好吗？为什么这次不能像以前一样继续完成好小组中自己的任务呢？小王大声说道：“没意思，没有数学有意思，这都太简单了，我宁可做题也不愿意做这个了。”句句话刺痛着我。晚上我进行了反思，这个学生的动手能力并不是很强，但是所学的陶艺知识和上釉技法他都已经知道了。对于小王来说知识已经学完了，他不觉得自己需要练技术，所以就干脆不干了。针对这个数学小达人，我得让他知道陶艺不容易，是需要思考需要推敲的，数学知识，这里面也有。

第五节课，我邀请小王同学帮我做一个特别的作品“三足尊”，别的孩子继续合作制作盘筑作品。我特意提前盘好了 3 个圆锥，我说这三足尊需要让这 3 个圆相交到一起，每一个部分需要裁掉一块，但不能瞎裁，因为瞎裁的最后拼接更困难，烧成后容易裂，最好的方式就是分别裁去圆锥上相同的一部分，抹泥浆黏结最结实，操作简单，并且干净漂亮，但需要先算好。我请他帮我算算这个相同的部分应该如何切。小王很感兴趣，很乐意地说这太简单了。但他反复琢磨后觉得不简单，整节课画图、计算、问班上的其他数学学霸，能用的招儿都想了，就是不敢下手裁。最后，在我的引导下，在临下课时教他尝试切了，圆锥三足尊底部做好了。小王真是爱数学，整节课这孩子全部投入精力思考如何解决这个问题，而且很是乐在其中。临走时，我听见他在走廊里神神道道地说了句："好累啊！我感觉我今天这是上了两节数学课，根本不是陶艺课！"

第六节课，我又给他创造了一个堆积的泥塑装置制作，又让他算了一节课。小王很高兴，在陶艺中他依旧找到了自己的兴趣点，爱上了陶艺制作，也知道原来每一件作品的背后都有很多的心思，做起来不容易。

我和小王成了好朋友，每次课都问有没有特别的任务布置给他，他会很快乐地来上自己的陶艺课。最后，他从被动变主动，中午休息也叫上伙伴来陶艺室制作作品。他做出的成品三足尊让我都有些吃惊和意外。这样的例子数不胜数。分层教学也许对老师来说很累，但对学生来说确实是好的、有用的。